Heinrich Gerlach

Kleine Chronik von Freiberg als Führer durch Sachsens Berghauptstadt und Beitrag zur Heimatkunde

Heinrich Gerlach

Kleine Chronik von Freiberg als Führer durch Sachsens Berghauptstadt und Beitrag zur Heimatkunde

ISBN/EAN: 9783743697362

Hergestellt in Europa, USA, Kanada, Australien, Japan

Cover: Foto ©Andreas Hilbeck / pixelio.de

Weitere Bücher finden Sie auf **www.hansebooks.com**

Kleine Chronik

von

Freiberg

als

Führer durch Sachsens Berghauptstadt

und

Beitrag zur Heimathkunde.

Von

Heinrich Gerlach

Stadtrath und Vorstand des Freiberger Alterthumsvereins.

Freiberg

Druck u. Verlag der Gerlach'schen Buchdruckerei.
(Heinrich Gerlach)

Illustrationen.

Straßenkarte der innern Stadt (Ringpromenade) Seite 27.
Freiberger Stadtwappen (gothisch u. Renaissance) S. 87 u. Titel.
Ansicht der Stadt von Osten. Donatsthurm ꝛc. S. 1.
Herzog Heinrich der Fromme (s. S. 7) letzte Umschlagseite.
Ehemaliges Erbisches Thor S. 23.
Statuen am Schwedendenkmal (Defensioner u. Bergmann) S. 29.
Figuren an der Goldenen Pforte S. 33.
Hausthüre aus dem 16. Jahrhundert S. 43.
Bergmännisches Wappen (Schlägel und Eisen) S. 105.
Silberner Weinhumpen der Hüttenknappschaft von 1684 S. 71.
Des Raths Trinkstube (s. S. 42) erste Umschlagseite.

☞ Fremdenführer S. 105 ff.

Nachdruck verboten. (Gesetz vom 11. Juni 1870)

> Wer nur in der Vergangenheit lebt, wird trübsinnig; wer nur in der Gegenwart, oberflächlich; wer nur in der Zukunft, unbrauchbar-phantastisch; wer aber in allen Dreien lebt, kommt zu der rechten Dreieinigkeit.
>
> Friedr. v. Raumer.

Bildung und Aufklärung im Allgemeinen, insbesondere aber Heimathliebe, aufopferungsfähiger Patriotismus und ein gesunder Fortschritt finden ihre Begründung und Stütze im Vertrautsein mit der nächsten Umgebung, mit unserer Heimath. — Wie aber eines jeden Menschen Gemüth reiche Schätze findet in der Erinnerung an die Jugendzeit, so müssen wir — wollen wir unsere Heimath in ihrem ganzen Wesen recht kennen und verstehen lernen — uns nicht der Gegenwart allein, sondern hauptsächlich auch der Vergangenheit zuwenden: — die eingehendere Kenntniß derselben lehrt uns die Heimath doppelt schätzen und überdem gar nützliche und anregende Vergleiche ziehen zwischen Sonst und Jetzt. Ueberhaupt ist ja die Quelle alles Wissens die Erfahrung, und alles Gegenwärtige wurzelt tief in der Vergangenheit.

Es ist daher sehr zu beklagen, daß die meisten Städte unseres Vaterlandes noch einer „Heimathkunde" entbehren. In jedem Orte ist es Einheimischen wie Fremden, insbesondere aber auch unserer heranwachsenden Schuljugend Bedürfniß, eine kleine Chronik zu besitzen, welche in kurzer und übersichtlicher Weise ein umfassendes und leicht anschauliches Bild bietet von

Vergangenheit und Gegenwart. Zwar haben wohl manche Städte „Chroniken" aus alter Zeit aufzuweisen, aber großentheils fehlt ihnen dabei die Fortführung bis auf die Gegenwart und die Hinzufügung der bemerkenswerthesten Einrichtungen der neuen Zeit. — Diesem oft sehr fühlbaren Mangel ist nur selten einigermaßen begegnet durch jährliche Ortsverwaltungsberichte, durch die Thätigkeit städtischer Alterthums- und Geschichtsvereine, oder durch gewissenhaft gehaltene Tagebücher patriotischer Einwohner über örtliche Vorkommnisse von allgemeinerem Interesse; und wenn auch jüngst einzelne Städte „statistische Bureaux" errichtet oder bestimmte Beamte mit der fortlaufenden Zusammenstellung ortsgeschichtlicher Nachrichten beauftragt haben, so sollte doch in unserer Zeit wechselnder Umgestaltungen die Verwaltungsbehörde jeder Stadt, ja jedes Dorfes ernstlich Sorge tragen für ununterbrochene Fortführung einer „Ortschronik." Eine solche ist für die Behörde selbst sowohl, wie für die Bewohner, namentlich aber auch für die künftige Geschichtschreibung von größter Wichtigkeit und wäre deßhalb wohl auch staatlich anzuordnen. Schon 1846 hat Preusker in Großenhain mit Recht hierauf hingewiesen in seinem trefflichen Schriftchen über die Anlegung von „Stadt- und Dorf-Jahrbüchern."

Auch unserem Freiberg, obgleich es reich ist an Urkunden und alten chronikalischen Tagebüchern (von den Rathsherren Fleischer, Bellmann, Klotzsch) und obgleich es die treffliche Chronik besitzt von Andreas Möller (s. S. 49), fehlte bis jetzt eine derartige kleine, billige Ortschronik, und es ist daher die ziemlich allgemeine und fast im Zunehmen begriffene Unbekanntschaft mit Freibergs denkwürdiger Geschichte wie mit seinen gegenwärtigen Einrichtungen und Verhältnissen, mit seinen Sehenswürdigkeiten, seinem Bergbau und Hüttenwesen u. s. w. wohl erklärlich.

Zwar erschien über unsere Stadt 1725 in Chemnitz ein derartiges Werkchen von J. C. Cauder in Dresden (nachdem er

Aehnliches auch über letztgenannte Stadt und Leipzig herausgegeben hatte) — unter dem pomphaften Titel:

> Das wegen seiner unterirdischen Schätze und überirdischen Kostbarkeiten glückliche und in aller Welt berühmte Königliche Freyberg in Meißen, oder JCCanders kurze und deutliche Beschreibung derer bey dieser in ganz Europa bekannten Haupt=Berg=Stadt berühmten Gebäude und Sehenswürdigkeiten, wobey in specie von dem Bergwerke und, was davon zu wissen nöthig, Nachricht zu finden.

Derartige von Fremden gemachte Zusammenstellungen sind jedoch meist oberflächlich. So sagt z. B. Cander vom damaligen Freiberg: „Sollte man die Anzahl der Einwohner ein wenig betrachten, und nur einen kurzen Auszug aus den Kirchenbüchern und publicirten Jahreszetteln machen wollen, so würde man leicht eine Summe von 60000 Köpfen herausbringen, die in diesem volkreichen Ort anzutreffen;" — die aus jener Zeit noch vorhandenen Kirchenzettel aber lassen einen Ansatz von höchstens 10000 Einwohnern gerechtfertigt erscheinen! — Ein Anderer wieder rühmt im Jahre 1702 sogar: „daß Freiberg mehr Paläste habe, als mancher feine Ort Häuser."

Seitdem sind zwar werthvolle Schriften über Freiberg erschienen (von Wilisch, Breithaupt, Beyer, Benseler s. S. 49), aber keine von der Uebersichtlichkeit und Kürze bei möglichster Vollständigkeit, wie sie die Gegenwart verlangt. Es ist daher der Zweck vorliegender Arbeit, diesem fühlbaren Mangel abzuhelfen. Je schwieriger aber die Lösung einer derartigen Aufgabe ist, um so mehr glaubt der Verfasser, welcher sich derselben gleichwohl aus Liebe zu seiner Vaterstadt gern unterzog, auf nachsichtige und freundliche Beurtheilung rechnen zu dürfen.

Eine solche kleine Chronik muß möglichst billig hergestellt werden, damit sie leicht in allen Kreisen Eingang finden kann; es war deßhalb auch davon abzusehen, eine große Menge von Quellenangaben hier mit abzudrucken. Der Verfasser ist sich übrigens bewußt, mit größter Sorgfalt zu Werke gegangen zu sein, so wie er auch stets die neuesten Forschungen benutzt hat. — Für die möglichste Zuverlässigkeit bürgt noch der Umstand, daß der ganze reichhaltige Stoff zunächst als Entwurf in einer Hauptversammlung des Freiberger Alterthumsvereins zur Besprechung vorgetragen und sodann, als Manuscript gedruckt, sämmtlichen Behörden der Stadt sowie auch zahlreichen Sachverständigen mit der Bitte um Berichtigungen und Ergänzungen vorgelegt worden ist. Für die dem Unternehmen hiernach zu Theil gewordene vielseitige, höchst schätzenswerthe Unterstützung sei Allen der aufrichtigste Dank dargebracht.

So möge denn diese Schrift jedem Freunde der vaterländischen Städtegeschichte willkommen sein! Insbesondere werden Freibergs Bewohner mit erhebendem Gefühl und mit Befriedigung daraus ersehen: nicht nur welch hervorragende Bedeutung unsere Stadt von Anfang an unter allen Städten des meißner Landes gehabt hat, und wie reich sie ist an großen, zur Nachfolge auffordernden Erinnerungen, sondern auch welch geistiges Leben sich gegenwärtig in der alten Bergstadt wieder entfaltet und neue Blüthen treibt.

Möge sich unser Freiberg unter Gottes gnädigem Schutz und Beistand auch ferner gleicher Bürgertugenden wie ehedem, gleich gesunden Fortschritts, gleichen Zuwachses und vermehrten Wohlstandes erfreuen wie bisher; möge insbesondere auch der Freiberger Bergbau, dem unsere Stadt vor nun 700 Jahren ihren Ursprung verdankte, immer gesegnet sein! — So wird Freibergs Name fortglänzen als ein Edelstein nicht nur unter den Städten unseres Sachsenlandes, sondern auch in unserem großen lieben Deutschen Reiche. — Glück auf!

Freiberg, im Mai 1876.

Inhalts-Uebersicht.

Ursprung und Geschichte der Stadt. I.

12. Jahrhundert (Lusiz. Christiansdorf. Gründung des Klosters Altzelle b. Nossen. Silber-Auffindung. Einwanderung Harzer Bergleute. Sachsen- oder Sächsstadt. Burg Freistein. Vribere, Freiberg.) S. 1. — 13. Jahrhundert (Blüthezeit der neuen Bergstadt unter Markgraf Heinrich dem Erlauchten. Drei Klöster. Bergfreiheiten. Stadtrecht.) S. 3. — 14. Jahrhundert (Kampf der meißner Markgrafen mit den deutschen Kaisern um Freibergs Besitz. Zunehmende Ausdehnung des Silberbergbaus. Patriciergeschlechter der Stadt. Erster großer Stadtbrand.) 4. — 15. Jahrhundert (Hussitenkrieg. Schutz der Stadt durch ihre festen Mauern und Thürme. Freibergs Bürgertreue im sächsischen Bruderkrieg. Die Pest. Weihe der Marien- oder Liebfrauenkirche zum Dom. Letzter großer Stadtbrand.) 5. — 16. Jahrhundert (Blüthezeit unter der Hofhaltung Herzog Heinrich des Frommen in Freiberg, des Vaters von Kurfürst Moritz u. August. Geistliche Pfingstspiele. Ablaßkrämer Tetzel. Gründung des Gymnasiums. Einführung der Reformation. Errichtung der sächsischen Fürstengruft im Freiberger Dom.) 7. — 17. Jahrhundert (Belagerungen und Drangsale während des 30jähr. Kriegs, insbesondere die ruhmvoll bestandene harte Belagerung durch die Schweden unter Torstenson. Verfall.) 11. — 18. Jahrhundert (Neue Heimsuchung der Stadt durch den 7jährigen Krieg. Entscheidende Schlacht bei Freiberg. Gründung der Freib. Bergakademie.) 13. — 19. Jahrhundert (Schwere Drangsale im Napoleonischen Krieg durch endlose Truppendurchzüge. Die Revolutions- und Kriegsjahre 1830 u. 1849, 1866 u. 1870. Erbauung von Eisenbahnen. Neues Aufblühen. Werke des Friedens.) 15.

Lage. Klima. Boden- und Wasserverhältnisse. II.

Lage. Höhe (Station der europäischen Gradmessung). Oberfläche (Hochplateau). Bäche. 18. — Grenzen des Stadtbezirks. Nachbarstädte. — Klima (Thermometer, Barometer, vorherrschende Windrichtung ꝛc.) im Vergleich mit Dresden. — Boden (Erzgänge; Ackerbau, Waldungen, Jagd u. ſ. w.) 19. Alte und neue Waſſerleitungen (Trinkwaſſer, Brauchwaſſer). Teiche und Schleußen. 20.

Stadtviertel. Thore, Straßen und Plätze. III.

Stadtviertel, Kirchſpiele (Dom, Petri, Nicolai, Jacobi). 21 f. ſ. die Karte S. 27. — Thore. Donatsthurm. 22. — Ringmauer ꝛc. Ehemaliges Erbiſches Thor. 23. — Innere Stadt (Straßen und Plätze). 24. — Vorſtadt (Straßen und Plätze). 25 f. — Alte Straßen (Hohler Weg, Kohlenſtraße). Ehemal. Sauteich (Rabenſtein) u. Viehweide (Bürgerfelder). — Aeltere Freiberger Stadtpläne. 26. — Straßenkarte mit Angabe der öffentlichen Gebäude u. A. m. 27.

Promenade um die Stadt. Denkmäler. IV.

Ringpromenade (obere u. untere Parkanlagen). Schweden-Denkmal. Kinderwieſe. Königs-Allee ꝛc. 28 ff. (Promenaden-Karte S. 27.) — Friedhöfe (Donats- und Johannisfriedhof. Ehemal. Jacobi- u. Domkirchhof mit ſeinen Denkmälern). 31. — Ausſichtspunkte (Herder's Ruhe [106], Gradmeſſungsſtein, die drei Kreuze, Petersthurm). 32.

Die Kirchen und ihre Sehenswürdigkeiten. V.

Kirche Sct. Jacobi (Orgel, andere Kunſtwerke, Bibliothek, uralte Glocken). 32. — Der Dom (Goldene Pforte, Fürſtengruft, Tulpen- und Bergmannskanzel, Altar, Orgel [Meiſterwerk von Silbermann], Statuen, Kronleuchter, 6ſtimmiges Geläute, ſonſtige Domalterthümer). 33 ff. — Kreuzgänge mit Annenkapelle und Domkirchhof. Kunſtvolle Eiſengitter. 36. — Kirche Sct. Petri (3 Thürme, Stunden- und Läuteglocken, Inſchriften derſelben, Orgel, Altargemälde). 37. — Kirche Sct. Nicolai (Zwillingsthürme, Glocken, Altarbild, Geräthe von Kunſtwerth). 38. — Kleine katholiſche Kirche. — Hospital-Kirche Sct. Johannis (Orgel, Torſtenſon-Linde, ehemal. Ferneſiechen-Kirche). 38.

Andere Gebäude. Oeffentliche Sammlungen. VI.

Schloß Freudenstein (Bau und Geschichte). Rentamthaus. S. 39. — Rathhaus (Baugeschichtliches, Stadtwappen, Thurm, unterirdische Gewölbe, Archiv, Erker, Wahrzeichen, Fürstengalerie ꝛc.) Stadtfrohnfeste. 39 ff. — Kaufhaus (großer Saal, Kastenstube, Alterthums=Museum). 41 f. — Thümerei (Superintendentur, ehemal. Gymnasium). 42. — Kornhaus (einstiger Fürstenhof). — Sonstige alte und denkwürdige Gebäude mit bergmännischen Figuren, Rundbogenthüren ꝛc. 42 f. — Neuere öffentliche Gebäude. 44.

Oeffentliche Sammlungen u. Bibliotheken (Bergakademie, Alterthums= u. Naturhistor. Museum, Volksbibliothek). 45 f.

Höhere Lehranstalten. Volksschulen. VII.

Königl. Bergakademie. Aus ihr hervorgegangene wissenschaftliche Fortschritte. 47 f. — Bergschule. — Gymnasium Albertinum (Geschichte, Gelehrte, Chronisten, alte Bibliothek, frühe Pflege des Gesangs, Currendaner, Domcantoren). 48 f. — Realschule erster Ordnung. 50. — Handelsschule. Sonntagsschule. — Volksschulen (Knaben= u. Mädchenbürgerschule; Petri=, Jacobi=, Eusebien= u. kathol. Schule; Fortbildungsschule). 50. Näh= und Strohflechtschule. Kindergarten. 51.

Wohlthätige Stiftungen. Gemeinnützige Vereine. VIII.

Hospital Sct. Johannis, Freibergs älteste und reichste Stiftung (Aufnahmebedingungen). 51. — Ehemal. Hospital Sct. Bartholomäi od. Fernesiechen (Heilquelle). 52. — „Kleines Hospital" am Ascheplatz. Stadtkrankenhaus. Armen= und Siechhaus. Waisenhaus mit Kleinkinderbewahranstalt. Arbeitsanstalt (Schnitzelschule). Anstalt in Loßnitz (Rettungshaus). Anstalten vor Jahrhunderten (Franzosen=, Findel=, Bettelhaus). 52. — Städtische milde Stiftungen (Stifter=Ehren=Tafel, von 1533 bis 1873). 53 f. — Betrag, Zweck, Verwaltung d. Stiftungen. Gedächtnißtage. 54 ff.

Gemeinnützige Vereinsthätigkeit. 56. — Vereins=Chronik: Freimaurer=Loge, Landwirthsch. Verein, Frauenverein, Gustav=Adolf=Verein, Turnverein u. freiw. Feuerwehr, Gewerbeverein, Bürgersingverein ꝛc., Gasbeleuchtungsactienverein, Militär= und

Krankenunterstützungs-Vereine, Spar- und Vorschuß-Vereine, Alterthums-, Naturwissenschaftlicher, Arbeiterfortbildungs- und Kaufmännischer Verein, Actienbadgesellschaft (öffentl. Bäder), Defensioner-Lebensversicherungsgesellschaft, frühere Grabegesellschaften, und zahlreiche andere Vereine. 56 ff. — Geselliger Geist. Volksfeste. 59. — Schilderung der Freiberger aus dem vorigen Jahrhundert. 60.

Handel, Gewerbe und Industrie. IX.

Handel der Stadt. 60. — Verkehrs-Statistik. Märkte. Gasthöfe. 61. — Gewerbe und Industrie. Handwerksinnungen sonst und jetzt. Frühere Kunstgewerbe. 62. — Die noch bestehenden ältesten Geschäfte Freibergs: Bierbrauerei b. Bürgerschaft, Apotheken, Papiermühlen, Buchdruckerei (Stammbaum), Buchhandlung, Fabrik leonischer Gold- und Silberdrähte c., Kunst- u. Handelsgärtnerei, Mahl- und Pulvermühlen. 63 ff. Neuere Industriezweige der Stadt. 66.

Einiges über den Freiberger Bergbau. X.

Silberausbringen seit Beginn des Freiberger Bergbaus. Gegenwärtige Verhältnisse. 67. — Freikure der Stadt. — Wo die ersten Gruben Freibergs zu suchen sind. 68. — Die Bergknappen (ihre Eigenthümlichkeiten, Bergfeiertag, Bergsänger). Bergmännische Sprache (alte Grubennamen, Sprüche). 69. — Bergmännische Tracht (einst u. jetzt, Bergaufzüge). — Knappschaftscassen (Bergwerksverbrüderung und Schmelzerknappschaft, ehemal. Knappschaftsfeste, Zech- und Trinkordnungen, silberne Kleinode). Bergmännische milde Stiftungen. 70 f. — Grube Himmelfahrt (Statistik und Geschichte). 71 f. — Freiberger Bergrevier (die ergiebigsten Gruben, amtliche Nachrichten über die vertheilten Ueberschüsse). 72.

Behörden und Verwaltungen. XI.

Städtische Behörden. (Orts-Statut; Stadtrath u. Stadtverordnete, Ausschüsse, Polizeibehörde; Raths-Regulative, Expeditionen und Cassenstellen, Stiftungscassen.) 73 f. — Ehemal. Rathsämter. 74. — Eine Rangordnung aus alter Zeit. 75. — Aus frühester Rechtspflege. 76. — Alte Raths-Ordnungen.

(Bäcker- u. Weinordnung, Feuerordnung ꝛc.) Eine Begräbnißrechnung aus dem Papstthum. 77.

Kirchen-Behörden (Kircheninspection, Gesammtkirchenvorstand, Pfarrämter, Patronatsrecht; Casseneinrichtungen). 78. — Volksschul-Behörden (Schulinspection, Schulausschuß, Collaturrecht; Lehrercassen). 78.

Kaiserl. deutsche Behörden: Post- u. Telegraphenamt. 79. Königl. sächsische Verwaltungsbehörden: Amtshauptmannschaft, Standesamt (74), Landwehrbureau, Proviantamt, Hauptsteueramt und Bezirkssteuereinnahme, Bezirksbauamt ꝛc., EisenbahnBureau ꝛc. — Königl. sächs. Justizbehörden: Bezirksgericht mit Gerichtsamt für den Stadtbezirk, nebst Handelsgericht; Staatsanwaltschaft; Gerichtsamt für den Umkreis Freiberg. 79.

Behörden für Bergbau und Hüttenwesen. (Freiberg, als Sitz des obersten Bergamts, die Berghauptstadt des Königreichs Sachsen; Hauptbergcasse; Statistisches über den sächsischen Bergbau. Freib. Revierausschuß.) 79 f. — Die fiscalischen Hüttenwerke (Muldener u. Halsbrückener Schmelzhütte; Oberhüttenamt, Handelsbureau; Statistisches über das Freiberger Hüttenwesen). 80.

Orts-Statistik. Einwohnerzahl, Steuerwesen ꝛc. XII.

Stadtgemeindebezirk. Vermögensbestand. Hausgrundstücke. Brandversicherung. 81 f. — Einwohnerzahl (vor Jahrhunderten, vergleichende Uebersichten). 82 f. — Fleischconsumtion. Frühere Fleisch- u. Brodtaxen. Viehstand. Hauptsteueramts- u. Bahnhofs-Notizen. 83. — Steuerpflichtige (Gewerbe- u. PersonalSteuer, städtische Einkommensteuer und Classeneintheilungen). Der jährliche Haushaltplan. — Städtische Sparcasse. 84.

Sagenkranz unserer alten Bergstadt. XIII.

Sagen und kleine romantische Erzählungen mit geschichtlichen u. poetischen Beigaben, ein der Zeitfolge nach zusammengestelltes Culturbild von Freibergs Ursprung an bis auf unsere Tage. 85 ff.

1. Ein heiliger Hain. — 2. Die Entdeckung des Freiberger Silbers. 3. Gründung der Stadt. — 4. Stadtwappen und Stadtfarben. — 5. Wallfahrt zur Schönen Marie. — 6. Freiberg durch Verrath eingenommen. — 7. Edelmuth und Bürgertreue. — 8. Freiberger Bauerhasen. — 9. Der

Name Münzbach. — 10. Die drei Kreuze. — 11. Die alte Mordgrube. 12. Der Alte Hof im Niederfreiwald. — 13. Kunz von Kaufungen betreffend. — 14. Wolfgang der Heilige und der Bettler. — 15. Johannes im Korbe. — 16. Mönchskalb und Papstesel. — 17. Die beiden Kanzeln im Dom. — 18. Sonstige Domsagen. (Der Dom zu Freiberg, Gedicht.) 19. Der Affe mit dem Kinde. — 20. Bergmännisches Spielzeug. — 21. Großer Hausschlüssel. — 22. Der ungehorsame Sohn und der jähzornige Vater. — 23. Eine Somnambule. Prophezeiungen ꝛc. — 24. Gotteslästerung, Schwören und Fluchen. — 25. Wiederkehr der Pest. — 26. Teufelserscheinungen. — 27. Geister und Gespenster. — 28. Berggeister und Kobolde. — 29. Besondere Himmelserscheinungen, Kometen ꝛc. — 30. Geheimmittel und Aberglauben. Wünschelruthe. — 31. Entführungen. Fürstenbraut. — 32. Wunderbare Errettungen. — 33. Der Fürstenhof bei Großschirma. — 34. Der Johannesbruch bei Halsbrücke. — 35. Die Altväterbrücke. — 36. Der Hungerborn und der Streittag. — 37. Freiberger Wahrzeichen und Sprüche. — 38. Der ehemal. Silberwagen. — 39. Freibergs angebliche Unterhöhlung. — 40. Alte Gebräuche. — Die Hospital-Linde zu Freiberg, Gedicht von Hermann Barth. S. 103.

Anhang.

Führer durch die Stadt und ihr Berg- und Hüttenwesen.

Sehenswürdigkeiten Freibergs (Ringpromenade und ihre Denkmäler, mit Plan; Sammlungen, Fabriken, Dom, Rathhaus ꝛc.) 105 f. — Nahe Ausflüge zu landschaftlicher Umschau. (Herder's Ruhe ꝛc.) — Bauerhase. 106. — Der Bergbau (Kennzeichen der Bergstadt, poetische Schilderungen des Bergmannslebens; Anfahren auf der Grube Himmelfahrt). 107. Das Hüttenwesen (Besichtigung der Hüttenwerke). 107 f. — Entferntere bergmännische Partien (Grube Kurprinz und das Muldenthal, Grabentour bei Reinsberg, Bergstädtchen Brand und Grube Himmelsfürst). 108.

Beschreibung des Freiberger Bergwesens. S. 109 ff. (Ausdehnung des Bergreviers. — Arten des Erzvorkommens. — Beschreibung der Schächte, Strecken, Stölln. — Der Rothschönberger Stolln. — Wasserversorgung (Revierwasserlaufsanstalt). — Art der Gewinnung, Förderung und Aufbereitung der Erze. — Eintheilung des Grubenpersonals.)

Beschreibung des Freiberger Hüttenwesens. S. 113 ff. (Verschiedene Gruppen von Schmelzgütern. — Hüttenproducte. — Erläuterung der „Erzarbeit" oder Bleiarbeit über Hoböfen [Beschicken, Rösten, Schmelzen]. — „Schlackenarbeit" oder Schlackenschmelzen. — Verarbeitung des Kupfersteins. — Saigern des Werkbleies. — Werkblei-Raffiniren. — Pattinson-Proceß. — Abtreibe-Proceß. — Guttreiben. — Raffiniren des Blicksilbers. — Granuliren des Raffinatsilbers. — Wismuth-Gewinnung. Darstellung von Arsenikalien. — Schwefelsäure-Fabrikation. — Goldscheidung. — Kupfervitriol-Darstellung. — Zink-Gewinnung. — Bleiwaaren-Fabrikation.)

Freiberg von Osten.

I.
Ursprung und Geschichte der Stadt.

12. Jahrhundert. Die Stadt Freiberg in Sachsen verdankt ihren Ursprung dem Bergbau. Die Geschichte der Begründung führt uns in die zweite Hälfte des 12. Jahrhunderts und in die damals noch mit Urwald bedeckte, von Bären und Wölfen heimgesuchte gebirgige Provinz Daleminze des Markgrafenthums Meißen, welche sich von der Elbe bis an den Chemnitzfluß erstreckte und nur in einzelnen Thälern von dem slawischen Stamm der heidnischen Sorben-Wenden bewohnt wurde, die schon vor Jahrhunderten von den Deutschen unterjocht worden waren. Auch in dem zur Mulde hinabführenden Waldthale der Lusiz oder Lozniz, später Münzbach genannt, befand sich zu jener Zeit eine solche slawische Niederlassung: das Dorf Lozniz. Mitten in demselben siedelten sich Deutsche, Christen, an, und hiernach bildete sich da, wo jetzt Freiberg liegt, von Ober- und Unterloßnitz eingeschlossen, der Ort **Christiansdorf**. Einer Sage nach sollen hier Silbererze zuerst von Fuhrleuten aus der Bergstadt Goslar im Harz, die Salz von Halle nach Böhmen fuhren, im Fahrgleise entdeckt worden sein, infolge dessen sich der Bergbau bald entwickelt habe; jedenfalls aber war es die Errichtung des jetzt noch in Ruinen erhaltenen Cistercienser-Klosters Marien-Zelle oder Altzelle bei Nossen an der Mulde, welche eine größere Lichtung und Belebung des Loßnitzthales herbeiführte. Möglich auch, daß von den Slawen hier schon früher Bergbau getrieben wurde, wie man aus verschiedenen, jetzt noch gebräuchlichen bergmännischen Ausdrücken schließen kann, welche unverkennbar slawischen Ursprungs sind. — Die kaiserliche Bestätigung des genannten, vom Markgrafen Otto von Meißen zu einem Erbbegräbniß für sich und seine Nachkommen gestifteten Klosters erfolgte durch den Kaiser Friedrich Barbarossa im Jahre 1162. Das weit ausgedehnte Klostergebiet umfaßte 800 Hufen Landes, wozu auch das Loßnitzthal gehörte. 1175 wurde die erste Kapelle dieses Klosters geweiht; aber noch lange Zeit, ehe dessen umfangreicher Bau 1198 mit der Weihe der Hauptkirche vollendet worden war, schied der Markgraf (nach einer Zelle'schen Urkunde von dem Jahre 1185) gegen Entschädigung von dem Klostergebiet 118 Hufen Landes mit den Dörfern „Tutendorf, Christiansdorf und Bertoldisdorf" und ihren Waldungen wieder aus, weil daselbst Silberbergbau rege geworden war. Durch Hunderte von tüchtigen Bergleuten, welche von Goslar und anderen Orten Niedersachsens herbeikamen, wurde der Bergbau in ausgedehnteren Angriff genommen. Die erste Ansiedelung dieser Einwanderer geschah in Christiansdorf, am Abhang des rechten Bachufers, in dessen unmittelbarer Nähe sich die alte Hauptstraße hinzog und sicherlich auch der erste Silberfund gemacht wurde (s. S. 24: Ascheplatz). So bildete sich die heutige Sachsen- oder „Sächsstadt," der älteste Theil Freibergs. — Markgraf Otto, infolge der gewonnenen unterirdischen Schätze „der Reiche" genannt, erbaute 1171 bis 1175 zum Schutz des jungen Bergbaues eine Burg, der „Freistein" benannt. Auch der Bau der Stadt nahm nach Möller's Chronik bereits 1171 seinen Anfang, worauf 1175 am Tage Jacobi (wahrscheinlich zur Weihe der eben vollendeten Burg) vom Markgrafen und anderen Fürsten und Herren das Begründungsfest in feierlicher Weise begangen und der Gottesdienst in der Kirche Sct. Jacobi abgehalten worden sein soll. Die mit allerhand Freiheiten (freiem Holz zum Häuserbau und Verschmelzen der Erze ꝛc.) beliehene, schnell emporwachsende neue Stadt „auf dem freien Berge" erhielt den Namen Vribere, „Freiberg." Eine weitere Befestigung derselben durch Ringmauern wurde noch von dem Markgrafen Otto, welcher 1190 starb, begonnen, nachdem Freiberg 1186 durch einen kriegerischen Ueberfall von Böhmen her große Verheerungen erlitten hatte. In ihr Wappen nahm die Stadt: drei Thürme mit Ringmauer und offenem Thor, darin den markgräfl. meißner kampfbereiten schwarzen

Löwen in goldenem Schilde (s. d. Titel). Hiernach gelten Schwarz und Gelb als die Stadtfarben. — Freibergs ergiebiger Silberbergbau brachte das Markgrafenthum Meißen zu hohem Ansehen, und der Ruf der neuen Bergstadt lockte viele Fremde herbei, die sich hier heimisch niederließen. — Wiederholt kam die Silberreiche in unmittelbar kaiserlichen Besitz. 1198 eroberte Markgraf Dietrich mit Hilfe seiner ihm treu gebliebenen Freiberger die von den Kaiserlichen eingenommene Stadt zurück.

13. Jahrhundert. Die erste Blüthezeit Freibergs entwickelte sich unter der friedlichen Regierung Markgraf Heinrich des Erlauchten. Prachtvolle Kirchen wurden erbaut (s. S. 33 ꝛc.: Goldene Pforte). 1225 übereignete derselbe sämmtliche städtische Parochien, und zwar „der heiligen Maria, des heiligen Petrus, Jacobus, Nicolaus und Donatus," sowie „das Hospital der Armen," dem Kloster Marien-Zelle, welches in Freiberg später auch zwei, von den Leistungen der übrigen Einwohner „freie Höfe" erhielt. Vom Jahre 1227 an blühte das genannte, der Stadt segensreich gewordene milde Hospital Sct. Johannis (s. S. 51) durch bedeutende Schenkungen kräftig empor. Drei Klöster wurden errichtet, ein Dominicaner-, ein Franciscaner- und ein Jungfrauen-Kloster der heiligen Maria Magdalena von der Buße; auch veranstaltete man große Wallfahrten in die Marienkirche zu einer in Lebensgröße schön aus Wachs gebildeten „wunderthätigen Maria." Der reiche und stattliche Bau des erstgenannten oder „Oberklosters" der Predigermönche dauerte von 1236 bis 1299 und umfaßte den ganzen Stadttheil zwischen der unteren Burg- und Nonnengasse; das „Niederkloster" der Bettelmönche wurde zwischen dem unteren Freihof und dem Meißner Thor, das „Nonnenkloster" in der Sächsstadt an der Jacobikirche errichtet. — Der Markgraf Heinrich gründete um's Jahr 1250 in Freiberg auch eine Münzstätte (1556 nach Dresden verlegt), und 1255 den (1856 aufgehobenen) Freiberger „Bergschöppenstuhl" mit der Befugniß, Recht zu sprechen in allen Bergsachen; überhaupt erneuerte und bestätigte er 1255 alle Privilegien der Stadt, wonach insbesondere deren „geschworenen Bürgern" ein eigenes, höchstes Gericht zustand, gegen welches von keiner Seite Einspruch erhoben werden konnte. (Das noch vorhandene, bis in das 14. Jahrhundert zurückreichende Freiberger „Verzellbuch" oder „Schwarze Register" führt zahlreiche Verbannungsurtheile auf.)

1263 ordnete der Markgraf einen 14tägigen Jahrmarkt an, entschied auch 1266 in einem Streit mit dem Städtchen Dippoldiswalde, daß das ganze fündige (bergbautreibende) Gebirge das Bier nur allein in Freiberg zu entnehmen habe. — Die folgenden Markgrafen erneuerten die Zollfreiheiten der Stadt, wonach alle ab- und eingehenden Waaren ihrer Bürger durch das ganze Land von jeder Abgabe frei waren und nirgends angehalten werden durften. Auch mußte alles Salz nach Böhmen über Freiberg geführt und hier Hauptniederlage und Vermessung gehalten werden. — Die Bürger der freien Stadt, welche das Recht hatten Waffen zu tragen, wählten die Obrigkeit selbstständig aus ihrer Mitte und schufen sich ein eigenes, auf Oeffentlichkeit und Mündlichkeit gegründetes „Stadtrecht." (Eine schöne Pergament-Handschrift desselben von dem Jahre 1294 ist in dem Rathsarchiv vorhanden.) — Zahlreich sind die Beispiele der Treue der Freiberger Bürger zu ihrem angestammten Fürstenhaus. So war es ein Freiberger Rathsherr, Hanneman Lotske, welcher 1295 zu Altenburg für seinen verrätherisch mit Mord bedrohten Landesherrn Friedrich das eigene Leben opferte. — 1297 nahm der Deutsche König Adolf von Nassau die Stadt, nachdem er sie 1 Jahr und 4 Monate lang belagert und ihr vergeblich vollkommene Reichsfreiheit versprochen hatte, der Sage nach durch Verrath ein, indem er unter dem oberen Münzbachthurm eindrang.

14. Jahrhundert. Nach der Besiegung König Adolf's durch dessen Nachfolger auf dem Deutschen Kaiserthrone, Herzog Albrecht von Oesterreich, gelangte die Mark Meißen und mit ihr Freiberg 1304 vollständig in Albrecht's Besitz; blutige Parteiunruhen erregten die Stadt. Da nahm endlich Markgraf Friedrich der Freudige — unterstützt von seinen treuen Freibergern (Haberberger ꝛc.) mit der reichen Ausbeute ihrer Gruben — nachdem er die Kaiserlichen bei Lucka geschlagen, 1307 Freiberg mit Sturm wieder ein (s. S. 42: Kornhaus). Die Kämpfe um die Stadt dauerten jedoch fort. — 1376 gelangte Freiberg und sein Bergbau in den gemeinschaftl. Besitz von 3 Fürstenbrüdern, deren jährliches Einkommen vom Bergzehnten die Höhe von je 100000 Schock böhm. Groschen erreichte, da sich auch zwischen Berthelsdorf und Erbisdorf ergiebiger Silberbergbau aufgethan hatte. — Zu den alten Adels- und Patricier-Geschlechtern, die während dieser und der nächstfolgenden Jahrhunderte in Freiberg

I. Ursprung und Geschichte der Stadt.

durch den Bergbau ansehnlichen Reichthum erlangten, gehören unter and. die Namen: Alnpeck, Becherer, Berbisdorf, Freiberger, Haberberger, Hartitzsch, Hilliger, Honsberg, Horn, Kölbel, Kroe, Kuneke, Lingke, Lobetanz, Mannewitz, Mergenthal, Monhaupt, Münzer, Prager, Rülke, Schönberg, Schönlebe, Schrenck, am Steige, Theler, Trainer, Weickart, Weller von Molsdorf, Ziegler. — Gegen Ende des Jahrhunderts kamen die Freiberger Gruben eine Zeit lang in Verfall, und auch von ihren früheren 52 Schmelzhütten waren nur noch 2 gangbar. — 1375 verheerte ein großer Brand fast die ganze Stadt; von einem zweiten Stadtbrande im Jahre 1386 wurden auch alle Kirchen mit betroffen.

15. Jahrhundert. In dem Jahre 1411 wurden die Juden, die sich in der Vorstadt (s. S. 26: Rother Weg) schon frühzeitig zum Einhandeln des Silbers niedergelassen hatten, wegen des von ihnen getriebenen großen Wuchers gefänglich eingezogen und endlich aus dem Lande verwiesen. — Unter dem Meißner Markgrafen Friedrich dem Streitbaren, welchen der Kaiser für bewiesene Tapferkeit 1423 mit der Kurwürde und dem Herzogthum Sachsen belehnte, war Freiberg ein Hauptwaffenplatz gegen die Hussiten; durch seine edelsten Söhne nahm es Theil an der Heerfahrt, aber auch an der unglücklichen Schlacht bei Aussig im Jahre 1426. Gleichwohl wurde bei dem hierauf von den Hussiten in das meißner Land unternommenen Rachezug die Stadt Freiberg gemieden, weil die Tapferkeit ihrer Bürger bekannt und eine baldige Eroberung dieser „alten Freien" mit ihren hohen Ringmauern, festen Thürmen und tiefen Gräben nicht zu erwarten war; die ganze Umgegend aber und das Bergwerk wurden verwüstet, und eine große Theuerung folgte. — Bei den vielen Landestheilungen der Wettiner blieb Freiberg mit seinen Bergwerken, als das schönste Kleinod, stets Gemeingut. Selbst in dem höchst leidenschaftlich geführten Bruderkriege zwischen dem Kurfürsten Friedrich und Herzog Wilhelm wußte die Stadt 1446 ihre beiden Brüdern gemeinschaftlich geschworene Treue zu behaupten. Als Ersterer an der Spitze seiner Truppen alleinige Anerkennung forderte, erklärte der ehrenfeste greise Bürgermeister Weller von Molsdorf, welcher nebst den übrigen Rathsherren mit Sterbekleidern vom Rathhaus herabkam, dem drohenden Kurfürsten feierlich auf offenem Markte: „sich lieber seinen alten grauen Kopf abhauen lassen zu wollen, als dem Fürsten, dem er gehuldigt, untreu zu werden," worauf Friedrich bewegt erwiderte: „Nicht Kopf weg, Alter, nicht Kopf weg! Wir bedürfen solcher ehrlichen Leute ferner, die Eid und Pflicht also beherzigen." Auch dem Herzog Wilhelm wurde der alleinige Besitz der Stadt in der entschiedensten Weise verweigert; er belagerte sie 1449 vergeblich. — Am 14. Juli 1455 ward der Ritter Kunz von Kaufungen, welcher in der Nacht vom 7. zum 8. Juli aus dem Schloß zu Altenburg Kurfürst Friedrich's Söhne, die jungen Prinzen Ernst und Albert, geraubt hatte, auf dem Marktplatze zu Freiberg enthauptet (s. Rathhaus S. 40). — 1463 zog die Pest oder „der schwarze Tod," jene ansteckende und verheerende Beulenkrankheit früherer Jahrhunderte, welche gewöhnlich binnen drei Tagen oder plötzlich den Tod brachte, in den seltensten Fällen aber Heilung fand, auch in Freiberg ein; sie kehrte 1471 wieder. — Ebenfalls 1471 war der dritte Stadtbrand, bei dem auch das Ober- und Niederkloster eingeäschert wurden und nur die alte Marienkirche, die Meißner Gasse und die halbe Sächsstadt unversehrt blieben. — Herzog Albrecht der Beherzte, welcher 1476 mit glänzendem Gefolge (darunter aus Freiberg: Hans Münzer und Kaspar v. Mergenthal) eine Pilgerfahrt nach Jerusalem glücklich ausgeführt hatte, gründete 1480 unter Mitverwendung der reichlich angesammelten Altarstiftungen bei der Marien- oder Liebfrauenkirche und anderweiter Schenkungen ein Domcapitel zu 8, später 12 Domherren, und Papst Sixtus IV. weihte diese Kirche durch den meißner Bischof Joh. v. Weißenbach zum Dom. Tägliche feierliche Messen sowie Processionen wurden angeordnet. — 1484 war der letzte große Brand, welcher am 19. Juni in drei Nachmittagsstunden fast die ganze Stadt mit Einschluß des Doms in Asche legte; nur die Meißner Gasse und ein Theil der Sächsstadt nebst Kirche und Kloster gingen auch aus diesem Brande unversehrt hervor. Von nun an mußten in der inneren Stadt alle neuen Häuser mit steinernen Giebeln versehen und zur Deckung hoher Dächer statt der Schindeln Ziegeln verwendet werden. — 1485 kam Freiberg durch die Theilung der meißnisch-thüringischen Lande zwischen Ernst und Albrecht in den alleinigen Besitz der albertinischen Linie, jedoch noch mit Ausschluß des Bergbaues, welcher bis zur Wittenberger Capitulation 1547 in gemeinschaftlichem Besitz verblieb. — 1491 erwirkte das Domcapitel bei dem Papst zum Wiederaufbau des Doms die Vergünstigung,

Ablaß- oder „Butterbriefe" zu verkaufen, welche zum Genuß von Butter, Käse und Milchspeisen während der Fastenzeit berechtigten (s. S. 33: Dom). Dies rief heftigen Streit mit den Mönchen im Oberkloster hervor, welche diese Berechtigung des Domcapitels nicht anerkennen wollten.

16. Jahrhundert. Noch zu Anfange dieses Jahrhunderts der Kirchen-Reformation wurden von der katholischen Priesterschaft Freibergs zur Pfingstzeit große geistliche Schauspiele auf dem Markte veranstaltet, welche drei Tage lang währten und an dem ersten Adam und Eva mit dem Sündenfall, dann die Erscheinung Jesu von der Verkündigung an bis zur Himmelfahrt und endlich am dritten Tage das jüngste Gericht mit Himmel, Hölle und Teufel darstellten. 1516 wohnte auch Herzog Georg von Dresden mit Gemahlin und dem ganzen Hofstaat diesen Pfingstspielen bei. — Schon 1517 wurde der Ablaßkrämer Tetzel, welcher 1507 in Freiberg einen einträglichen Handel getrieben hatte, bei seiner Wiederkehr von den Bergleuten mit Schimpf vertrieben, nachdem Luther's 95 Streitsätze vom 31. Oct. bald auch hier bekannt geworden waren. — Wohl die schönste und hervorragendste Periode in Freibergs Geschichte bilden die Jahre 1505 bis 1539, wo Herzog Heinrich der Fromme, Sohn Albrecht des Beherzten, geboren 1473, in unserer Stadt, der „alten treuen, frommen und freien," residirte. Nachdem er nämlich nicht vermocht hatte, die ihm zugetheilt gewesenen aufständischen Frieslande zu behaupten, erhielt er durch Vertrag mit seinem Bruder Herzog Georg in Dresden, welcher die sächsischen Erblande regierte, als Entschädigung das die Schlösser, Städte und Aemter Freiberg und Wolkenstein umfassende Ländchen, nebst dem vierten Theile der Landeseinkünfte. Herzog Heinrich zeigte sich in seinem kleinen Fürstenthume überall leutselig und war den Bürgern und Bergleuten von Herzen zugethan; er ward dafür auch wiedergeliebt und erhielt den Beinamen „der Fromme," da er hier in Freiberg die Reformation im albertinischen Sachsen zuerst einführte, während der streng päpstliche Georg mit großer Härte gegen die neue Lehre ankämpfte. Auf des Letzteren Drohen entgegnete Heinrich als treuer Anhänger Luther's: „Ehe denn ich das Evangelium fahren lasse und meinen Christum verleugne, wollte ich mit meiner Käthe lieber an einem Stäblein bettelnd aus dem Lande gehen." Er war, wie sein Geheimschreiber Freydiger berichtet, „ein getreuer, frommer Fürst, ohne Betrug, ohne Falsch; was er zusagte, das mußte gehalten werden, oft zu seinem Schaden." Auch an Hoffesten und Gelagen fehlte es nicht auf dem „Freudenstein;" Heinrich sang gern, und bei Jagden ging es fröhlich her. Oft durchschritt er in schlichter Kleidung, gefolgt von einem Mohren und einem großen englischen Hunde, die Straßen der Stadt und besuchte Künstler und Handwerker in ihren Werkstätten. Er betheiligte sich lebhaft bei dem Bergbau und gründete auch auf Veranlassung neuer Silberfunde im Obergebirge die Stadt Marienberg.

Freiberg huldigte dem **Herzog Heinrich** 1505. Seine Vermählung mit **Katharina**, einer mecklenb. Prinzessin lebhaften und unternehmenden Geistes, erfolgte 1512 feierlich auf dem Rathhause. Er führte ein glückliches Familienleben und liebte die Seinen zärtlich; vieles Sorgen und Plänemachen war aber seine Sache nicht, das überließ er gern seiner Gemahlin. Von den auf dem Schlosse Freudenstein geborenen 3 Töchtern und 3 Söhnen erhielten auch die beiden großen Kurfürstenbrüder **Moritz** (geb. den 21. März 1521) und **August** (geboren den 31. Juli 1526) hier ihre erste Erziehung. — 1515 wurde das Gymnasium begründet (s. S. 48). — 1521 kehrte in Freiberg die Pest wieder ein, welche in noch nicht fünf Monaten über 2000 Personen dahinraffte. Herzog Heinrich erließ daher eine besondere „Pestordnung" und befahl, statt der Begräbnißstätten i n der Stadt fortan den Donatskirchhof v o r der Stadt als allgemeinen Friedhof zu verwenden. — Freiberg stellte sich bald entschieden auf die Seite der Reformation und war in freundschaftlichem Verkehr mit Luther und Melanchthon in Wittenberg. Noch in dem Jahre 1523 mußten drei Hoffräulein wegen des Lesens lutherischer Schriften Heinrich's Hof verlassen, worauf sie von Luther in einem besonderen Schreiben getröstet wurden. 1528 entfloh Ursula (eine geborene Herzogin zu Münsterberg) mit noch zwei anderen Nonnen aus dem Jungfrauenkloster; auch aus den Mönchsklöstern wendeten sich Einzelne, namentlich Georg Schumann aus dem Oberkloster, welcher am Hofe predigte, der neuen, evangelischen Lehre zu. Als Reformations-Wahlspruch galt der, damals auch an der Schloßkapelle in goldenen Buchstaben prangende Spruch: „**Gottes Wort bleibet ewig.**" Diese Worte, bisweilen auch die latein. Anfangsbuchstaben: V. D. M. I. Æ. (verbum domini manet in aeternum) wurden über den Thüren vieler Bürgerhäuser angebracht (s. S. 43).

Luther's Lehre ward in Freiberg bald mehr und mehr öffentlich gepredigt und auch das heilige Abendmahl in beiderlei Gestalt genossen. 1531 ließ der Herzog Heinrich Alle befreien, welche noch wegen Fleischessens an Fasttagen gefangen saßen. 1533 begann der vormalige katholische Hospitalpfarrer Valentin Belzing, öffentlich in der Nicolaikirche das Evangelium aus Luther's Kirchenpostille von Wort zu Wort vorzulesen und darnach frei zu predigen. 1536 trat Herzog Heinrich endlich dem Schmalkaldischen Bunde bei und ließ alsbald den 29. Sept. der jubelnden Stadt volle Gewissensfreiheit und Gestattung des evangelischen Cultus nach Maßgabe der Augsburgischen Confession verkündigen. — Die allgemeine Einführung der Reformation in Freiberg, um welche sich besonders der hierher berufene Freund und Tischgenosse Luther's, der gelehrte Hieronymus Weller (von Molsdorf), verdient machte, erfolgte 1537 mit Aufhebung der Klöster. — Freibergs Reformator war der jugendlich eifrige Dr. Jacob Schenk aus Würtemberg, welcher 1536 mit Luther's Zustimmung von Wittenberg hierher kam und alsbald zum Hofprediger ernannt wurde. 1538 folgte wegen einseitigen Vorgehens desselben eine Kirchen-Visitation durch den Professor Justus Jonas aus Wittenberg, den kurfürstl. Hofprediger Georg Spalatin und den Superintendent Leonhard Beyer aus Zwickau, wobei zugleich alle Zinsen und Güter des Domcapitels und der Mönchsklöster als „geistlicher gemeiner Kasten" dem Rathe zu fernerer Verwaltung für Kirchenzwecke übergeben wurden. — 1539 starb Herzog Georg der Bärtige, worauf der nun zur Regierung über das Herzogthum Sachsen gelangte Bruder Heinrich seine Residenz nach Dresden verlegte und die Reformation im ganzen Lande durchführte. Somit wurde auch das obengenannte, mit Freibergs frühester Geschichte engverbundene denkwürdige Kloster Altzelle 1540 aufgehoben. — Heinrich der Fromme starb in Dresden den 18. August 1541. Noch in seinem letzten Willen hatte er erklärt: „er habe die Freiberger in aller Treue und Gehorsam gegen Gott und ihn befunden, darum wolle er auch bei ihnen ruhen und schlafen." Es wurde hiernach mit ihm die sächsische Fürstengruft im Freiberger Dom eröffnet und erst 1694 mit dem letzten der protestantischen Landesherren Johann Georg IV. wieder geschlossen (s. S. 34). So war Freiberg auch der Schauplatz vieler großartiger fürstlicher Begräbnisse. Die Herzogin Katharina, welche die Reformation von Anfang an hauptsächlich begünstigt hatte und sich bis zu ihrem Ende einen eigenen Hofprediger hielt, wählte zum Wittwensitz ihr heimisches Freiberg, wo sie Anfangs im Schloß und später in einem ermietheten Haus und Hof am Markte wohnte. Sie starb zu Torgau den 6. Juni 1561 und wurde gleichfalls in Freiberg bestattet. — Die eben beschriebene schöne Zeit Freibergs wird von Joh. Bocer in einem lateinischen Lobgedicht (Leipzig 1553) besungen.

Der Bergbau blühte und es herrschte deßhalb großer Luxus, welchem der Rath durch Kleider- wie andere Ordnungen Einhalt zu thun für nöthig fand. So kam damals das Sprüchwort auf: „Wenn Leipzig mein wäre, wollte ich es in Freiberg verzehren." Insbesondere hatte auch das Freiberger Bier, das bis nach Ungarn ausgeführt wurde, einen sehr bedeutenden Ruf. — Der kriegerische Herzog Moritz, welcher später (1548) in Augsburg vom Kaiser feierlich mit der sächs. Kurwürde belehnt wurde und 1553 in der Schlacht bei Sievershausen fiel, ließ 1547 das gesammte Geschütz nebst Munition von den Mauerthürmen der Stadt nach Dresden abführen. In demselben Jahre hatten zuvor große Unruhen in Freiberg stattgefunden, nachdem Moritz hier mit vielem böhmischen Kriegsvolke eingezogen war, das mit den deutschen Truppen in Zwietracht gerieth und bei den Bürgern sogar zu plündern begann. — Im Juli 1549 weilte Kurfürst Moritz acht Tage hier mit dem König Ferdinand von Böhmen nebst dessen Prinzen, mit Kurfürst Joachim von Brandenburg und dem Bischof von Gran; auf dem Untermarkte wurden öffentliche Turniere abgehalten. — Im Dec. 1557 hatte die Stadt wieder den Kurfürsten August zu Gast, der von der Kurfürstin Anna und 2 Prinzessinnen, sowie von der verwittweten Herzogin Katharina, dem König von Dänemark und den Herzögen von Holstein begleitet war. Zu Ehren derselben wurde ein großer Bergaufzug und bei der Festtafel auf dem Rathhaus von den Frauen und Töchtern der vornehmsten Rathsherren auch eine kleine Maskerade aufgeführt. — 1572 begann August den Neubau des Schlosses Freudenstein (s. S. 39). — Das alte Freiberger Stadtrecht von 1294 (vom Oberstadtschreiber Klotzsch in Schott's Sammlung von deutschen Stadtrechten 1775 veröffentlicht) mußte nach allmählichen Beschränkungen endlich zufolge der Constitutionen Kurf. August's 1572 in den wesentlichsten Stücken den Landesgesetzen weichen; das besondere Freiberger Erbrecht aber blieb bis Anfang des

I. Ursprung und Geschichte der Stadt.

19. Jahrhunderts giltig. Im Jahre 1588 wurde der kunstvolle Bau der kurfürstl. Begräbnißkapelle am Dom begonnen (s. S. 34).

17. Jahrhundert. Die Wirren des 30jährigen Kriegs brachten auch unserem Freiberg schwere Drangsale. Belagerungen, Brand und Verwüstung, Theuerung so wie ansteckende Krankheiten wechselten ab; auch der Bergbau kam zum Erliegen. — Schon 1607 nahte wieder die gefürchtete Pestilenz; es communicirten deßhalb, wie Möller berichtet, am 16. Aug. und folgenden Sonntag 3905 Personen. — Noch im Jahre 1629 besuchte Kurfürst Johann Georg mit der jungen Herrschaft die Stadt, welche ein großes Hirschfest veranstaltete, das 12 Tage währte. — Im genannten Kriege wurde Freiberg 1632 zunächst von den Kaiserlichen unter Gallas eingenommen. Zu den von diesen hier ausgeführten Greueln, Plünderungen und Verwüstungen kam zum größten Unglück auf's Neue auch die Pest, und etliche Tausend Menschen wurden von ihr dahingerafft. — Nachdem der Kurfürst 1635 mit dem Kaiser Frieden geschlossen hatte, traten die Schweden als erbitterte Feinde in Sachsen auf und kamen auch Freiberg näher. Von allen Seiten flüchtete sich die Bevölkerung massenweise in die feste Stadt. Da erschien vor ihr am 2. März 1639 der schwedische General Baner. Sofort begann er die Belagerung und verwüstete die Vorstädte. Durch andauerndes Schießen wurde am 18. März die Stadtmauer zwischen dem Schloß und dem Meißner Thor in Bresche gelegt, aber heldenmüthig wurden die Anstürmenden durch die tapfere Gegenwehr der Belagerten zurückgeworfen und jede Aufforderung zur Uebergabe mit Entschiedenheit abgewiesen. Der wackere Stadtcommandant v. Haubitz wurde bei der Vertheidigung von den Bürgern und den Bergleuten kräftig unterstützt. Die Verluste der Schweden waren groß, und Baner mußte am 20. März unverrichteter Sache wieder abziehen. Schon am 10. April kehrte er mit einer Armee von 20000 Mann zurück; er ließ das Röhrwasser, ja sogar die Münzbach abgraben und beschoß die Stadt mit glühenden Kugeln, aber auch dieses Mal ohne Erfolg, so daß er die Belagerung am 15. April rasch abbrach, um dem Heere nach Böhmen zu folgen. — Nachdem die Schweden 1642 bei Leipzig unter ihrem General Torstenson eine Hauptschlacht gewonnen hatten, rückte dieser am 27. December mit einem Heere von 6000 Mann und über 100 Geschützen vom Hospitalwald her gegen

Freiberg vor. Trotz des Winters eröffnete er alsbald die Belagerung.
Am Sylvester und Neujahrstag 1643 begrüßte er die Stadt aus
Mörsern und Kanonen mit über 1300 Schüssen, mit Bomben und
Granaten, Stein- und Eisenkugeln. In der Mauer beim Petersthore
entstand eine weite Bresche. Auch brennende Pechkränze und Feuer-
ballen warf der Feind über die Mauern, und nur mit größter Anstrengung konnten die Brände unterdrückt werden. Das Petersthor
wurde eingeschossen und darauf von den Schweden auch sogar schon
eine Kanone in die Stadt gerichtet; aber todesmuthig ergriffen die
Hartbedrängten immer wieder die tapferste Gegenwehr, errichteten
eine Batterie in der Petersstraße und trieben die Stürmenden zurück.
Die Mauerlücken wurden ausgefüllt und kräftige Ausfälle unternommen, bei denen die Bergleute den Schutt der eingeschossenen Mauern
wieder aus dem Stadtgraben beseitigten. Auch bei der Bestürmung
des Erbischen und des Meißner Thors mußten die Schweden unter
großen Verlusten zurückweichen. Der heldenmüthige, wackere Stadtcommandant v. Schweinitz hatte nur 290 Mann kurfürstl. Soldaten zur Verfügung, aber wie ein Mann standen ihm die bewaff-
neten Bürger und Bergleute zur Seite; auch die eingeflüchteten
Bauern und die zugereisten Handwerksburschen leisteten gute Dienste.
Alle riefen sich in den Stunden der Gefahr neuen Muth zu, und
besonders traf auch der Bürgermeister Jonas Schönlebe die um-
sichtigsten Anordnungen. So tapfer wie die Bürger (Defensioner)
auf Mauern und Thürmen, so tüchtig und ausdauernd zeigten sich
die Bergleute unter ihrem thätigen Berghauptmann v. Schönberg
bei dem Gegenminiren, dem Schanzenwerfen und Grabenziehen. Die
muthig ausharrenden treuen Freiberger unterhielten in diesen bedrängten Zeiten auch einen fortgesetzten Verkehr mit ihrem Landesherrn
Kurfürst Johann Georg I. in Dresden, indem Bergleute als geheime
Boten ihren Weg aus der von den Schweden rings besetzten Stadt
durch die tiefen Schächte und Stölln der Bergwerke nahmen. Alle
Aufforderungen zur Uebergabe wies v. Schweinitz standhaft zurück.
Am 16. Febr. richtete der erbitterte Feind noch ein Mal seine volle
Wuth gegen die Belagerten und brachte bei dem Petersthore durch
Minen ganze Mauerstrecken zum Einsturz; — aber schon hatte sich
die unter dem General Piccolomini von Böhmen her zur endlichen
Befreiung der Stadt anrückende kaiserliche Armee durch zwei in
Lichtenberg aufgehende große Feuer und Geschützsalven angekündigt,

I. Ursprung und Geschichte der Stadt. 13

und zu dem Generalsturm, der für Mitternacht angesagt war, blieb den Schweden keine Zeit mehr; denn der Vortrab der Kaiserlichen zeigte sich bereits. Am 17. Februar, noch ehe der Tag graute, mußte Torstenson, der sich manche stärkere Feste unterworfen hatte, von dieser unbezwungenen „Hexenstadt," wie er Freiberg nannte, wieder abziehen, die einem Haupttheile seines Heeres das Leben gekostet hatte. — In der befreiten Stadt herrschte großer Jubel, und in den Kirchen wurde allgemeiner Dankgottesdienst gefeiert. Durch das ganze Deutsche Reich erscholl der Heldenruhm der Freiberger, welche das weitere Vordringen des schwedischen Generals so lange siegreich verhindert hatten. Kaiser Ferdinand III. erließ anerkennende Schreiben an den Commandanten v. Schweinitz und Bürgermeister Schönlebe, an den Rath und die Bürgerschaft, beschenkte die beiden Gefeierten mit goldenen Gnadenketten und erhob den Bürgermeister in den Adelsstand. — Groß war allerdings auch der in dieser Zeit von der Stadt zu tragende Schaden; ihr Wohlstand war erschüttert, zumal der Feind die Vorstädte niedergebrannt und die Bergwerke zerstört hatte. Das früher volkreiche Freiberg zählte daher noch im Jahre 1697 649 wüste Baustellen und nur 827 bewohnte Häuser mit 7000 erwachsenen Einwohnern.

18. Jahrhundert. Dieses Jahrhundert brachte für Freiberg zwar wieder friedlichere Zeiten und zunehmende geistige Belebung, durch den siebenjährigen Krieg aber auch immer wieder große Noth, Theuerung und Elend, wodurch ein weiteres Aufblühen der Stadt unmöglich wurde. Die alten Ringmauern mit ihren ehemals festen Thürmen waren der neueren Kriegskunst gegenüber nicht mehr im Stande, den Einwohnern nachhaltigen Schutz zu gewähren. — 1711 weilte der Czaar von Rußland, Peter der Große, auf seiner Carlsbadreise zwei Mal in Freiberg, wobei ihm vor dem Schlosse von den sogen. Bergsängern eine Serenade, sowie ein großer Bergaufzug mit mehr als 2000 Grubenlichtern gebracht wurde; er besuchte auch die Halsbrückner Berg- und Hüttenwerke und arbeitete eigenhändig mit Schlägel und Eisen. — Am 8. Aug. 1732 fanden gegen 1000 protestantische Auswanderer, welche von dem intoleranten Erzbischof Firmian in Salzburg aus der Heimath vertrieben worden waren, auf ihrem Durchzug nach Ostpreußen in Freiberg die feierlichste Aufnahme und freigebige Unterstützung. — Der Landes-

Herr verweilte wiederholt längere Zeit in der Stadt zu großen Jagden in den Rathswaldungen. — In dem siebenjährigen Kriege ward Freiberg zuerst am 16. Nov. 1756 von den Preußen mit ungefähr 5000 Mann Einquartierung, oftmals auch mit unaufbringlich hohen Contributionen belastet, indem die Stadt für reicher galt als sie war. Mehrere Male wurden die Preußen von den Oesterreichern wieder aus der Stadt verdrängt. 1757 ward sie von Kroaten besetzt, worauf das Freiberger Bergsilber nach Prag ausgeliefert werden mußte, und im October 1761 rückte sogar das ganze österreichische Heer unter General Daun heran, nachdem noch wenige Monate zuvor Preußens König, Friedrich der Große, mit seinen Truppen in Freiberg gestanden hatte. Am 14. Mai 1762 sprengten wieder die ersten preußischen Husaren durch die Stadt, und alsbald schlug eine 20000 Mann starke Armee bei den drei Kreuzen (s. S. 32) ihr Feldlager auf; neue Brandschatzungen erfolgten. Nachdem die Preußen am 16. October infolge eines hartnäckigen, aber unglücklichen Kampfes die Stadt nochmals hatten verlassen müssen, kam es endlich den 29. Oct. 1762 beim Hospitalwald zu einer letzten und entscheidenden Schlacht, welche Prinz Heinrich von Preußen, der Sieger bei Freiberg, der vereinten kaiserlichen und Reichsarmee lieferte, wobei diese an 4500 Mann, 28 Kanonen und 9 Fahnen verlor. — Eine allgemeine Verarmung der Stadt war die Folge dieses Krieges; dafür aber gewann Freiberg jetzt, und zwar wieder durch den Bergbau, großes wissenschaftliches Ansehen. Es geschah dies durch die 1765 hier begründete Bergakademie (s. S. 47), und sowohl an dieser, wie bei dem Freiberger Berg- und Hüttenwesen überhaupt, an den Kirchen und Schulen und sonst fehlte es nicht an Männern, welche sich einen Namen erwarben von bestem Klange weit über die Mauern der Stadt hinaus. Unter denen aber, die sich durch menschenfreundliches Wirken und als Wohlthäter der Armen ein dankbares und gesegnetes Andenken sicherten, steht oben an: der Bürgermeister Christian Sigismund Horn († 1736), welcher „aus wahrer, aufrichtiger Liebe und Zuneigung gegen seine Vaterstadt und zu wohlgemeinter Beförderung ihres ihm von Jugend auf jederzeit angelegenen Aufnehmens und Bestens" testamentarisch ein Capital von 70000 Thalern für die ärmere Bürgerschaft aussetzte. — Noch verdienen von den gegen Ende dieses Jahrhunderts hier in Garnison gestandenen Officieren der trefflichen sächsischen Artillerie der General Hiller, der Hauptmann Tielke und der als Romanschriftsteller bekannte Friedr. Gustav Schilling zugleich wegen ihrer wissenschaftlichen Verdienste genannt zu werden.

19. Jahrhundert. Wenn unsere oft heimgesuchte Bergstadt bis in die neueste Zeit nicht verschont blieb von schweren Kriegsstürmen und Drangsalen, so wuchs und entwickelte sich Freiberg doch trotzdem während der letzten Friedensperioden in einer Weise, wie kaum je zuvor, und zwar nicht allein auf Grund der bergmännischen, sondern auch noch mancher neueren Industrie. Geordnetere Verhältnisse beförderten das Gedeihen; besondere Sorgfalt wurde den städtischen Schulen gewidmet, durch zahlreiche freie Vereine manches gute Werk geschaffen, die allgemeine geistige und politische Bildung erhöht und edler Sinn befördert. Rascheres Aufblühen hat die Stadt namentlich auch den Eisenbahnen zu verdanken, welche 1862 unser altes Freiberg in ihr weltverbindendes Netz aufnahmen.

1806 bis 1813, diese Jahre napoleonischer Herrschaft, brachten der Stadt viel Ungemach und bedeutende, erst bis 1872 abgezahlte Kriegsschulden, hauptsächlich durch die endlosen Truppendurchzüge, indem damals eine Reichs- und Heerstraße von Osten nach Westen über Freiberg führte. — 1809 wurden hier von den Franzosen englische Waaren in dem Werthe von 51000 Thalern confiscirt. Der westphälische König Jerome brauchte an einem einzigen Rasttage mit seinem Hofstaat und gegen 7000 Mann Truppen 22000 Thaler; er badete in Hühnerbrühe und Burgunderwein, um seinen siechen Körper zu kräftigen. Mitte Mai 1812 weilten in Freiberg der Kaiser Napoleon und die Kaiserin gemeinschaftlich mit dem König und der Königin von Sachsen. Am 2. April 1813 schlug der preußische General Blücher in Begleitung des Prinzen Wilhelm, unseres jetzigen Deutschen Kaisers, sein Hauptquartier hier auf; diese Verpflegung kostete nur 150 Thaler. Bis zum genannten Tage war die Stadt unter Oberst Brendel von 1200 Kosaken besetzt, welche sofort die fiscalischen Cassen in Beschlag genommen hatten. Der König von Preußen kam hiernach am 29. April, später auch der Kaiser Alexander von Rußland. Infolge des Sieges der Franzosen bei Lützen am 2. Mai wurde Freiberg, nach einem kleinen Gefecht vor dem Donatsthore, von 10000 Franzosen, dann von den Oesterreichern und an dem 28. August (nach der Schlacht bei

Dresden) abermals von den Franzosen besetzt, wobei es zwischen dem Erbischen und Petersthore zum Handgemenge kam. Wiederholt gelangten nun Oesterreicher, darnach Franzosen und endlich Russen in den Besitz der Stadt. — Während des Zeitraums von 1806 bis Ende August 1814 sind in Freiberg und nächster Umgebung nahe an 700000 Mann fremder Truppen, mit 769 Generälen, und gegen 200000 Pferde einquartiert und verpflegt worden. Diese ungeheuren Durchzüge, Erpressungen, Plünderungen, ansteckende Fieber und die folgende große Theuerung verursachten massenhafte Verarmung der Einwohner. — 1820 wurde hier infolge großen Holzmangels versuchsweise die erste Steinkohlen-Verkaufsanstalt auf Landeskosten eingerichtet. — Das mit der französischen Juli-Revolution über Deutschland gekommene Sturmjahr 1830 rief auch in Freiberg lebhafte Bewegungen hervor, welche bei der städtischen Rathsverwaltung eine wesentliche Mitbetheiligung der Bürgerschaft durch ihre Vertreter zur Folge hatten. — Zur Zeit der allgemeinen Erhebung für die Deutschen Grundrechte des Frankfurter Parlaments drohte größere Gefahr, als sich am 9. Mai 1849 die sächsische provisorische Regierung mit ihren Freischaaren auf dem Rückzuge aus Dresden in Freiberg festsetzen wollte. — Die Eröffnung der Eisenbahnverbindung mit Dresden am 11. August 1862 hatte bald eine vollständige Umgestaltung und große Belebung der weitesten Umgebung des (in der südlichen Vorstadt errichteten) Bahnhofs zur Folge. — Das Jahr 1866 berührte die Stadt gegen frühere Kriegszeiten weniger. Den 19. Juni Vormittags rückten von Nossen her, gleichzeitig durch das Kreuz- und Erbische Thor, 2000 Mann preußischer Truppen theils zu Pferd, theils zu Fuß in die offene, unbesetzte Stadt. Gleichzeitig hatten sich von Böhmen her einzelne ungarische Husaren bis Freiberg gewagt, und es verbreitete sich am Abend das falsche Gerücht, daß Oesterreicher im Anmarsch seien. Die Preußen schnitten deßhalb sofort sämmtliche Ausgänge ab, setzten den Bahnhof in Vertheidigungsstand, ließen Geschütze auffahren und brachten die ganze Nacht rings auf den Anhöhen außerhalb der Stadt zu. Nach dieser höchst bedrohlichen Nacht verließen die preußischen Truppen Freiberg schon des andern Tags wieder in der Richtung nach Dresden. Eine zweite große Aufregung, insbesondere der bergmännischen Einwohnerschaft, brachte der 26. Juni, an welchem vom königl. preuß. Commissar in Dresden unter Androhung harter militärischer Zwangsmaßregeln zu sofortiger Ausführung von Schanzarbeiten 2000 Bergleute verlangt wurden; aber kein einziger Mann stellte sich: die Bergleute blieben theils in ihren Gruben versteckt, theils zogen auch ganze Schaaren noch in derselben Nacht hinauf in das Gebirge und weiter hinein nach Böhmen zu der sächsischen Armee, um sich dort, treu ihrem König, zur Verfügung zu stellen. Erst als die Gefahr vorüber war, kehrten sie zurück. — Die während dieses Krieges aus der Hauptbergcasse und den königl. Hüttenwerken mit fortgeführten Gelder und bedeutenden Vorräthe an silberhaltigem Blei sind später, mit Ausnahme des Bleiwerths, zurückgegeben worden. — Die Fortsetzung der Dresden-Freiberger Eisenbahn nach Chemnitz ward am 1. März 1869 eröffnet. — In den Kriegsjahren 1870 und 1871 wurden in Freiberg durch eine freie Vereinigung von Männern aus allen Ständen einträgliche Geldspenden gesammelt zu einer fortlaufenden Unterstützung sämmtlicher Frauen und Kinder der für das deutsche Vaterland gegen den Erbfeind gezogenen tapferen Krieger. Eben so gingen auch große Sendungen von Liebesgaben an die damals vor Paris stehenden Truppen der Freiberger Garnison ab, und alle auf dem hiesigen Bahnhof durchziehenden Soldaten, insbesondere die Verwundeten, erhielten reichliche Erfrischungen. — Am 15. Juli 1873 fand, zunächst in der Richtung nach Nossen, und am 1. November 1875 hinauf in das Gebirge bis Mulda die Eröffnung der neuen Freiberger Eisenbahnlinie Nossen-Brüx statt, durch welche die einst lebhafte engere Verbindung mit dem benachbarten, an Naturschätzen reichen Böhmerlande wiederhergestellt wird.

So hat sich denn unsere alte Bergstadt in acht Jahrhunderten bewährt als eine der angesehensten Städte des Landes. Durch den heute noch reichen Silberbergbau rasch aufgeblüht, erlebte sie eben so glückliche Zeiten wie schwere Heimsuchungen; aber immerdar — das beweist ihre Geschichte — hielten die biederen Bewohner Freibergs in alter Treue und reinem, edlem Sinn fest an Gott, Ehre, Menschenliebe und Vaterland. So wird der Stadt auch in alle Zukunft in Erfüllung gehen der heimische Gruß und Wunsch, der Zauberspruch unserer Berge: „Glück auf!"

II.

Lage. Klima. Boden- und Wasserverhältnisse.

Lage. Freiberg, die Berghauptstadt des Königreichs Sachsen als Sitz des obersten Bergamtes, gehört zur Kreishauptmannschaft Dresden und liegt im unteren Erzgebirge an den sich hier kreuzenden Eisenbahnlinien Dresden-Chemnitz und Nossen-Brüx, 50 Grad 55 Min. nördl. Breite und 31 Grad östl. Länge von Ferro.

Höhe. Der höchste nivellirte Punkt der Stadt ist der Bahnhof (Schienenkopf des Hauptgleises in der Nähe der Höhenmarke) mit 412,504 Meter (1269,87 Pariser Fuß) über dem Spiegel der Ostsee und 307,002 Meter über dem Spiegel der Elbe bei Dresden; der niedrigste Punkt ist die Sohle der Münzbach an der Brücke beim Meißner Thor mit 379,630 Meter über der Ostsee.

Ungefähr eine halbe Stunde südwestlich von der Stadt entfernt, auf der Höhe des ehem. Galgenberges, befindet sich eine astronomische Station der europäischen Gradmessung, welche (nach dem im Jahre 1861 vom General Dr. Baher in Berlin gemachten Vorschlage) in Sachsen unter der Oberleitung des Oberbergraths Dr. Weisbach in Freiberg (in Gemeinschaft mit den beiden Professoren Dr. Bruhns in Leipzig und Nagel in Dresden) mit dem Jahre 1863 begonnen wurde. Sachsen war einer der ersten Staaten, welche diesem Unternehmen beitraten. — Der äußerlich in dem (auf steinernem Fundamente ruhenden) Beobachtungssteine durch einen Messingbolzen markirte Firpunkt ist einer der 26 Haupttreieckspunkte Sachsens, und dessen geographische Breite zu 50° 54′ 11,9″, die geographische Länge zu 31° 0′ 27,6″ durch Prof. Bruhns bestimmt worden. — Der Kopf des Messingbolzens in diesem Steine liegt 463,2216 Meter = 1426,0017 Pariser Fuß über dem Spiegel der Ostsee und 3,334 Meter über dem Fußboden.

Oberfläche. Die Oberfläche der Umgegend erscheint mehr eben, ohne Bergspitzen (Hochplateau) und nur durch die Thaleinschnitte der Wasserläufe gebirgig, nach Böhmen zu in höher steigenden Linien.

Bäche ꝛc. Durch die Stadt fließt die Münzbach; östlich ½ Stunde entfernt die Freiberger oder östliche Mulde, noch weiter im Osten die Bobritzsch; westlich von Freiberg fließt zunächst die aus den Sauwiesen kommende Saubach, entfernter die Waltersbach (durch Kleinwaltersdorf) und noch weiter die Striegis. Alle diese Wasser haben ihren Lauf nach Norden. — Die Münzbach, in welche die Saubach mündet, fließt bei der Altväterbrücke in die Mulde, und diese vereinigt sich bei Sermuth mit der Zwickauer Mulde.

II. Lage. Klima. Boden- u. Wasserverhältnisse.

Grenzen des Stadtbezirks östlich: die Fluren der Dörfer Tuttendorf, Halsbach und Hilbersdorf; südlich: die Ortsfluren von Langenrinne und Zug; westlich: die Fluren von Zug, Sct. Michaelis, Oberschöna, Kleinschirma und Kleinwaltersdorf (mit Umschließung der Ortsflur Freibergsdorf); nördlich: die Fluren Kleinwaltersdorf, Friedeburg, Lößnitz, Loßnitz und Tuttendorf.

Nachbarstädte: 1 Stunde südlich das Bergstädtchen Brand; in einem Umkreis von 3 bis 4 Stunden liegen die kleineren Städte Tharandt, Frauenstein, Oederan, Hainichen, Siebenlehn und Rossen; je 8 Stunden entfernt: östlich die königl. Residenz- und Landeshauptstadt Dresden, westlich die bedeutende Fabrikstadt Chemnitz.

Klima. Im Allgemeinen ist das Klima mehr gemäßigt-mild, als gebirgisch-rauh; die Luft rein und gesund.

Thermometer. Die mittlere Temperatur betrug in

Freiberg 1863 bis 1874:	Dresden 1863 bis 1874:
im Winter . . — 0,75 Grad C.	im Winter . . . 1,17 Grad C.
Frühling . 6,58	Frühling . . 8,46
Sommer . 15,79	Sommer . . 17,60
Herbst . . 7,99	Herbst . . . 9,56
im ganzen Jahr 7,46	im ganzen Jahr 9,06
Minimum — 24,5	Minimum — 27,6
Maximum 32,8	Maximum 37,5

Durchschnittl. jährliche Zwischenzeit von dem letzten bis ersten Nachtfrost: in Freiberg 136, in Dresden 172 Tage.

Barometer. Der mittlere Luftdruck: 726,48 Millimeter, Minimum 699,44, Maximum 745,04 Millimeter.

Die mittlere Windrichtung ist zu 228,5 Grad berechnet worden, welche Südwest entspricht. Vorherrschend sind in erster Linie Westwinde, dann Südwest-, Süd- und Nordwest-Winde.

Boden. Die durchgängige Gebirgsart ist Gneiß, welcher in zahlreichen Spalten oder „Gängen" mehr oder weniger silberreiche Erze enthält (s. Abthlg. Bergbau).

Für den Ackerbau ist der Boden der Umgegend ziemlich gut; bei der jetzt verbesserten Landwirthschaft gedeihen, trotz der hier herrschenden längeren Winter, fast alle Feldfrüchte. (Die stark angebaute Kartoffel ist erst um das Jahr 1720 im Gebirge eingeführt worden.)

Für Obst ist die Lage weniger günstig. Von Laubhölzern gedeiht in den Thälern Esche, Ahorn ꝛc., von Nadelholz auf den bewaldeten Höhen besonders gut die Fichte.

Die nächsten Waldungen sind: westlich von Freiberg der Hospital- oder Spittelwald und die Strut, nördlich: der Nonnenwald und Fürstenbusch, südlich: der Oberloßnitzer und Freiwald, östlich (jenseit der Bobritzsch): der weitausgedehnte Tharandter Wald. — Die Jagd in der Umgegend liefert Rebhühner und Hasen, auch Rehe, die Fischerei aber außer Forellen (in klaren Bächen) kaum noch einen Ertrag, da in die Mulde und Münzbach Bergwerks- und andere unreine Wasser mit grauen, giftigen Schlämmen fließen.

Wasserleitungen. Gutes Trinkwasser geben die auf den nahen westlichen Anhöhen gefaßten Quellen, seit 1870 durch 2 Sammelbassins in Thon- und Eisenröhren zugeleitet. In allen Theilen der Stadt sind eiserne Druckständer angebracht; auch können Privatleitungen in die Häuser gelegt werden.

Nutz- oder Brauchwasser. Zu ausreichender Entschädigung für die bereits seit Jahrhunderten erfolgte Ableitung und Ansammlung des Münzbachwassers zu Bergwerkszwecken, wie für Entziehung des Wassers von der Oberfläche (Zapfung) durch den Bergbau, wird der Stadt von der bergmännischen Revierwasserlaufsanstalt (zuletzt in Folge Recesses vom 18. Decbr. 1824) ein „Rad" Wasser, d. i. 100 Kubikfuß pro Minute oder 37,831 Liter pro Secunde, zugeführt, und zwar aus dem 1560 oberhalb der ehemal. Schmelzhütten an der Münzbach angelegten sogen. Hüttenteich und dem Hohebirker Graben. Auch dieses Brauchwasser fließt seit 1870 aus einem großen überbauten Sammel- und Klärbassin bei Zug in eisernen Röhren herein, von denen es durch Zweigleitungen bis in die obersten Stockwerke der Häuser steigt. Außerdem sind im Straßenpflaster Oeffnungshähne (Hydranten) zur Benutzung bei Feuersgefahr angebracht.

Frühere Leitungen. 1440 hatte der Rath den wasserreichen „Wasserberg" gekauft, auf welchem jetzt das Rothe Vorwerk steht. Der in diesen getriebene Sau- oder „Wasserstolln," an dessen Mundloch später die Wäsche des Berggebäudes Prophet Samuel gebaut wurde, ging im 17. Jahrhundert ein. — Auch von Privatunternehmern sind früher durch Holzröhren und ausgemauerte Röschen verschiedene Quellen in die Stadt geleitet worden; das größte und trefflichste Unternehmen dieser Art war die im Jahre 1526 von dem Rathsherrn und Stadtrichter Martin Hilliger, genannt Kannegießer, vom Hospitalwald in die Stadt und zunächst nach seinem Hause Petersstraße Nr. 123 (s. S. 43) geleitete sogenannte „Kannegießer-Rösche."

Teiche und Schleußen. Von den durch die Saubach gespeisten 10 ehemal. Festungs-Teichen vor dem Peters-, Kreuz- und Meißner Thore bestehen nur noch 4, nämlich: die beiden „oberen Kreuzteiche,"

II. Lage. Klima. Boden- u. Wasserverhältnisse.

der (früher getheilte) Mühl- oder „große Kreuzteich" und der Bergwerkszwecken dienende „Schlüsselteich," nach einer nahen ehemaligen Grube benannt. — Inmitten der meisten Hauptstraßen der Stadt liegen noch „breite Steine," unter denen sich die früher offenen Röschen für die Tagewasser befinden. Diese fallen in die tiefen Hauptschleusen, welche ihre Fortsetzung in dem ehemal. Stadtgraben haben und aus diesem theils in den großen Kreuzteich, theils (nördlich vom Meißner Thor) in die Münzbach abfließen.

III.

Stadtviertel. Thore, Straßen und Plätze.

Stadtviertel. Die ehedem rings von der Stadtmauer eingeschlossene **innere Stadt** hatte schon im 13. Jahrhundert ihre jetzige Eintheilung in 4 Viertel oder Kirchspiele (Parochien) s. d. Karte S. 27, nämlich in das Marien-Viertel (Sct. Virginis, jetziges Dom-Kirchspiel), in das Petri-, Nicolai- und Jacobi-Viertel (Sächsstadt). Außerdem theilt sich die innere Stadt in die auf der rechten Seite der Münzbach liegende „Sächsstadt," und auf der linken Seite der Münzbach in die „Unterstadt" mit dem Untermarkt und die „Oberstadt" mit dem Obermarkt. — Die Vorstädte führten die Namen „Neue Sorge" (die jetzige Bahnhofsvorstadt), „Bertholdstadt" (an der alten Frauensteiner Straße) und „Fürstenthal" (an der Münzbach). — Die dicht an Freiberg grenzenden Ortschaften „Freibergsdorf" (jenseit der Saubach längs der Südseite der Chemnitzer Straße) und „Friedeburg" (an der Hainichener Straße) erscheinen ebenfalls wie Vorstädte.

Das Dom-Kirchspiel wird begrenzt in der innern Stadt: durch die Ringmauer vom Kreuzthor an nach dem Meißner Thor bis an den Ausfluß der Münzbach, von hier aus durch deren linkes Ufer bachaufwärts bis an die Färbergasse, dann aufsteigend durch diese, die Kleine Ritter- und die Fabrikgasse (rechte Seite) bis an die Burgstraße, endlich durch diese wieder rechtsseitig bis an den Schloßplatz; — außerhalb der Ringmauer: vom Kreuzthor aus durch die Schützengasse (rechte Seite), östlich durch die Münzbach beim Meißner Thor vom Ausfluß bis zur Brücke und sodann durch den steil bergaufführenden sogen. alten Dresdener Fußsteig (linke Seite).

Das **Petri-Kirchspiel** wird begrenzt in der innern Stadt: durch die Ringmauer vom Erbischen Thor zum Peters- und bis zum Kreuzthor, sowie von da durch die Burg- und Erbische Straße (rechte Seite); — außerhalb der Ringmauer: vom Erbischen Thore aus durch die innere Bahnhof- und Berthelsdorfer Straße (rechte Seite), sowie vom Kreuzthor aus durch die Schützengasse (linke Seite), mit Ausschluß des Hospitals.

Das **Nicolai-Kirchspiel** wird begrenzt in der innern Stadt: durch die Ringmauer vom Erbischen Thor bis an den Einfluß der Münzbach, durch diese (linkes Ufer) abwärts bis an die Färbergasse, dann aufwärts durch diese, die kleine Ritter- und die Fabrikgasse (linke Seite) bis an die Burgstraße, sowie endlich von hier aus durch die obere Burg- und Erbische Straße (ebenfalls linke Seite); — außerhalb der Ringmauer: vom Erbischen Thore ausgehend durch die innere Bahnhofs- und Berthelsdorfer Straße (linke Seite) sowie durch die Münzbach (linkes Ufer).

Das **Jacobi-Kirchspiel** umfaßt in der innern Stadt: die „Sächsstadt," begrenzt durch die Ringmauer vom Einfluß der Münzbach an, beim Donatsthor vorüber, bis zum Ausfluß derselben, sowie durch das rechte Ufer der Münzbach selbst (innerhalb der Ringmauer); — außerhalb der Mauer wird dieses Kirchspiel begrenzt: vom Einfluß der Münzbach an durch diese flußaufwärts (rechtes Ufer), anderseits vom Ausfluß der Münzbach an durch dieselbe (rechtes Ufer) bis an die Brücke vor dem Meißner Thor und endlich von dieser aus durch den beim Dom-Kirchspiel bereits genannten alten Dresdener Fußsteig (rechte Seite).

Thore und Ringmauer mit Thürmen. Freiberg hatte einst 5 Thore, wohlverwahrt und ausgestattet mit festen, hohen Thürmen und Zugbrücken, sowie weiten, runden Vorbauten, und zwar gegen Süd-Ost-Süd: das **Erbische Thor**, nach dem südlich hiervon gelegenen Erbisdorf (ursprünglich Erlwinsdorf) benannt; — gegen Süd-West: das **Petersthor** mit dem Namen des ehemal. Schutz-Patrons von Freiberg, des Apostels Petrus; — gegen Westen: das **Kreuzthor**, vor welchem sich eine Kapelle zum heiligen Kreuz befunden hat; vor ihrer Erbauung hatte es den Namen „Roßweiner Thor," da es nach der Stadt Roßwein führt; — gegen Ost-Nord-Ost: das **Meißner Thor**, von welchem aus die alte Straße nach Meißen ging; — endlich gegen Osten: das **Donatsthor**, in dessen Nähe, außerhalb der Stadt, die Donats-Kapelle gestanden hat. — Jetzt steht von allen diesen Thoren (außer dem einfachen Bogen des Meißner Thores) als altes, ehrwürdiges Wahrzeichen der Stadt nur noch der gewaltige runde, in seiner Höhe stets von Dohlen umschwärmte „Donatsthurm," welcher der Sage nach von den Bergleuten erbaut wurde. Er hatte gleichmäßigstarke doppelte Mauern, ehe er zu Magazinzwecken eingerichtet wurde, und galt als der wehrhafteste aller Thürme der Stadt. Allerdings war sie an dieser Stelle leichter angreifbar, von hier aus aber auch gut zu beherrschen.

III. Stadtviertel. Thore, Straßen u. Plätze.

Auch von der die Thore verbindenden, einst mit Vertheidigungs-Galerien versehenen, 6 bis 8 Meter hohen Ringmauer, über 1½ Meter stark aus Bruchsteinen erbaut, blieben in der umgestaltenden Neuzeit nur zwischen dem Donats-, Meißner- und Kreuzthor wesentliche Theile erhalten. Von den ehemal. 39 Mauerthürmen, deren jeder seinen besonderen Namen hatte, erinnern nur noch 10 an frühere denkwürdige Zeiten, und von den 18 Außenwerken der Zwingermauer ist kaum eines mehr zu finden. — Im October 1813 waren alle diese Befestigungswerke wenigstens noch so weit im Stand, daß durch Sperrung der Thore die französischen Streifcorps von dem Eindringen in die Stadt abgehalten werden konnten.

Das Erbische Thor. Wie einst die zahlreichen Thor- u. Mauerthürme der Stadt zugleich als Zierde dienten, so zeichnete sich unter allen das Haupt- oder Erbische Thor (s. die Abbildung) durch seinen hohen und stattlichen Thurm aus, welcher leider 1846 abgetragen wurde, nachdem die starken Außenwerke schon längere Zeit vorher gefallen waren. — Im Jahre 1630 ward der damalige Thorthurm in seinem oberen Theile vorsorglich für großes Geschütz erneuert; er hatte aber auch während der darauf folgenden wiederholten schweren Belagerungen, besonders 1639 durch den Schwedengeneral Baner, die stärksten Beschießungen auszuhalten, so daß er damals bis auf's untere Gewölbe zusammenstürzte. Der vollständige Wiederaufbau wurde erst im Jahre 1670 begonnen und darnach 1674 das Dach durch zwei große kupferne Granatkugeln mit ausbrechenden vergoldeten Flammen geschmückt. — Dieses Thor hatte zwischen der zweiten und dritten großen Pforte in dem vorderen Rundbau (Rondel) noch ein kleines Pförtchen mit einer Zugbrücke, welches am Tage zugehalten und nur des Abends und zur Noth aufgemacht wurde. In Kriegszeiten, wenn alle anderen Thore geschlossen und verschüttet waren, wurde nur das Erbische Thor, durch die erforderlichen Verschanzungen gedeckt, zur Aus- und Einfuhr offen gelassen. — Anfang jetzigen Jahrhunderts war ein Theil des Stadtgrabens vor dem Thurme noch mit Wasser gefüllt. 1818 wurden in den obern Räumen heizbare Militärgefängnisse eingerichtet. — Das mit Wachthaus versehene Thor war bis in die neuere Zeit von den sogen. „Stadtsoldaten" besetzt. Erst seit dem Jahre 1780 wurde es den Passanten auch bei Nachtzeit geöffnet.

Das ehemal. Erbische Thor.

Straßen und Plätze. Auch die 110 Straßen und Plätze der Stadt haben im Laufe der Zeiten mancherlei Veränderungen erfahren, insbesondere seit der theilweisen Abtragung und Durchbrechung der Ringmauer, wodurch 8 neue Zugänge in die innere Stadt gebildet wurden. (s. die Straßenkarte S. 27.)

Erläuterung der umstehenden **Straßenkarte** der **innern Stadt Freiberg.** Diese Karte ist mit Angabe der Himmelsrichtungen und deutlicher Abzeichnung der 4 Kirchspiele (durch verschiedene Strichlagen) versehen und bietet folgende Uebersichten: 1) die Straßen und Plätze der inneren Stadt, — 2) die Ausgänge derselben, — 3) die Ring-Promenade nebst den Ueberresten der Ringmauer, — 4) die Eingänge in die Vorstadt, — 5) Münz- und Saubach nebst Mühlgräben, Teichen und Wiesen, — 6) Kirchen, wie andere öffentliche und Hauptgebäude der Stadt. — (Die durch die Straßenbegrenzungen gebildeten Abschnitte sind der Uebersichtlichkeit wegen **vollständig mit Strichen** ausgefüllt, auch da, wo keine Gebäude stehen.)

Die **innere Stadt** wird durch die in gerader Linie von dem Erbischen Thore nach dem Schloß führende **Hauptstraße** (Erbische u. Burgstraße) in zwei ungleiche Theile getheilt, deren kleinerer (das Petri-Kirchspiel) regelmäßigere Anlage der Straßen zeigt, während der andere, das Münzbachthal enthaltende Theil (mit dem Dom-, Nicolai- und Jacobi-Kirchspiel) weit unregelmäßiger angelegt ist.

Von der genannten Hauptstraße zweigen ziemlich rechtwinklig ab **westlich** nach der Seite des Petri-Kirchspiels: die Fischerstraße, die Zugänge zum Obermarkt (in ihrer Fortsetzung zur Petersstraße u. Waisenhausgasse führend), Akademiestraße, Neugasse, Schloßplatz; nach der **anderen** Seite: die Stollngasse, Kesselgasse, Engegasse, Weingasse, Fabrikgasse, (innere) Schönegasse, Kirchgasse, Bauhofgasse.

Die jetzigen Namen sämmtlicher Straßen und Plätze der **inneren** Stadt lassen wir hier alphabetisch geordnet folgen und fügen die **früher** gebräuchlichen Namen, nebst einigen Erklärungen, in kleinerer Schrift hinzu. — Die Bezeichnung der ehemal. „Thore" wird auch jetzt noch beibehalten, obgleich die Gebäude derselben längst abgetragen wurden.

Märkte u. Plätze.

Ascheplatz. Am Schüppchenberg (s. Theil) s. Abth. I. Anm.: ältester Bergbau.

Buttermarkt. Nicolaikirchhof.

Findelplatz (daran einst ein Findelhaus zur Aufnahme von Findelkindern).

Obermarkt (114 Met. lang u. 67,3 M. breit, 7672.2 Quadratmeter).

Petrikirchhof (früher Begräbnißplatz).

Schloßplatz (vor dem Freudenstein).

Untermarkt. Alter Markt. Fischmarkt (süße Leipsmaaren, Fische). Naschmarkt (Obst :c.).

Straßen u. Gassen.

Akademiestraße. Buttergasse (Butterverschleiß im nahen ehem. Rathemarstall).

Badegäßchen. Bei dem alten Stadtbad.

Bäckergäßchen. An der Münzbach (s. Theil).

III. Stadtviertel. Thore, Straßen u. Plätze.

Bauhofgasse. Brenngasse (darin das ehemal. Silberbrennhaus).
Berggasse. Am Schüppchenberg (Sächsstadt).
Borngasse. Ungequergasse.
 » kleine, die Fortsetzung nach der Weingasse.
Burgstraße, obere. Hinter dem Rathhaus.
 » untere, zur Burg, dem Schloß, führend.
Buttermarktgäßchen.
am Dom.
Domgasse zwischen Fabrikgasse und Kirchgasse. Am Schwibbogen.
Domgäßchen. Schöneauergasse.
Donatsgasse. Am Steinbruch. Am Donatsthor.
Engegasse vom Rathhaus nach d. Buttermarkt.
Erbische Straße.
Fabrikgasse an der Thiele'schen Fabrik. Ritterquergasse.
Färbergasse. Bei der Schwarzfarbe.
Fischerstraße (in der jetz. Garküche, ehemals Stadtbad, war eine „Fischerstube." der Fisch-Markt war oben auf der Rinne).
Fleischergasse. Bei den Schachbänken (ehedem der Fleischer). Untere Weingasse.
Gerbergasse an der Münzbach.
Gerichtsweg. Am Untermarkt.
Grünegasse zw. Gerber- u. Schlachthausgasse.
Hinter den Mönchen (hier stand das Unterkloster). Bei der Roßmühle.
Hornstraße. Bei dem Stadtstein (zum Theil).
Jacobigasse. Bei der Jacobikirche am Berge.
Kaufhausgasse. Fleckgasse (ehemal. Tuchausschnitt im Gewand- oder Kaufhause).
Kesselgasse von der östlichen Rathhausecke bis zur Münzbach herab.
Kirchgasse zur Hauptkirche. dem Dom führend.
Kirchgäßchen v. Obermarkt nach d. Petrikirche.
Klostergarten. Hinter der Jacobikirche. Am unteren Rechen (der Münzbach).
Klostergäßchen beim ehemal. Nonnenkloster.

Korngasse (ehedem Kornmarkt).
Kreuzgasse. Bei der (ehemal. Tuch-) Fabrik Nr. 810 A. Am Dunkelhof.
am Marstall (ehemal. Rathmarstall).
Meißner Gasse.
am Mühlgraben. An der Münzbach.
Neugasse. Klostergasse (am ehemal. Oberkloster der Dominicaner). Nonnenquergasse.
Nicolaigasse. Bei dem Stadtbade am Berge.
an der Nicolaikirche.
Nonnengasse (hier war das Haus der Polter- d. i. Sepultur- oder Begräbnißnonnen).
Petersstraße.
Pfarrgasse in der Sächsstadt (Pfarrhaus).
Promenadenweg am Petersthor, der Mauer.
Reitbahngasse. Am Kornhaus (Reitbahn).
Rinnengasse. Auf der Rinne (ehemal. Hauptwasserleitung der Stadt).
Rittergasse von der Weingasse nach dem Untermarkt (hier war angeblich Ritter Kunz von Kauffungen's Haus, s. S. 44).
Rittergasse, kleine. Fortsetzung d. Fabrikgasse.
Schillerstraße am Kornhaus.
Schlachthausgasse. Beim Kuttel- od. Schlachtbei. Bei der Schrotgießerei.
Schloßgraben. Bei der Amtsschneiderei.
Schönegasse, innere, von der Burgstraße gerade nach dem Untermarkt.
Stollgasse. Hint. d. alt. Apotheke. Unt. Fischerg.
 » kleine. Hinter der alten Apotheke.
Theatergasse. Kesselquergasse (nach d. Theater).
Untergasse. Am Untermarkt.
Waisenhausgasse. Affengasse (Haus s. S. 43).
Wallstraße. An der Mauer. Am Kreuzthor.
Wassergasse. Bei der (ehemal.) Essigsiederei.
Wasserthurmstraße neue Straße beim ehemal oberen Wasser- od. Münzbadthurm.
Weingasse (hier war vor Erbauung des Kaufhauses der Weinschank des Raths).

Die Vorstadt (rings um die innere Stadt), deren größter, südlich gelegener Theil früher den besonderen Namen „Neue Sorge" führte (s. S. 21), wird jetzt als ein Ganzes betrachtet und bildet mit der innern Stadt eine politische Gemeinde, während ehedem die Bewohner der Vorstädte an den Einkünften und dem Eigenthum der innern Stadt keinen Antheil hatten.

Vorstädtische Plätze.

Hirtenplatz. Hier waren des Raths „Hirtenhaus" und „Viehhöfe" für die nahe „Viehweide", auch verschiedene „Viehwege."

Roßplatz. Schweinemarkt. Pferdemarkt.

Schießplan (für die Schützengilden).

Wernerplatz. Am Kühschacht.

Vorstädtische Straßen.

Annaberger Straße. Rathsvogtgasse.

Bahnhofstraße, innere. Bädergasse.

— **äußere.** Beim Kühschacht. Viehg. Schulg.

Bergstiftsgasse (von der äußeren Bahnhofstraße nach der Stollnhausgasse). Bei den Feuerleitern (neue Busfedienschule). Töpfer- oder Neuplatz. Am Eilitenstempel.

Berthelsdorfer Straße. Bei d. Schwarzfarbe.

Bertholdstadt. In der Oberleßnitz.

Chemnitzer Straße.

Dresdener Straße. Am Graben. Bei der ehemal. Schlange (Betzgebäude). Bei der Methusalemer Bergschmiede.

beim Feldschlößchen.

Forstweg. (Galgenweg). Auf der Höhe, unweit des Gradmessungssteins, stand noch Anfang jetzigen Jahrhunderts der Galgen.

Frauensteiner Straße, alte und neue. In der Oberleßnitz.

Fürstenthal an der Münzbach.

Gartenstraße an der Kinderwiese und den oberen Kreuzteichen.

Hainichener Straße. Bauergasse (nach der daran geleg. Grube „Bauerzeche" benannt).

Himmelfahrtgasse. Alte Dresdner Straße.

Hohlgasse. Hohler Weg (nach Berthelsdorf).

Hornstraße. s. die innere Stadt.

Hospitalwald. Waldhäuser.

Hospitalweg. Am Hospital Set Johannis.

Humboldtstraße zw. äuß. Bahnhstr. u Hohleg.

Johannisgäßchen zw. Annab. u. Chemn. Str.

Körnerstr. Sehrs Gäßchen. Schönlicher Weg.

Kühschachtgäßchen.

Langegasse, obere. Fortsetzung der Körner- nach der äußeren Bahnhofstraße.

Langegasse, untere, weitere Fortsetzung nach dem Roßplatz

Leipziger Straße am großen Kreuzteich.

Meißner Straße. Hüttengasse.

Mühlgasse. Elsergasse, gegenüb. d. Stockmühle.

Rother Weg. An der Rothen Grube. Judenberg (ehemal. Judenviertel).

am Sachsenhof. Bei dem A B C (Gasthof).

Schillerstraße vormals sogen. neuer Kirchhof.

Schmiedegasse zwischen der Dresdener und Frauensteiner Straße.

Schönegasse, äußere, an d. ober. Langegasse.

Schützengasse nach d. Schießplan u. Friedbg.

hinter der Stockmühle.

Stollnhausgasse, Richtung n. d. Stollnhaus.

Turnerstraße (ehem. Zelich'sches Grundstück).

Zwockengasse an der unteren Langegasse.

Noch wird in früheren Zeiten in der 1632 durch die Kaiserlichen vernichteten Vorstadt zwischen dem Meißner und Donatsthore eine „Schöpsgasse" (von der Himmelfahrtgasse nördlich nach dem ehemal. Rathsmühlweg), ferner östlich von der Berthelsdorfer Straße eine „Bettelgasse" erwähnt, auch „Rosenthal" genannt. Ein Uralter „Hohler Weg" bei Loßnitz s. Abth. X. Anmerkg. — Oestlich von der Annaberger (Brand'er) Straße befand sich der sogen. „Sauteich" nebst dem Halsgericht oder „Rabenstein," der 1808 abgetragen wurde. — Weiter aufwärts, der Samuel'er Wäsche gegenüber, führte die alte „Kohlenstraße" (für Holzkohlen) in's Obergebirge. — Westlich von der Annaberger Straße war einst die städtische „Viehweide" (seit 1796 den Häusern der innern Stadt in einzelnen „Bürgerfeldern" zugetheilt). Das ehemal. „Seilerhaus" daselbst hatte eine 500 Meter lange Bahn für Bergseile. — Der südlich gelegene, 1839 ausgebrochene und darnach ausgetrocknete große Kühschachter Teich oder „Neue Teich" bietet weiten Raum zu einer Fabrikvorstadt. — Neue Straßen werden bei dem Bahnhof eingerichtet. — Ueber die Straßennamen der frühesten Zeit fehlen sichere Nachrichten. Der älteste Stadtplan von Freiberg (in Münster's Kosmographie) ist von 1554, der Belagerungsplan in Möller's Chronik von 1643. — Treffliche Stadtpläne aus neuerer Zeit, mit Angabe der unterirdischen Grubenbaue, sind die von Schippan (1837) und Weinhold (1862).

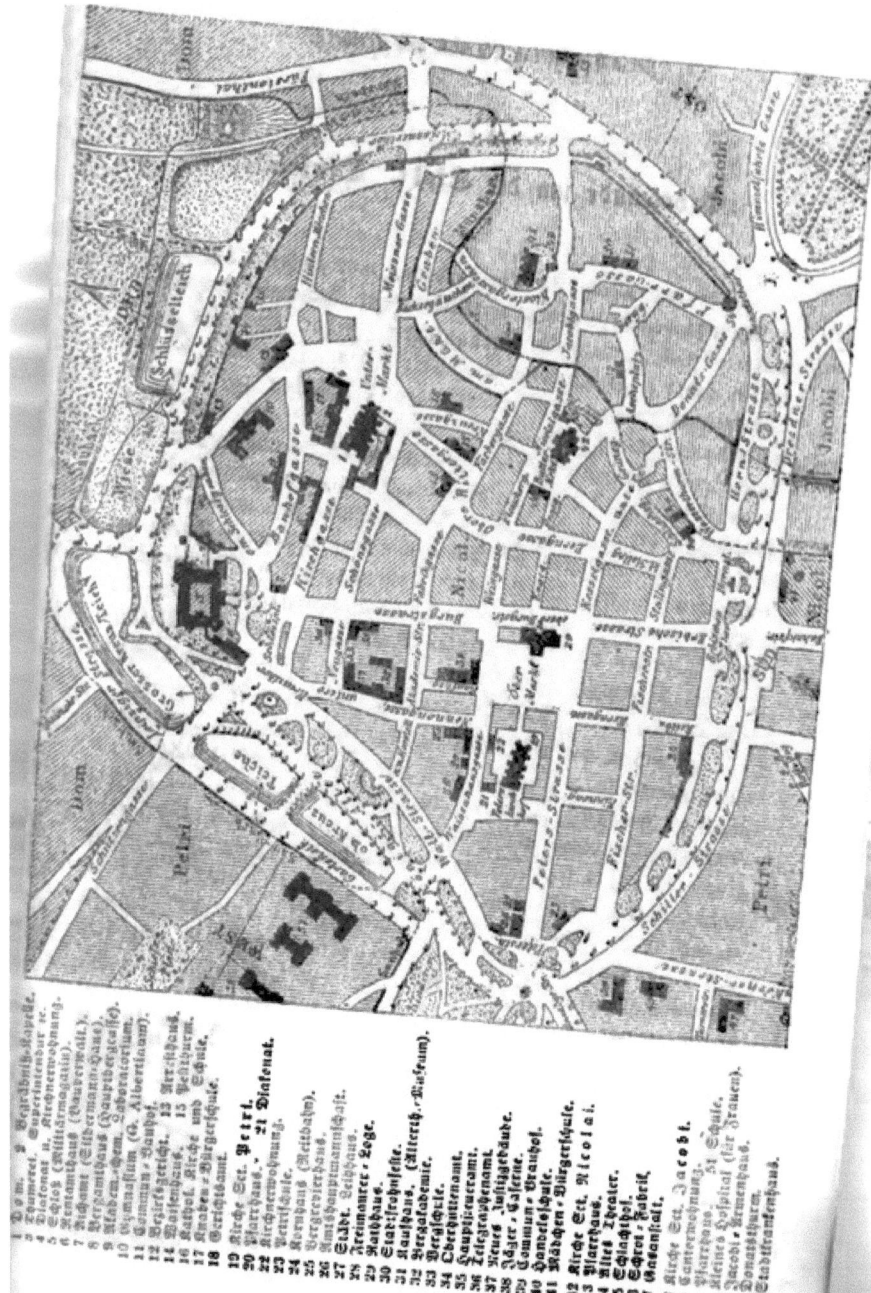

1 Dom.
2 Begräbnis-Kapelle.
3 Thomaret.
4 Diakonat, Superintendur rc.
5 Schloß (Militärmagazin).
6 Rentamtshaus.
7 Packhaus (Bauverwalt.)
8 Bergamthaus (Hauptbergcasse).
9 Gildemann-Haus.
10 Gymnasium (Hauptgebäude).
11 Gymnasium (G. Albertinum).
12 Gymnasium, Kapell.
13 Bezirksgericht.
14 Waisenhaus.
15 Kircht-Rathaus.
16 Rathol. Kirche und Schule.
17 Knaben-Bürgerschule.
18 Gerichtsamt.
19 Kirche Ect. Petri.
20 Pfarrhaus. 21 Diakonat.
22 Kirchenwohnung.
23 Pfarrschule.
24 Turnhaus (Reitbahn).
25 Bergreviervierhaus.
26 Bundeshauptmannschaft.
27 Einbl. Reithaus.
28 Kreisamtr-Loge.
29 Rathhaus.
30 Stadtschulhaus.
31 Kaufhaus. (Albertr.-Museum).
32 Bergakademie.
33 Brauschule.
34 Chorschule.
35 Hauptsteueramt.
36 Feldgrauserramt.
37 Neues Justizgebäude.
38 Jäger-Casern.
39 Commun-Brauhof.
40 Handelsschule.
41 Mädchen-Bürgerschule.
42 Kirche Ect. Nicolai.
43 Pfarrhaus.
44 Alter Theater.
45 Schlachthof.
46 Spritz-Fabrik.
47 Gasanstalt.
48 Kirche Ect. Jacobi.
49 Pfarrwohnung.
50 Pfarrhaus. 51 Schule.
52 Meinert-Hospital (für Frauen).
53 Jacobi-Armenhaus.
54 Donatsthurm.
55 Stadtkrankenhaus.

IV.

Promenade um die Stadt. Denkmäler.

Der zum Theile noch vorhandene, zum größeren Theile aber in den letzten Jahrzehnten ausgefüllte ehemal. Festungs- oder Stadtgraben enthält anmuthige **Parkanlagen**, welche einen die ganze innere Stadt rings umgebenden Kranz bilden (s. die Karte S. 27) und reich ausgestattet sind mit trefflichen Denkmälern und den verschiedenartigsten Pflanzengruppen; schattige, meist aus Linden und Roßkastanien bestehende Alleen, begrenzt von Wiesen und Teichen, umziehen das Ganze. Diese vielbesuchten Anlagen entschädigen für das Einförmige der weiteren Umgebung der Stadt und sind wegen der großen Mannichfaltigkeit der Pflanzen einem botanischen Garten zu vergleichen, in welchem die alten epheuumwucherten Ringmauerreste und Thürme eine willkommene und seltene Abwechslung bieten. Die Anlagen werden von der städtischen Verwaltung als eine vollständige „Ring-Promenade" erhalten, in deren Bereich nach Beschluß vom Jahre 1874 niemals ein Haus gebaut werden darf.

Beginnen wir unsere Wanderung „um die Stadt" und zwar am Petersthor! — Hier, wo noch bis zu dem 30jährigen Kriege ein steinerner Roland gestanden als Zeichen einer freien, mit höchster Gerichtsbarkeit begabten Stadt, erhebt sich ein schönes Denkmal edler Bürgertreue, das sogen. **Schweden-Denkmal**, errichtet zur 200jährigen Jubelfeier der Befreiung der Stadt von der schwedischen Belagerung unter Torstenson, welcher, obgleich hier Thor und Mauern bereits in Bresche geschossen worden waren, die Stadt doch nicht einzunehmen vermochte, da sie mit dem größten Heldenmuthe vertheidigt wurde (s. S. 12).

„Den tapferen Vertheidigern des treuen Freibergs im Jahre 1643 zur Erinnerung an ihre Thaten geweiht im Jahre 1843" lautet die obere Inschrift dieses in Gestalt eines sechseitigen Thurmbaues errichteten Denkmals, welches die Stadt Freiberg zu jener Zeit der Bedrängniß versinnbildlicht und dessen Hauptschmuck in drei Statuen, den hervorragendsten Vertretern der damaligen Vertheidiger Freibergs, besteht. Wir erblicken in denselben: einen Bürger als „Defensioner," die Muskete in der Hand, die Patronen am Riemen über die Brust gehangen (s. die Abbildung S. 29); ferner einen geharnischten Kurfürstl. Soldaten mit Lanze und Schwert; endlich einen Bergmann in alter Tracht, mit seiner Waffe, der Barte, in der Rechten und die geheime Botschaft für den Kurfürsten auf der Brust bergend (s. die Abbildung). Daneben, unter-

IV. Promenade um die Stadt. Denkmäler.

halb der Wappen zahlreicher Handwerksinnungen Freibergs, sind die Wappen des tapferen Stadtcommandanten George Herm. v. Schweinitz, des Bürgermeisters Jonas Schönlebe sowie des Berghauptmanns Georg Friedrich v. Schönberg angebracht. — 6 Gedenktafeln schildern jene Zeit in kurzer Weise wie folgt:

- 4. Dec. 1642 290 Mann ziehen als Besatzung in die Stadt.
- 27. Dec. - Die Schweden rücken vor die Stadt an 6000 Mann.
- 1. Jan. 1643 Heftig beschossen verweigert die Stadt die Uebergabe.
- 2. Jan. - Der Feind, eingedrungen durch die Bresche, wird zurückgeworfen.
- 5. Febr. - Die letzte Aufforderung zur Uebergabe wird abgewiesen.
- 17. Febr. - Der Feind zieht ab, der Entsatz rückt ein, die Stadt ist frei.

Ein über der Mauerkrone aus dem Innern des Monuments sich hoch erhebender zweiter Bau veranschaulicht den religiösen Sinn der Belagerten, ihre vertrauensvolle Gottesfurcht und ihre Gebete. — Die Grundsteinlegung dieses von Ed. Heuchler entworfenen, in Sandstein ausgeführten gothischen Denkmals erfolgte am 17. Febr. 1843, die Enthüllung den 11. Aug. 1844.

Bergmann.

Seitwärts nach der Stadt steht noch eine kleine Ruine des damals vom Leutnant Peter Schmohl mit seinen Defensionern muthig vertheidigten Stadtmauerthurms. An der nahen Chemnitzer Straße hat sich der untere Theil einer steinernen **Martersäule** vom Jahre 1489, mit Darstellungen aus der Leidensgeschichte Christi, bis auf unsere Tage erhalten. — Unweit hiervon beginnt am Fuße des **Schneckenberges**, von der Saubach umflossen, mit schattigen Baumgruppen und einem Springbrunnen geziert, die **Kinderwiese**, dem Aufenthalte der Kinder gewidmet und zu schöner Jahreszeit von diesen und ihren Wärterinnen bunt belebt. Am 26. August 1863 wurde hier eine **Körner-Eiche** gepflanzt zur Erinnerung an den jugendlichen Freiheitsdichter Theodor Körner, welcher einst als Bergstudent in Freiberg weilte und vor 50 Jahren den Heldentod starb für das deutsche Vaterland. (Nahe Hospital-Linde s. S. 38.) An der Stelle der Kinderwiese, in deren Umgebung das Actienbad, die Caserne und das Justizgebäude liegen, befand sich noch bis um's Jahr 1790 ein großer Teich, wegen der daran gelegenen Walkmühle der „Walkteich" genannt; auch der Schneckenberg wurde erst um diese Zeit geschaffen und hiernach von da an auf dem Wall bis zum Kreuzthore die jetzt vielbesuchte schöne Allee angelegt. Sie führt bei den mit Schwänen besetzten beiden **oberen Kreuzteichen** vorüber und wird, nachdem sie 1874 bei der Huldigung von unserem verehrten sächsischen Königspaar zu Wagen passirt worden war, **Königs-Allee** benannt. Neben diesem ältesten Theile der Freiberger Promenaden liegt eine 1873 künstlich aufgeführte **Felsbastei** mit Weiher, Grotte und Wasserfall. Die Allee endet an dem mit einer Nymphengestalt geschmückten **Kreuzbrunnen**, welcher uns klares Wasser spendet. — Diesem gegenüber befindet sich das mit einer Meisterarbeit Rietschel's ausgestattete **Werner-Denkmal**, dem berühmten Freiberger Mineralogen Werner (s. S. 47) zur Feier seines 100jährigen Geburtstages, des 25. Sept. 1850, errichtet. — Zwischen dem Schloß und dem großen Kreuzteich erhebt sich auf einer alten Schanze das **Krieger-Denkmal**, welches die Stadt am 2. Sept. 1874, dem Jahrestage von Sedan, ihren im deutsch-französischen Kriege 1870/71 ruhmvoll Gefallenen weihte. — Wir wandern nun an der Kreuzmühlwiese vorüber und betrachten zu unserer rechten Seite den hier noch erhaltenen Theil der altehrwürdigen **Ringmauer** mit ihren Thurmruinen (s. S. 23), sowie die aus der schattigen Tiefe des Stadtgrabens emporstrebenden schönen Baumgruppen. In Letzterem, mitten zwischen dem Schloß und Meißner Thor, erregen gewaltige Grünsteinblöcke, die sogen. **Schwedensteine**, unsere Aufmerksamkeit, welche der Sage nach während der schwedischen Belagerung 1639 (s. S. 11) durch vorzeitige Sprengung einer Mine emporgehoben worden sein sollen. — Von der „oberen Promenade" bietet sich hier nach links ein anmuthiger, freier Blick herab auf das Münzbachthal. — Der Weg führt uns weiter an dem Meißner Thor und, nach Ueberschreitung der Münzbach, an dem Stadtkrankenhaus vorbei zu dem gewaltigen runden **Donatsthurm** (s. S. 22). Linker Hand liegt der Donatsfriedhof; neben dem Thurm ist der Eingang in die „**unteren Promenaden**," welche sich in dem einst mit Wasser gefüllten **Stadtgraben** längs der hohen Ringmauer bis nahe an das Meißner Thor ziehen. Wir finden da angenehme, schattige Kühle in heißer Jahreszeit, und im Frühling erfreut hier lieblicher Gesang zahlreicher Vögel unser Ohr. Ehedem sind Hirsche und anderes Wild im Stadtgraben gehalten, später darin auch Gärten u. s. w. angelegt worden. — Wenn wir nun die Wanderung nach dem Erbischen Thore das Münzbachgehänge hinab fortsetzen, gelangen wir, durch

IV. Promenade um die Stadt. Denkmäler.

eine lange Linden-Allee und an einem Springbrunnen vorüber, zu einem zweiten gothischen Baudenkmal, dem **Horn-Brunnen**, den die Stadt 1857 einem edlen Bürgerfreunde, dem Bürgermeister Christian Sigismund Horn (s. S. 14) in dankbarer Erinnerung weihte. In der Nähe ist eine den 18. Juni 1871 nach dem glücklich beendeten deutsch-französischen Kriege vom Militärverein gepflanzte **Friedens-Eiche**. — Hinter dem eben erwähnten Springbrunnen, unter dem die Münzbach in die Stadt fließt, stand noch bis zum Jahre 1872 der durch die Sage denkwürdige obere Münzbach- oder Wasserthurm (s. S. 4). — Noch erinnern vor dem Erbischen Thore bei der städtischen Gasanstalt, wie auch vor dem Petersthore wohlerhaltene hohe **Meilensäulen** von 1723 mit dem kurfürstl. sächs. und königl. polnischen Wappen an die sogen. „gute alte Zeit," wo die Herstellung leidlicher Fahrstraßen schon als ein großer Fortschritt galt. — Weiter gelangen wir in lieblichen Parkanlagen am alterthümlichen **Kornhaus** (s. S. 42) und an den ephemumschlungenen, mit Steindächern versehenen alten **Mauerthürmen** vorüber wieder zum Petersthore. — In dessen Nähe, unweit der Lindenterrasse des städtischen Brauhofs, wurden die Promenaden 1871 vom Elbgau-Sängerbund zum Andenken an das Freiberger Sängerfest 1869 durch ein **die Muse des Gesangs** darstellendes Standbild geziert. Eine ähnliche schöne Figur als **Sinnbild des Fleißes** erhielten die Anlagen am Schloßplatz durch einen patriotischen Freiberger im Jahre 1860. — Zu unserem Rundgang brauchten wir gegen ¾ Stunde; ist doch Freiberg innerhalb der Ringmauer größer angelegt als Dresden und Leipzig, daher das alte Sprüchwort des meißner Landes: „Dresden die feste, Leipzig die beste, Freiberg die größte."

Friedhöfe. Wie die Promenade werden auch die Anlagen der Friedhöfe mit ihren zahlreichen Denkmälern der Liebe und Verehrung sorgfältig gepflegt. Außer dem Johannis- oder Hospital-Kirchhof ist nur noch der allgemeine große Donats-Friedhof im Gebrauch, welcher 1521 zur Zeit der Pest bei der damaligen Donats-Kapelle vor der Stadt errichtet wurde, während verdem die Beerdigungen in der Stadt, bei allen Kirchen und Klöstern, erfolgten. Auf genanntem Donats-Friedhof finden wir unter andern betrachtenswerthen Denkmälern: (am Mittelgang rechts) den schönen Sarkophag eines durch Sturz in den Himmelfahrtsschacht 1811 verunglückten Jünglings Hammerdörffer aus Dresden, mit sinniger Darstellung in weißem Marmor, einer Arbeit des Hofbildhauers Pettrich nach Thorwaldsen. — Von ebedem bestehen noch der Jacobi- und der mit Kreuzgängen (s. S. 36) umgebene, malerische Dom-Kirchhof mit den Grabmälern der beiden Freiberger Geschichtsschreiber Möller † 1660 und Klotzsch † 1789, sowie des Oberberghauptmanns Abraham v. Schönberg † 1711 und des berühmten Werner † 1817, dessen einfache Grabschrift lautet:

Dieses Denkmal errichtete ihm schwesterliche Liebe, ein bleibenderes er sich selbst. — An Stelle des sogen. „neuen Kirchhofs," welcher (dem Kornhaus gegenüber) 1538 angelegt und noch bis in unser Jahrhundert beibehalten wurde, stehen jetzt die Häuser der Schillerstraße. — ¼ Stunde entlegen ist die Begräbnißhalde: „Herder's Ruhe," wo 1838 der sächsische Oberberghauptmann v. Herder, ein Sohn des Weimarer Dichters, feierlich bestattet wurde. Dieses Denkmal trägt die Inschrift: Hier ruht der Knappen treuster Freund.

Aussichtspunkte. Wie in Nord-Ost von Freiberg Herder's Ruhe, so bietet entgegengesetzt in Süd-West der Grabmessungsstein (s. S. 18) einen schönen Blick von der Höhe auf die Stadt und ihre weiteste Umgebung. Gleiches ist der Fall bei den „drei Kreuzen" zwischen Freiberg und Brand. Die Entstehung dieser frei auf einem Hügel stehenden Kreuze, an welchen einst auch lebensgroße Figuren des Heilands und der beiden Schächer hingen, reicht bis in die frühesten Zeiten zurück; so oft sie von Sturm und Wetter litten, sind sie von den umliegenden Gruben wieder hergestellt worden, was wohl auf bergmännischen Ursprung derselben schließen läßt, zumal noch ein alter Gruben-weg (Häuersteg) an ihnen vorüberführt. (s. Abth. XIII. Sagen.) — Eine gute Umschau mitten in der Stadt bietet der Petersthurm (s. S. 87) mit Fernsicht nach Süden (Burgberg bei Lichtenberg, Schloß Frauenstein, Höhen des Erzgebirges) und nach Norden (Colmberg bei Oschatz).

V.

Die Kirchen und ihre Sehenswürdigkeiten.

Kirche Sct. Jacobi. Unter den 6 Kirchen der Stadt, die einst auch noch zahlreiche Kapellen hatte, ist die in der Sächsstadt gelegene Kirche Sct. Jacobi, an welcher das Nonnenkloster stand, die älteste (s. S. 2). Um das Jahr 1500 durch Anbau an der Südseite erweitert und mit gothischem Deckengewölbe versehen, verlor sie ihre erste romanische Gestalt, an welche nur noch die alten kleinen Fenster in der gestützten nördlichen Wand erinnern.

Die Kirche besitzt eine Orgel von Silbermann, 1717 nach Herstellung der berühmten Domorgel (s. S. 36) erbaut; einen kunstvollen Taufstein, welcher früher der Schloßkapelle angehört haben soll, und im Altar eine treffliche Arbeit des Freiberger Holzbildhauers Bernhard Diterich vom Jahre 1610; ferner in der Sacristei ein hohes Elfenbein-Crucifix von dem Salzburger Bildhauer Balthasar Permoser, sowie eine schöngeformte und reichverzierte, in Silber getriebene und vergoldete Altarkanne nebst Hostienschachtel aus dem 17. Jahrhundert. — In einem Gewölbe über der Sacristei steht eine alte Bibliothek, meist theologischen Inhalts, mit nur wenig Resten aus der Kloster-zeit, aber eigenhändigen Briefen von Luther und Melanchthon. — Von den 5 zum Theil sehr alten Glocken der Kirche sind 2 zu Schlagglocken verwendet.

V. Die Kirchen und ihre Sehenswürdigkeiten. 33

Die größere und älteste derselben trägt in lateinischen großen Buchstaben, wie sie im 13. Jahrhundert vorkommen, die Worte: O rex gloriae, veni cum pace (O König der Herrlichkeit, komme herab mit deinem Frieden!); auch das alte „Taufglöckchen" ist ohne Jahrzahl. Die anderen Glocken stammen aus dem Anfange des 16. Jahrhunderts. Die größte Läuteglocke hat die Umschrift: Laudo deum verum · Plebem voco · Congrego clerum · Mortales ploro defunctos · Festa decoro · M · D · VI. (Ich preise den wahrhaftigen Gott; ich rufe die Gemeinde; ich versammle die Diener Gottes; ich beklage die Sterblichen bei ihrem Tode; ich verherrliche die Feste. 1506.)

Der Dom, die einstige Marien- oder Pfarrkirche „zu unserer lieben Frauen" (f. S. 6), wurde nach dem letzten großen Stadtbrande 1484 bis um das Jahr 1512 mit Hilfe päpstlicher Ablaß- oder Butterbriefe (f. S. 7) in spätgothischem Stile wieder aufgebaut; aber der kaum begonnene Bau der beiden westlichen Thürme unterblieb leider infolge der gleichzeitig eingetretenen kirchenreformatorischen Bewegungen. Nur das hohe und steile, mit Schiefer gedeckte Kirchendach trägt einen mit Uhrglocken versehenen kleinen Thurm. Der Dom hat 3 ebenmäßige Schiffe, deren schöne, gleich hohe Wölbungen durch 10 völlig frei stehende schlanke Säulen getragen werden, die ohne Capitäl sind. Rings um den ganzen inneren Raum zieht sich eine hohe, mit 10 Erkern ausgestattete Steingalerie.

Figuren an der Goldenen Pforte.

Die ganze Süd-Front und einen Theil des Westgiebels umgiebt ein von gothischen Kreuzgängen eingefaßter Kirchhof, der jetzt in eine Gartenanlage umgewandelt ist. Der Dom hat viele Sehenswürdigkeiten, unter denen die denkwürdigste die kurfürstliche Begräbniß-Kapelle ist, welche den Raum des ehemal. Altarplatzes oder hohen Chors vollständig einnimmt und jetzt durch Eisengitter von dem Schiff getrennt ist; seine erhabenste äußere Zierde bildet

3

die Goldene Pforte, während im Innern besonders noch die beiden Kanzeln, sowie die großartige Orgel bemerkenswerth sind.

Die **Goldene Pforte** ist das aus allen Stadtbränden fast unversehrt hervorgegangene älteste Kunstdenkmal Freibergs. Sie bildete das südliche Haupt-Portal der einstigen, im 12. bis 13. Jahrhundert erbauten Marienkirche und erhielt den Namen von ihrer ehemaligen reichen Vergoldung und bunten Farbenpracht. Dieses Portal ist das herrlichste Werk der gesammten romanischen Bildnerkunst, und weder in Deutschland noch in Italien ist ein zweites dieses Zeitalters zu finden, das an Hoheit und Sinnigkeit der Zusammenstellung, wie an Schönheit und Großartigkeit der Ausführung damit vergleichbar wäre. Während die Steingestalten jener Zeit meist noch rob und plump erscheinen, hat hier jede Figur hohes Leben und geistigen Ausdruck. — Der Meister dieses Kunstwerks ist unbekannt geblieben, wohl aber finden sich noch in der Schloßkapelle zu Wechselburg (der Kirche des 1174 gestifteten ehemal. Klosters Zschillen bei Rochlitz) eben so meisterhafte mittelalterliche Werke, welche mit denen der Goldenen Pforte auffallende Uebereinstimmung zeigen und gleichen Ursprungs zu sein scheinen.

Die Goldene Pforte versinnbildet das **durch den Weltheiland offenbarte Reich Gottes**. Neun hoch emporstrebende, mächtig sich ausbreitende Halbrundbogen ruhen zu beiden Seiten, sich schräg in die Wand ziehend, auf schönem Säulenwerk, und Alles ist in reichster Abwechslung mit den verschiedenartigsten Gestalten ausgestattet.

In den **unteren Statuen** erblicken wir acht Vertreter des alten Testaments, Verkünder und Vorboten Christi, links: den Propheten Daniel, die Königin von Saba, König Salomo und Johannes den Täufer; rechts (s. die Abbildung): den Hohenpriester Aaron, Ecclesia (die Kirche); König David und Prophet Nahum. — Der obere Theil veranschaulicht das neue Testament: das Christenthum und die Erlösung der Menschheit; daher über der Thüre im kunstreichen Mittelfeld: der Eintritt des Erlösers in die Welt, das Jesuskind auf dem Schoße der thronenden Maria; links neben ihr die anbetenden Weisen aus dem Morgenlande, rechts der Engel Gabriel und der heilige Joseph. — Zu beiden Seiten davor kleine Löwen, welche Drachen den Eingang wehren: der Kampf des Guten mit dem Bösen; ringsum auf dem vorspringenden schönen Simswerk liegende phantastische Thiergestalten mit Menschenköpfen. Hoch in der Mitte der über einander aufsteigenden Rundbogen: Gott der Vater, von 4 Engeln umgeben; über diesem Gott der Sohn (das Christuskind) mit einem schwebenden Engel und 7 Heiligen zur Seite; in dem dritten Bogen Gott der heilige Geist (die Taube) inmitten von 8 Aposteln; der höchste Bogen endlich, der das Ganze in edelster Weise abschließt, zeigt in wahrhaft vollendeten Gestalten den Engel des Weltgerichts und die aus ihren Gräbern Auferstehenden.

Seit Jahrhunderten war dieses Portal durch eine Kapelle des Kreuzgangs überdeckt. Freilegung und Restauration erfolgte 1861.

Die Fürstengruft des Freiberger Doms wurde im Jahre 1541 durch Herzog Heinrich den Frommen eröffnet (s. S. 9), die kurfürstl. Begräbniß-Kapelle aber erst unter Kurfürst Christian I. 1588 bis 1594 ausgebaut und hierbei mit unterirdischem Gewölbe versehen. Der Baumeister war Hans Irmisch (s. S. 39 Schloß Freudenstein); am nördlichen Giebel setzte er über die Anfangsbuchstaben seines Namens den Spruch: Wer Gott vertraut, hat wohl gebaut. Den in edlem Renaissance-Stil prangenden innern Bau führte unter Beihilfe der Freiberger Bildhauer Michael und Jonas Grünberger der Italiener Nosseni aus, der dabei nur sächsischen Marmor verwendete. — Es ruhen hier alle protestantischen Ahnen des sächs.-albertinischen Regentenhauses, darunter auch die beiden großen Kurfürstenbrüder, der heldenmüthige Moritz und „Vater August" mit seiner Gemahlin „Mutter Anna".

V. Die Kirchen und ihre Sehenswürdigkeiten.

Das großartige Moritz-Monument, entworfen von Italienern und ausgeführt durch den Antwerpener Bildhauer **Anton v. Jerum**, steht in der Mitte der Kapelle und bildet einen hohen Sarkophag, umgeben von 12 Genien, welche auf ihren Tafeln die Thaten des unter dem Denkmal Ruhenden verzeichnen; auf der obersten, von Greifen getragenen Platte kniet **Moritz**, das Schwert in seiner Hand, vor dem Crucifix. Die lateinischen Inschriften sind von Georg Fabricius. — Zur Seite hoch an der Wand steht die **Rüstung**, in welcher dieser glorreiche Held, nachdem er kurz vorher zur Rettung des Protestantismus von dem römischen Kaiser Carl V. den Passauer Vertrag erzwungen hatte, 1553 in der Schlacht bei Sievershausen fiel. Darüber stehen noch die Ueberreste einer einst dichten Reihe dort erbeuteter **Fahnen**.

Die knieenden Broncegestalten Herzog **Heinrich's** und seiner Gemahlin **Katharina** (s. S. 8 ff.), von **August** und **Anna** und Kurfürst **Christian I.**, ferner die anderen herrlichen Statuen an und hinter dem Altar der Kapelle wurden von dem Erzgießer **Carlo de Cesare** aus Florenz, einem Schüler von Giovanni da Bologna, in Freiberg gefertigt; die Figur des Johann **Georg I.** goß der Venetianer **Pietro Bosetti**. — Ueber den Gestalten der Kurfürsten prangen deren von Engeln gehaltene **Wappen** und höher noch erblicken wir einen Kreis von **Propheten**.

Als Kunstwerke sind noch zu nennen die messingenen gravirten **Grabplatten** von dem Freiberger Erzgießer **Hilliger**, so wie die großen weißen Marmorstatuen von **Permoser** (Buße, Glaube, Liebe, Hoffnung) an dem Grabmal, welches mit den Steinsärgen von zwei Fürstenschwestern, Anna Sophia (Gemahlin von Joh. Georg III.) und Kurfürstin Wilhelmine Ernestine von der Pfalz, im Jahre 1811 aus dem Schlosse Lichtenburg hierher versetzt wurde. — Die **Decke** der Kapelle zeigt in bunter Malerei und als frei aus den Wolken hervortretende Gestalten: Christum, zum jüngsten Gericht erscheinend, und die himmlischen Heerschaaren.

Die beiden Kanzeln. Von den zwei Kanzeln des Doms gleicht die gothische, ältere, einer schönen, freistehenden Riesentulpe, deren Kelch mit zierlich durchbrochenem Blattwerk den längst nicht mehr benutzten Predigtstuhl bildet; er ist mit den Brustbildern der vier lateinischen Hauptkirchenväter geschmückt: Bischof Augustin (auf der Altarseite), Papst Gregor der Große, Bischof Ambrosius und Sct. Hieronymus. Das Ganze ist ein kunstreiches Steinbildwerk des 15. Jahrhunderts mit freier, über Abwerk führender und von Löwengestalten umgebener Wendeltreppe. Der Volksmund hat dieser originellen Kanzel den Namen „Teufelskanzel" gegeben, auf welcher es keinen Prediger leide. Es hätten nämlich, so geht die Sage, ein Meister und sein Geselle — die unten sitzende büßende, sinnende Gestalt eines bärtigen Mannes und die schöne Gestalt eines kräftigen Jünglings, welcher die Treppe auf dem Rücken trägt — gleichzeitig ganz verschiedene Entwürfe zu dem Kanzelbau gefertigt, und da hierbei das Modell des Gesellen dem des Meisters vorgezogen worden wäre, habe dieser den Gesellen aus Eifersucht ermordet. Der hängende Schalldeckel ist von Holz; er ist durch ein anmuthiges Bild der Mutter Maria mit dem Kinde gekrönt. — 1538 wurde Luther's Freund, Superintendent Hausmann, bei seiner Antrittspredigt auf dieser Kanzel vom Schlage gerührt. 1868 ist sie restaurirt und dabei wieder in ihren ursprünglichen Stand gesetzt worden.

Die **neuere Kanzel**, welche neben der alten an einen Pfeiler gebaut ist und von 2 steinernen Bergleuten gestützt wird, ließ der Bürgermeister und Churf. Zehntner **Jonas Schönlebe** 1638 auf seine Kosten erbauen „aus besonderer Andacht, zur Beförderung des Gottesdienstes und Zierde der Kirche."

Der Altar. Der Dom zählte einst, vor der Reformation, 39 Altäre. Das **Gemälde** des jetzigen, einzigen Altars verehrte der Kirche in dem Jahre

1560 **Matthes Rothe**, Münzmeister zu Annaberg; es zeigt im Hintergrunde die Einsetzung und davor die Austheilung des heiligen Abendmahls, wahrscheinlich mit Portraits aus der Familie des Stifters. Im Jahre 1650 ließen dessen Enkel, **August Rothe**, Factor der Saigerhütte zu Grünthal, und **Constantin Rothe**, Münzmeister zu Dresden, den Altar erneuern.

Statuen, Kronleuchter. Die 2 neuen Statuen den Kanzeln gegenüber: Herzog **Heinrich der Fromme** und Kurfürstin **Sophia** (Kunstwerke des Bildhauers Schwenk in Dresden) verdanken ihre Aufstellung einer Stiftung vom Jahre 1871. — Auch die beiden messingenen Kronleuchter aus dem 17. Jahrhundert sind fromme Geschenke, und zwar von Gewerken des Freiberger Bergbaues; die eine Inschrift lautet: Wer will Bergwerk bauen, der muß Gott vertrauen; ein zweiter Spruch: An Gottes Segen ist Alles gelegen.

Die Orgel, das großartige Erstlingswerk des berühmten Freiberger Orgelbauers Gottfried Silbermann, wurde 1714 vollendet; sie hat 45 klingende Stimmen mit 2674 Pfeifen, 3 Manual-Claviere und Pedal. (s. S. 43.) Ein in der Anlage gleiches Werk, bei welchem den Meister 1753 der Tod überraschte, besitzt die katholische Hofkirche in Dresden. Als im Jahre 1799 der Italiener Dr. Gautieri den Ton dieser Freiberger Orgel hörte und ihre Arbeit sah, rief er aus: „Das ist die erste in der Welt!"

Die Glocken. Das schöne 6stimmige Geläute mit einem sogen. „Silberglöckchen" ist aus der berühmten ehemal. Hilliger'schen Gießerei in Freiberg hervorgegangen. Die gewaltigste der Domglocken ist vom Jahre 1488; die meisten derselben tragen in alterthümlichen kirchengothischen Buchstaben (Minuskeln), umgeben von kunstvollen Blattverzierungen, die lateinische Umschrift: Ave Maria · Gracia plena · Dominus tecum · (Gegrüßt seist du, Maria! du Hochbegnadigte! — Der Herr sei mit dir!) — Die Stundenglocke in dem Thürmchen auf dem Dache ist von 1540 und hat die Inschrift: Nisi dominus custodierit civitatem, frustra vigilat qui custodit eam. (Wenn nicht der Herr die Stadt behütet, wachen ihre Wächter umsonst.)

Sonstige Alterthümer des innern Doms. An den Wänden der westlichen Vorhalle und an der hohen östlichen Giebelswand finden wir großentheils kunstvolle Grabdenkmäler, Epitaphien, angesehener Freiberger, wie zahlreiche Gemälde früherer Prediger des Doms (ganz oben, in weißem Rahmen, das Bild **Hieronymus Weller's**, s. S. 9). — Wie einst ganze Corporationen zu der Ausstattung der Kirchen beizutragen pflegten, beweisen noch die in den hohen Fenstern angebrachten, auf Glas gemalten Wappen von zahlreichen Freiberger Handwerks-Innungen. — Den Dom schmückten vor seiner, 1824 begonnenen sogen. Restauration noch viele schöne **Wappen und Figuren** in Holz und Stein sowohl am hohen Gewölbe wie an den Pfeilern; darunter die 12 Apostel, die 5 klugen und 5 thörichten Jungfrauen rc. Diese und andere in der sogen. „Götzenkammer" des Doms aufbewahrt gewesenen Heiligenbilder und sonstige Alterthümer, namentlich auch die **Kolossal-Statuen** des gekreuzigten Heilandes mit Maria und Johannes (Altarfiguren aus der ältesten Zeit der Marienkirche) wurden im Jahre 1853 dem königl. sächs. Alterthumsverein in Dresden auf Ersuchen zur Aufstellung in seinem Museum (gegen Revers und unter Vorbehalt des Eigenthumsrechts der Stadt Freiberg) auf so lange überlassen, „bis in Freiberg selbst ein passender Aufbewahrungsort hergestellt sein würde." (Gleiches geschah mit den Kostbarkeiten, welche bei Ausschüttung der Grüfte im Kreuzgang aufgefunden worden waren (s. unten).

Die Kreuzgänge. Den **Domkirchhof** (s. S. 31) und seine denkwürdigen Grabmäler umschließen in ernster Weise die bis zum Jahre 1509 erbauten **Kreuzgänge** mit ihren schönen gothischen Gewölben und Fenstern.

V. Die Kirchen und ihre Sehenswürdigkeiten. 37

Das Dach derselben war noch bis 1818 mit 3 hohen, spitzen Thürmchen geschmückt. Ursprünglich standen die Kreuzgänge mit der Kirche in unmittelbarem Zusammenhang und dienten in der katholischen Zeit wohl zunächst zu **Processionen**, dann aber auch zu **Begräbnissen** reicher und angesehener Familien. Die v. Schönberg'sche Begräbniß-Kapelle wird jetzt noch erhalten und durch weitere alte Denkmäler vervollständigt. — In späteren Zeiten sind diese Kreuzgänge zu verschiedenen anderen Zwecken benutzt worden, haben mit ihren weit ausgedehnten Räumen auch in Kriegszeiten gute Dienste geleistet. Im Jahre 1837 wurden fast sämmtliche Grüfte der Kreuzgänge wegen Baufälligkeit ausgeschüttet. Gegenwärtig stehen die Gänge ziemlich leer. Mehrere interessante **Werkstücke** aus romanischer wie gothischer Zeit sind hier aufgestellt, welche 1861 seitwärts der Goldenen Pforte ausgegraben wurden. — Außer der südwestlich gelegenen, säulengeschmückten ehemaligen Schönlebe'schen Begräbniß-Kapelle ragt noch besonders die **Annen-Kapelle** des Kreuzgangs hervor. Hier findet man außer 2 königl. Geschenken neuerer **Glasmalerei** noch das (1513 renovirte) große steinerne **Marienbild**, welches der Freiberger Bürgermeister **Monhaupt** 1454 stiftete und der Meißner Bischof Caspar v. Schönberg zu 40tägigem Ablaß privilegirte. — Die den Domkirchhof abschließenden **Eisengitter** und **Thüren** sind aus den Kreuzgängen entnommene höchst kunstvolle alte Schmiedearbeiten.

Kirche Sct. Petri. Diese nächstgroße Kirche liegt auf dem höchsten Punkte der Stadt. In ihrer jetzigen Gestalt wurde sie nach dem letzten Brande von 1728 erbaut; das Mauerwerk der 3 **Thürme** stammt noch aus alter Zeit, das des „Hahnenthurms," welchem ursprünglich gewiß noch ein vierter Thurm auf der entgegengesetzten Seite entsprach, wohl aus der ältesten Bauperiode. Der vom Rathsbaumeister **Chudorf** schlank aufgesetzte hohe „Petersthurm" mißt vom Fuß bis zum Knopf 71,20 Meter oder 219,210 Par. Fuß; er ist bewohnt und trägt die der Rathhausuhr nachschlagende große **Stundenglocke**, sowie das (gemäß einer herzogl. Verordnung von 1574) täglich früh 3 und 4 Uhr, Mittags 11 und 12 und Abends 7 und 8 Uhr läutende Häuer- oder **Bergglöckchen**. Der nebenstehende, unausgebaut gebliebene Zwillings- oder „Faule Thurm" enthält das mit dem hohen Thurm durch ein überdecktes Seil verbundene Nachschlage-Uhrwerk und die Glocken.

Auch diese Kirche hat eine treffliche **Orgel** von Gottfried Silbermann; das **Altargemälde** „Christus, die Kinder segnend," ist von dem Professor **Arnold** in Dresden und wurde 1832 eingesetzt. — Die Fenster sind wie bei dem Dom mit gemalten Innungswappen geschmückt. — Die Läuteglocke von 1570 (Beistundenglocke) trägt den schönen Spruch: **Mein Klang dich ruft zum Kirchengang**, merk's Wort, Gott dank', fing' Lobgesang, und darunter ist die Figur des Apostels Petrus, sowie auf der anderen Seite das Hilliger'sche Wappen angebracht nebst den Worten: Wolff Hilger zu Freibergk gos mich. — Die zweite Läuteglocke ist vom Jahre 1487. — Der sinnige Spruch des 1874 erneuerten **Bergglöckchens** lautet: Auf, auf! Zur Grube ruf ich euch, ich, die ich oben steh. So oft ihr in die Tiefe fahrt, so denket in die Höh'!

Kirche Sct. Nicolai. Erst im Jahre 1752 ist diese Kirche (in Renaissance-Stil) wieder gänzlich ausgebaut worden, nachdem sie seit dem Stadtbrand von 1484 bis zum Jahre 1578 als völlige Ruine sogar ohne jede Bedachung geblieben war. Durch alle Zeiten aber haben sich noch die hohen Mauern der uralten romanischen **Zwillingsthürme** erhalten, und aus der nachmaligen gothischen Bauperiode ist (über der Decke der Sacristei verborgen) noch ein sehr zierliches Kreuzgewölbe stehen geblieben. Wie die Petrikirche einst in katholischen Zeiten eine besondere Tuchmacher-Kapelle hatte, so besaßen in der Nicolaikirche mehrere Innungen, z. B. die Schmelzerknappschaft, die Fleischer ꝛc., auch ihre besonderen Altäre.

Das **Altarbild**, Christi Himmelfahrt, ist eines der größten Werke des Dresdner Hofmalers Dietrich. Auch die der Kirche im 17. Jahrhundert von Freiberger Familien geschenkten, mit Emaille-Malerei und Edelsteinen ausgelegten silbernen **Altargeräthe** (Weinkanne, großer Kelch und Hostienschachtel) sind von hervorragendem Kunstwerth. — Die beiden großen **Läuteglocken** stammen aus den Jahren 1487 u. 1498. Die ältere hat in schönen gothischen Mönchsbuchstaben die lateinische Umschrift: Anno domini m · cccc · l · ꝓꝓꝓu. O rex gloriae · veni cum pace · Sancte Nicolae · ora pro nobis · Ave Maria. (Im Jahre des Herrn 1487. O König der Ehren, komm mit deinem Frieden! Heiliger Nicolaus, bitte für uns! Gegrüßt seist du, Maria!) — Das „Taufglöckchen" hat weder Inschrift noch Jahrzahl.

Eine kleine **katholische Kirche** ist in einem ehemaligen Fabrikgebäude der Kreuzgasse im Jahre 1830 errichtet worden.

Die **Hospitalkirche Sct. Johannis** vor der Stadt wurde 1643 bei der schwedischen Belagerung (s. S. 12), da Torstenson hier sein Hauptquartier hatte, vollständig verwüstet. Erst 1659 wurde unter Beibehaltung der alten Mauern die Restauration der Kirche wieder in Angriff genommen, worauf am 5. April 1661 deren Einweihung erfolgte. Hundertjährige Dankfeste erneuerten die Erinnerung hieran sowohl 1761 wie auch 1861. Die Hospitalkirche hat eine kleine Silbermann'sche Orgel und 2 Glocken von 1509. — Bei der Kirche steht eine uralte große **Linde**, zur Erinnerung an die erwähnte Belagerung die „Torstenson-Linde" genannt, da dieser, schwer am Podagra leidende General sich in der Sänfte unter diesen Baum tragen ließ und von hier aus seine Befehle ertheilte.

Die einst zum ehemal. Hospital Sct. Bartholomäi gehörige kleine **Fernesiechen-Kirche** (s. S. 52), auf deren steilem Dach ein spitzes Thürmchen hoch emporragte, wurde 1843 als unbenutzt und baufällig abgetragen.

VI.

Andere Gebäude. Oeffentliche Sammlungen.

Das Schloß „Freudenstein" unweit des Kreuzthors steht auf dem Boden der alten Burg Freistein oder Freiheitstein (s. S. 2), in der einst die markgräflichen und zeitweilig die kaiserlichen Voigte ihren Sitz hatten. Auch verweilten hier öfter die Fürsten des Landes, in frühester Zeit namentlich Markgraf „Heinrich der Erlauchte;" 1505 bis 1539 hatte Herzog „Heinrich der Fromme" seine Hofhaltung hier (s. S. 7). — Dieses Schloß ist von der inneren Stadt jetzt noch durch einen tiefen Wallgraben getrennt, über welchen von der Burgstraße aus eine hohe steinerne Brücke führt. Kurfürst August ließ das Schloß 1572 bis 1577 unter Oberleitung des Florentiners Graf Rochus v. Linar von Hans Irmisch (s. S. 34) neu erbauen, mit Gemälde-Galerien schmücken und insbesondere auch die Kapelle fürstlich ausstatten. Thürme mit Uhrwerk und schöne Giebel zierten den Bau äußerlich; auch auf der langgestreckten Teichseite hatte es stattliche Reihen hoher Fenster. — Im Lauf der Zeiten verfiel der Freudenstein wieder und wurde endlich 1804 im Innern vollständig umgebaut und für das Militär- und Bergwesen zu Getreideböden eingerichtet. 1813 war das Schloß ein Lazareth und bis unter's Dach mit schwerverwundeten und typhuskranken Franzosen gefüllt. Gegenwärtig dient es als Magazin für die städtische Garnison; auch befindet sich hier ein königl. Proviantamt. — In unmittelbarer Nähe steht das alte, 1868 in gothischem Stil restaurirte königliche Rentamthaus.

Das Rathhaus am Obermarkt, der Sitz der städtischen Verwaltung (s. Abth. XI.), wurde in den Jahren 1410 bis 1416 neu erbaut und vom Bürgermeister Weller von Molsdorf, welcher durch den Freiberger Bergbau zu großem Reichthum gelangt war, 1431 auch mit Thurm versehen. Bei dem Stadtbrande von 1471 zum Theil wieder zerstört, hat das Rathhaus bis auf die Gegenwart äußerlich wie innerlich zahlreiche bauliche Umwandlungen erfahren. Sein ursprünglicher, gothischer Stil hat sich noch schön erhalten: an den 3 freigebliebenen hohen Bögen auf dem Treppensaale, an den alten Spitzbogenthüren in dem ehemaligen großen Rathszimmer (dem jetzigen Stadtverordnetensaale) und an dem sehr stattlichen gothischen Portale mit dem Molsdorf'schen Wappen in der oberen Thurmstube (ehemal. Sct. Lorenz-Kapelle, in welcher sich die Rathsherren vor der Sitzung zum Gebet versammelten). Das Freiberger Stadtwappen über der Hauptthüre (s. S. 2) trägt die Jahrzahl 1510, der Thürbau selbst: 1775. Von hier führt ein Durchgang hinter das Rathhaus, in die obere Burgstraße. Die Hausflur ist mit den in Freiberg üblichen Gneißplatten belegt. Von der breiten, gerade aufsteigenden Treppe zieht sich in halber Höhe eine Steingalerie seitwärts. Im Jahre 1858 erhielt das Rathhaus statt seines alten hohen Ziegeldaches ein niederes Schieferdach mit freistehenden Ziergiebeln, und die breite feuergefährliche Holztreppe wurde durch eine steinerne mit gothischem Geländer ersetzt. Gleichzeitig wurden die, das äußere Ansehen des altehrwürdigen Hauses störenden angebauten Verkaufsstände abgebrochen. 1875 erfolgte wieder ein Umbau des Innern mit wesentlichen Verschönerungen, sowie auch die Erneuerung der Thurmuhr. — Außer den 2 Schlagglocken, deren größere den Bewohnern der Stadt schon seit dem Jahre 1492 so manche gute und so manche schlimme Stunde verkündete, hängt auf dem Rathhausthurm das sogen. „Bürgerglöckchen" vom Jahre 1675, welches ehedem die Bürgerschaft bei außerordentlichen Gelegenheiten auf das Rathhaus berief und jetzt nur noch zur Warnung geläutet wird, wenn in der Stadt ein toller Hund sich zeigt. — Die Marktseite des Rathhauses, welche vor Jahrhunderten mit großen Bildern der Landesfürsten bunt bemalt war, ist durch einen 1578 erbauten Erker geziert. — Von dem Giebel dieses Erkers schaut ein steinerner, helmbedeckter Kopf herab auf die Stelle des Marktes, wo der Prinzenräuber Kunz von Kaufungen 1455 nach dem Spruch der Freiberger Geschworenen enthauptet wurde. Ein breiter, dunkler Stein mit eingehauenem Kreuz, von ringförmigem Pflaster umgeben, bezeichnet die Stätte und galt früher als das hauptsächlichste „Wahrzeichen" der Stadt. Außerdem galten noch als solche geheime Zeichen, welche Jeder genau kennen und beschreiben mußte, der die Stadt Freiberg gesehen haben wollte: die auf der Marktseite des Rathhauses hoch in Ecksteine eingehauenen 2 Kreuze, welche der Sage nach ursprünglich mit gediegenen Freiberger Silbererzen ausgefüllt waren. — Das

VI. Andere Gebäude. Oeffentliche Sammlungen.

Rathhaus hat 2 reichhaltige Archiv-Gewölbe, deren oberes werthvolle, mit dem 13. Jahrhundert beginnende Pergament-Urkunden enthält. — Unter dem Rathhaus befinden sich großartige Kellerräume, so wie uralte kleine Gefängnißzellen; in einer derselben saß auch Kunz von Kaufungen gefangen. — Hinter dem Rathhaus steht die alte „Stadtfrohnfeste." — Abgesehen von den mancherlei ernsten Berathungen, welche auf dem Rathhaus für die Stadt und ihre Bewohner im Laufe der Jahrhunderte gepflogen wurden, sind in diesem altehrwürdigen Hause auch zahlreiche und großartige Festlichkeiten abgehalten worden, so z. B. im Jahre 1512 die Vermählung Herzog Heinrichs mit Katharina von Mecklenburg und 1572 ein glänzendes Gastmahl für Kurfürst August.

Das Innere des Rathhauses ist ausgeschmückt mit einer aus 15 alten Oelgemälden bestehenden Galerie sächsischer Fürsten. Sie zeigt im Stadtverordnetensaale folgende Personen in Lebensgröße: Herzog Heinrich den frommen (s. S. 7) † 1541, dessen Söhne: die Kurfürsten Moritz † 1553 und August † 1586, des Letzteren Gemahlin die Kurfürstin Anna (ein Cranach'sches Bild), sowie die Kurfürsten Christian I. † 1591 und Christian II. † 1611; — auf dem Treppensaale: Kurfürst Johann Georg I. † 1656 und dessen zweite Gemahlin Magdalena Sibylla, ferner auch die Kurfürsten Johann Georg II. † 1680, Johann Georg III. † 1691, Johann Georg IV. † 1694, den Kurfürsten Friedrich August I. od. den Starken (König von Polen) † 1733, dessen Sohn Friedrich August II. † 1763, Friedrich Christian † 1763 u. den König Friedrich August I. oder den Gerechten † 1827. Von den späteren Fürsten des Landes bis König Albert, so wie auch vom Deutschen Kaiser Wilhelm, befinden sich lebensgroße Büsten in dem schönen und alterthümlichen Rathssitzungszimmer, auf dessen Tafel das vom Bürgermeister Jonas Schönlebe 1645 der Stadt geschenkte silberne und vergoldete Crucifix (mit kleinen bergmännischen Figuren) steht. Auch die auf dem Rathhaus befindlichen Bilder der beiden gleich hoch verdienten Freiberger Bürgermeister Schönlebe (s. S. 13) und Horn (s. S. 14) sind hier besonders hervorzuheben. — Ueber der kleineren Eingangsthüre zu dem bereits oben Seite 40 erwähnten ehemaligen großen Rathszimmer findet man noch buchstäblich folgende alte Inschrift: Auch sol eyn yhlicher zuchtigen seyn mit wort, der hyrinne zcu schicken hat. (Der Freiberger Chronist Möller giebt folgenden vollständigen Spruch an: „Halb ist eines Mannes Rede, darumb soll man hören beede. Auch soll ein jeder züchtig seyn mit Worten, der hier geht bereiu.") — An den freien Pfeilern des Treppensaals hängen noch als Zeichen früherer Rechtspflege 2 Prangersteine (mit darauf abgebildeten zankenden Frauen), sowie die Hälfte der aus Leder und eingeschraubten Holzsprossen bestehenden Leiter, auf welcher Ritter Kunz von Kaufungen den Altenburger Prinzenraub ausführte.

Das Kaufhaus, dessen alterthümliches Portal das Stadtwappen und die Jahrzahl 1545 trägt, enthielt einst in seinen ausgedehnten Gewölbräumen Verkaufsstände hauptsächlich der Fleischer, während die der Tuchmacher und Kürschner wie auch der Schuhmacher in den oberen Sälen waren. 1866 wurde das Kaufhaus im Innern baulich erneuert, und es befinden sich jetzt darin zu ebner Erde ein kaiserl. deutsches Postamt und im obersten Stock das Freiberger Alterthums-Museum (s. S. 45). Das erste Stock enthält städtische Gesellschaftsräume, insbesondere einen großen Concertsaal und die alte sogen. „Kastenstube," in welcher vordem aus dem städtischen „Almosenkasten" die Vertheilung unter die Armen erfolgte; früher war sie des Raths „Trinkstube."

Die unter Herzog Heinrich 1515 vom Rath errichtete „Trinkstuben-Ordnung" wurde 1549 erneuert und 1563 vom Kurfürsten August bestätigt; das Original derselben, in Form eines flachen Wandschrankes, ist neuerdings wieder in dieser Kastenstube aufgehängt worden. Die Außenseite desselben zeigt in alter Malerei die charakteristisch von Spielenden belebte Stube selbst (s. die Abbildung auf dem Umschlag dieser Chronik). — Vor Jahrhunderten war auch in der unteren gewölbten Stube des Kaufhauses der vor Erbauung desselben auf der „Weingasse" befindlich gewesene Weinschank des Raths, weßhalb hier schöne und weite Keller erbaut wurden.

Das alte Gymnasium am Dom ist der Theil des alterthümlichen früheren Domherrenhofs (Thümerei), in welchem sich vom Jahre 1541 an bis zum Jahre 1875 das städtische Gymnasium befunden hat (s. S. 48). Nach dem letzten Stadtbrande von 1484 erbaut, zeigt dieses Haus auf der Seite nach dem Aschmarkte jetzt noch einen stattlichen gothischen Ziergiebel; es war einst vom Treppenthurm aus durch einen hohen, freigelegten Gang mit dem Dom verbunden. — Die westliche Ecke der weitläufigen Thümereigebäude, deren Inneres eigenartige Bauweisen früherer Jahrhunderte kennen lehrt und schöne Gewölbe, auch geheime Treppen enthält, bildet die Superintendentur.

Das Kornhaus, noch mit Schießscharten versehen, gehört zu den ältesten Gebäuden Freibergs; es ist gegenwärtig Eigenthum des Staates und dient der Garnison hauptsächlich als Reitbahn. An derselben Stelle hatte Markgraf Friedrich der Freudige im Jahre 1307 die von den Kaiserlichen besetzte Stadt wiedererobert (s. S. 4) und zum Gedächtniß daran einen „Fürstenhof" erbauen lassen, welcher nach dem Stadtbrande von 1471 zur Einrichtung eines städtischen Kornhauses Verwendung fand. Dieses geräumige Haus diente später außer obigem Zwecke auch noch in mancher anderen Weise, z. B. als Turnhalle ɾc.

Sonstige alte und denkwürdige Gebäude. Folgende mögen hier noch kurze Erwähnung finden. — Am Obermarkt: das Eckhaus Nr. 293 mit dem Standbilde eines Bergmanns, dem Prager'schen Wappen und der

VI. Andere Gebäude. Oeffentliche Sammlungen.

allerdings unbegründeten Inschrift: „Freibergs erste Zeche 1171" (s. ältester Bergbau Abth. X.); — schräg gegenüber das alterthümliche Eckhaus Nr. 1 und daneben das hohe Erkerhaus Nr. 2; — auf derselben Seite das einst dem Bürgermeister Schönlebe gehörige Eckhaus Nr. 7 mit gewölbten Räumen und einem hohen Giebel; — gegenüber am Markt, neben dem Kaufhaus, Nr. 266 das höchste Bürgerhaus der Stadt, mit altbergmännischem Portal und interessanter hoher und breiter Holzwendeltreppe im Hofthurm. — Peterstraße Nr. 81/82, der ehemal. „Münzhof," sowie das freistehende Gebäude am Untermarkt Nr. 381, waren ehedem „Freihöfe" mit eigener Gerichtsbarkeit, befreit von städtischen Abgaben; sie führten die Namen „Oberhof" und „Unterhof" oder **Mannewitz's Haus**. (Wohl der älteste, gut befestigte Hof vor der Stadt war der „Thurmhof" Bertholdstadt Nr. 36, zunächst dem Sachsenhof.) — Das 1527 erbaute Eckhaus Nr. 93 und das Haus Nr. 120 Petersstraße haben schöne alterthümliche Gewölbe. An letzterem (einst wahrscheinlich dem Bürgermeister Nicol Monhaupt gehörig, welcher 1469 vom Papste die Erlaubniß zu Einrichtung einer Haus-Kapelle erhielt) erinnert eine Haustafel mit den Anfangsbuchstaben der Einsetzungsworte des heil. Abendmahles daran, daß letzteres 1529 in der Kapelle dieses Hauses zuerst in beiderlei Gestalt gereicht worden ist; auch findet man an erwähnter Tafel (wie auch über den Thüren der Häuser Nr. 628 hinter dem Rathhaus und Nr. 986 Pfarrgasse) noch den alten Freiberger „Reformationswahlspruch" (s. S. 8). — Das ganz in der Nähe hiervon liegende Haus

Freiberger Hausthüre aus dem 16. Jahrhundert.

Nr. 123 ist das einstige Wohnhaus der berühmten Glockengießer Hilliger, welche ihre Gießhütte vor dem nahen Petersthore hatten; über der Thüre steht das Hilliger'sche Wappen: im rothen Felde ein silberner aufgerichteter Bär mit goldenem Tasterzirkel in den Tatzen. — Dieselbe Wappenfigur sieht man auch noch Waisenhausgasse hoch unter dem Dach in Stein gehauen an dem Eckhaus Nr. 137, welches die Jahrzahl 1555 trägt; hier hat die Sage den Bären zu einem Affen umgestaltet (s. Abthlg. Sagen). — Obere Burgstraße: das Eckhaus Nr. 262 mit schönem Erker und hohem Giebel, erbaut im Jahre 1616; daneben die 1617 ebenfalls mit Erkern ausgestatteten beiden Häuser Nr. 260/61; — hinter dem Rathhaus Nr. 656, mit einer Steinfigur der Mutter Anna, welche Maria und das Jesuskind auf den Armen trägt, darunter die Jahrzahl 1515, ist wahrscheinlich das Haus vom Hans Röling, der um diese Zeit von Annaberg als Bergamtsverwalter nach Freiberg kam. — An der Wallstraße das uralte Eckhaus Nr. 191: der ehemal. „Marstall" des Raths. — Am Schloßplatz das Haus Nr. 364, mit Gedenktafel, in welchem der berühmte Orgelbauer Gottfried Silbermann seit 1712 wohnte und schaffte (s. S. 36). — **Kirchgasse**: Nr. 358 das bis 1679 den Schönleb gehörige „Bergamthaus" mit schönen gothischen Gewölben im Erdgeschoß und ersten Stockwerk. (Hier wie in der Bergakademie interessante Gemälde früherer Oberbergbauptleute.) In der Nähe Nr. 356 Haus und Hof mit altem Schönberg'schen Wappen. — **Baubofgasse**: Nr. 370 die ehemal. „Hofjägerei," später Silberbrennhaus und jetzt chemisches Laboratorium der Bergakademie; — Nr. 386 der städtische „Bauhof," wahrscheinlich einst das herzogliche Zeughaus. — Hinter dem „Unterhof" am **Findelplatz**: Nr. 407 das jetzige „Waisenhaus," ein Ueberrest des Franciscaner- oder Unterklosters; — in der Nähe an der Stadtmauer Nr. 408 der „Pestthurm," in dessen Abgeschiedenheit der Pestprediger seine Wohnung hatte. — Das „alte Theater" am Buttermarkt Nr. 648, ein früheres, im Jahre 1623 erbautes Bürgerhaus, wurde 1790 eröffnet und gab, da es der Kirche, sowie dem ehemaligen städtischen Brauhaus „Hölle" gegenüber steht, zu dem Freiberger Sprüchwort Veranlassung: „Himmel, Hölle und Teufels-Kapelle." — Der sogen. „Stadtstolln" (Huthaus des Alten tiefen Fürstenstollns) in der innern Stadt, an der Münzbach, ist 1872 eingeebnet worden; in der Nähe die „Rothe Grube."

Bei vielen der vier bezeichneten alten Gebäude, z. B. bei dem Bergamthaus, zeigt der tiefe Boden der Hausflur im Vergleich mit der Höhe der anliegenden Straße deutlich, daß die Oberfläche der letzteren vor Jahrhunderten viel tiefer gelegen hat: in verschiedenen Stadttheilen erreichen die S t r a ß e n - a u f s c h ü t t u n g e n von Bauschutt, Haltensturz, rc. (auf den ursprünglichen Straßenboden bis zum jetzigen Straßenpflaster herauf) eine Höhe von ungefähr einem Meter. — Die alten, meist hohen Häuser der Stadt sind in starken Bruchsteinmauern erbaut, mit tiefen und guten Kellern, weiten Treppenräumen und steilen Ziegeldächern versehen. — Einen besonderen Schmuck bilden noch an vielen Häusern des 16. Jahrhunderts, z. B. auf der Nonnen- und Meißner Gasse, die R u n d b o g e n t h ü r e n, gleich beachtenswerth wegen ihrer anheimelnden Bauart wie wegen der Mannichfaltigkeit ihrer Verzierung. Das umstehende Bild veranschaulicht uns eine derartige Hausthüre, aus welcher soeben ein alter Stiefelwichser der Herren Bergstudenten auf die Straße tritt und der wasserholenden „Christel" noch einen freundlichen Blick zuwirft. Der neben der Thüre nach altem Brauche aufgesteckte kupferne Trichter mit Buxbaumsträußchen zeigt an, daß in diesem Hause jetzt der „Reibeschank" des Freiberger Bürgerbiers abgehalten wird. (s. Abtheilg. Gewerbe.)

Neuere öffentliche Gebäude. Von neueren Gebäuden sind besonders bemerkenswerth in der innern Stadt: die im Jahre 1837 neu aufgeführte königl. Bergakademie Akademiestr. 256; — die 1818 bezogene Knabenbürgerschule (vorher Wohnhaus des Oberbergbauptmanns v. Herder und in frühester Zeit angeblich des Ritters Kunz von Kaufungen) Rittergasse 514; — Waisenhausg. 151 die Petrischule, das ehemal. Arbeits- und Waisenhaus, in welchem 1807 auch eine „Kinderlehrstube" zu Heranbildung guter Kinderwärterinnen errichtet wurde; später befand sich in diesem Hause bis 1856 das Freiberger Seminar; — endlich das, mit besonderer Turnhalle ausgestattete, schön gebaute **Gymnasium Albertinum**, dessen feierliche Weihe am 12. October 1875 erfolgte. — In der **Vorstadt**: das Hospital Sct. Johannis vor dem Peterstbore (bereits zu Anfange des 13. Jahrhunderts begründet, s. S. 51), dessen gegenwärtiges Gebäude 1815 errichtet und 1867 um ein Stockwerk erhöht, sowie im Innern wesentlich verbessert wurde; — das 1861 bezogene **Stadtkrankenhaus** vor dem Meißner Thore; — der 1862 vollendete **Bahnhof** der Dresden-Chemnitzer Staatseisenbahn, mit hoher Durchgangshalle; — die 1867 vom Turnverein erbaute städtische **Turnhalle** mit Steigerthurm, Turnerstraße; — ebendaselbst die 1874 bezogene stattliche **Mädchenbürgerschule** und der umfassende Bau der neuen städtischen **Realschule**, zu welchem 1874 der Grundstein gelegt

VI. Andere Gebäude. Oeffentliche Sammlungen. 45

wurde; (darin ein öffentl. „Naturhist. Museum," s. S. 46); — an der Gartenstraße ein großes Justizgebäude für das königl. Land- und Amtsgericht, wozu die Grundsteinlegung 1875 erfolgte, und oberhalb desselben die 1872/74 aufgeführte, weit ausgedehnte Jägercaserne, in deren Durchgang Marmor-Gedenktafeln angebracht sind für die in den Kriegen 1866 und 1870/71 Gefallenen. — Noch verdienen in der Vorstadt die zahlreichen freundlichen Privathäuser mit ihren anmuthigen Gärten hier besondere Erwähnung.

Oeffentliche Sammlungen und **Bibliotheken** sind in Freiberg gut vertreten, und zwar zunächst durch die bedeutenden Sammlungen der königl. Bergakademie, sodann durch ein reichhaltiges Alterthums-Museum und ferner durch ein Naturhistorisches Museum. Dazu ist außer der großartigen bergakademischen Bibliothek und der Freiberger Stadt- und Schulbibliothek im Gymnasium (s. S. 49) 1875 auch noch eine Volksbibliothek gekommen, und zahlreich sind die anderen kleineren Sammlungen und Bibliotheken in Schulen und Vereinen.

Die **Sammlungen der Bergakademie** zerfallen in mineralogische, geognostische und petrefactologische, ferner in Sammlungen von geodätischen und markscheiderischen Instrumenten, in das Werner'sche Museum mit Edelsteinsammlung, sowie eine physikalische, mathematische und mechanisch-technische Sammlung ꝛc. — Die methodische Mineraliensammlung zählt, abgesehen von einer reichen Kennzeichen- und Krystallmodell-Sammlung, weit über 20000 Nummern und ist ein Hauptschatz der Bergakademie. — Die Modellsammlung enthält Modelle von ganzen Grubengebäuden, Umtriebs-, Wasserhaltungs-, Förder- und Aufbereitungs-Maschinen, berg- und hüttenmännischen Werkzeugen und Steinbohrvorrichtungen, Wetter- u. Gebläsemaschinen, Schmelzöfen, Heerden ꝛc. — Die Bibliothek der Akademie hat gegen 40000 Bände, Manuscripte und Karten, sowie ein bedeutendes Fach-Journalisticum, dessen Lesezimmer auch weiteren Kreisen offen steht. — Der Werth dieser Sammlungen ist gegen 200000 Thaler geschätzt worden.

Oeffnungszeit: Die Mineralien- und Modellsammlung (im Akademiegebäude) ist täglich von 11 bis 12 Uhr Vormittags für den Besuch Fremder zugänglich. Erlaubnißkarten werden gegen eine Vergütung von 1½ Mark für 1 bis 5 Personen und von 3 Mark für 6 bis 10 Personen vom Hausmeister der königl. Bergakademie ausgegeben. Mehr als zehn Personen auf ein Mal ist der Zutritt nicht gestattet.

Das **Freiberger Alterthums-Museum** ist ebensowohl ein „historisches Bürger-Museum" für den Alterthums- und Geschichtsfreund, für den Patrioten und die lernbegierige Jugend, als auch zugleich ein „kunstgewerbliches Museum," welches in guten alten Kunst- und Gewerbeerzeugnissen Freibergs, wie des sächsischen und deutschen Vaterlands vor Augen führt, wie deutscher Erfindungsgeist und Fleiß schon vor Jahrhunderten in nachahmenswerther Weise das Praktische mit dem Wohlgefälligen zu verbinden verstand. — Dieses reichhaltige Museum, im Jahre 1861 von dem Begründer und Vorstand des Freiberger Alterthumsvereins (dem Verfasser gegenwärtiger Chronik) in das Leben gerufen, findet noch fortwährend interessante Vermehrung durch Geschenke, leihweise Ueberlassung und Ankauf. — Das Ganze zerfällt in die beiden Hauptabtheilungen: kirchliche und bürgerliche Alterthümer, deren erste sich um einen Altar in den verschiedenartigsten Geräthen u. Gemälden, Heiligenfiguren in Holzschnitzwerk und Gypsabgüssen gruppiren. — Rings an den Wänden Tafeln der Erinnerung an Freibergs denkwürdige Vergangenheit, und an den Säulen Fahnen und Wappenschilder alter Freiberger Patriciergeschlechter. — In 16 Glastischen, umgeben von Statuen, kleinere Alterthümer aus heidnischen und christlichen Perioden; darunter solche aus Stein, Thon und Bronce, deren Alter nach Jahrtausenden zählt. — Zahlreich sind auch bergmännische Alterthümer vertreten, deren viele in alten verfallenen Grubenbauen aufgefunden worden sind. — Zierliche Innungsladen u. Siegel, treffliche Gesellen- und Meisterstücke geben Zeugniß von der großen Gewissenhaftigkeit des alten Handwerks. — Ein riesiger Schänktisch ist reichbesetzt mit schöngeformten Pokalen, Humpen und Kannen, Schüsseln und Flaschen, in Kupfer und Zinn, Thon, Porzellan und Glas. — Eine hohe Waffensäule trägt allerhand Kriegs- und Jagdgeräthe, Rüstungen und Eisenhelme, Feuerschlünde und Kugeln, Pechkränze, Schwerter und Lanzen und versetzt den Beschauer in die schweren Zeiten des dreißigjährigen Kriegs und in Freibergs Belagerung durch die Schweden; eiserne Folterwerkzeuge vom Rathhaus gemahnen an eine frühere arge Justizpflege. — Alles erzählt uns hier von längst vergangenen guten und bösen Zeiten, von Freuden und Leiden, von glücklichen Tagen und traurigen Geschick Einzelner, wie ganzer Geschlechter, die vor uns lebten und strebten.

Oeffnungszeit des Alterthums-Museums (im städtischen Kaufhaus): Zum Eintrittspreis von 10 Pfennigen regelmäßig Sonn- und Feiertags früh von 11 bis 12 und Nachm. von 2 Uhr an; zu 20 Pf. Mittw. und Sonnabends Nachm. (Die Schulen der Stadt haben unter Leitung und Aufsicht der betr. Herren Lehrer an genannten Tagen freien Eintritt.) — Oeffnung außer dieser Zeit: gegen Karte zu 1 Mark (beim Hausmann zu entnehmen) bis zu 4 Personen giltig. Gedruckter „Museum-Führer" 20 Pfennige.

Das **Naturhistorische Museum** wurde im Jahre 1864 durch den Naturwissenschaftlichen Verein in Freiberg der Oeffentlichkeit übergeben und ist bestimmt, Erzeugnisse des Stein-, Pflanzen- und Thierreichs zunächst des engeren Vaterlandes aufzunehmen und insbesondere der Schuljugend anschaulich zu machen, im Allgemeinen aber den Sinn für Naturkunde zu beleben. — Die verhältnißmäßig reichhaltige Sammlung zerfällt in eine mineralogische, eine botanische und eine zoologische Abtheilung; in letzterer sind besonders gut vertreten die heimischen Kleinschmetterlinge und Vögel. — Auch dieses Museum erfreut sich fortgesetzter Vervollständigung.

Oeffnungszeit des Naturhistorischen Museums (in der Realschule, Turnerstr.): Sonn- und Feiertags Vorm. 11 Uhr. Eintrittspreis: 10 Pf.

Die **Volksbibliothek** hat den Zweck, den minder bemittelten Theil der Freiberger Einwohnerschaft in seinem Streben nach Fortbildung durch unentgeltliches Leihen gemeinnütziger Bücher zu unterstützen. — Die Bibliothek besteht in anerkannt guten, sorgfältig ausgewählten geschichtlichen, geographischen, naturwissenschaftlichen und sonst allgemein bildenden Volks- und Jugendschriften, ergänzt durch solche Bücher, deren Anschaffung die örtlichen Verhältnisse wünschenswerth machen. — Die Volksbibliothek, von der Freiberger Loge in's Leben gerufen und von dieser wie von der Stadt unterhalten, wird allgemeinster Benutzung empfohlen.

Oeffnungszeit der Freiberger Volksbibliothek (in dem Parterre der Knabenbürgerschule Rittergasse 514): Allsonntäglich Vorm. 11 bis 12 Uhr. Ausleihung der Bücher unentgeltlich.

VII.
Höhere Lehranstalten. Volksschulen.

Die königl. Bergakademie, von mehr als europäischem Ruf, wurde begründet zufolge eines landesherrl. Rescripts vom 4. Decbr. 1765 durch den Generalbergcommissar Freiherrn v. Heynitz und den Berghauptmann v. Oppel. Ihre Blüthezeit begann mit dem im Jahre 1775 an dieselbe berufenen großen Mineralogen und Geologen Abraham Gottlob Werner. 1793 erfolgte eine Reorganisirung; das neueste, mit Special-Regulativen versehene Statut ist vom 30. Sept. 1875. — In der ganzen Zeit ihres Bestehens ist die Bergakademie einer der Centralpunkte in Deutschland für Bergbau- und Hüttenkunde sowie die einschlagenden Hilfswissenschaften gewesen. In allen Bergwerksländern der Erde befinden sich Männer, welche ihre berg- und hüttenmännische Ausbildung hier erhalten oder ergänzt haben. Aus früherer Zeit seien von diesen genannt: Leopold v. Buch 1790/93, Alexander v. Humboldt 1791/92, Theodor Körner 1808/10 (marmorne Gedenktafeln bezeichnen ihre einstigen Wohnstätten in Freiberg), Friedrich Freiherr v. Hardenberg (Novalis) 1797, Gotth. Heinrich v. Schubert 1805/6. — Die Leitung der Akademie ist (unmittelbar unter dem königl. sächs. Finanz-Ministerium) einem Director übertragen. Die Zahl der Docenten betrug im Lehrjahre 1874/75: 17, die Zahl der Studirenden: 114; im Jahre 1875/76: 136, und zwar 41 aus Sachsen, 22 aus dem übrigen Deutschland, 46 aus dem übr. Europa, 27 aus außereuropäischen Ländern, hauptsächlich Amerika. — Mit dem Studium an der Freiberger Bergakademie sind auch praktische Anleitungen auf den nahen Gruben und Hüttenwerken verbunden, wo die vollkommensten und neuesten Hilfsmittel des Berg- und Hüttenbetriebes angewendet werden. — Als Lehrmittel der Akademie dienen u. A. deren reiche Sammlungen u. Bibliothek (s. S. 45), außerdem Laboratorien für Chemie, Hüttenkunde, Eisenhütten- und Probirkunde. — Hierzu erleichtert an dieser Anstalt eine Niederlage verkäuflicher Mineralien und eine Modellir-Werkstatt die Anlage eigener Sammlungen. — Auch die Stiftungen der Akademie sind nicht unbedeutend.

Wissenschaftliche Fortschritte. Aus der Freiberger Bergakademie sind technische Erfindungen und naturwissenschaftliche Entdeckungen mancherlei Art hervorgegangen. — Hier wurde 1778 durch Werner die Geognosie als besonderer Lehrgegenstand eingeführt, durch Plattner 1842 die Löthrohrprobirkunde. — **Christlieb Ehregott Gellert**, Bruder des Fabeldichters, erwarb sich große Verdienste um das Hüttenwesen, und seine Vorlesungen über metallurgische Chemie fanden bereits vor der Begründung der Akademie in hohem Ruf. **W. A. Lampadius**, welcher hier 1795 zuerst die von Lavoisier gegründete Chemie zum Vortrag brachte und die Hüttenkunde 1796 wissenschaftlich begründete, entdeckte 1796 den Schwefelkohlenstoff und hat sich durch die erste Anwendung des Leuchtgases in Deutschland (s. S. 57) verdient gemacht. — Als ausgezeichnete Mineralogen wirkten nach Werner an der Bergakademie: dessen Schüler **August Breithaupt**, Entdecker einer großen Zahl neuer Mineralspecies und Begründer der mineralogischen Paragenesis; kürzere Zeit **Friedrich Mohs** und **Carl Naumann**; ferner als Geolog: **Bernhard v. Cotta**. — Von hervorragender Bedeutung sind unter And. die hydraulischen u. pneumatischen Untersuchungen von **Jul. Weisbach**, sowie die wissenschaftliche Entwickelung und Vervollkommnung der Markscheidekunst durch diesen und **C. A. Junge**; die Fallversuche und die Bestimmung der mittleren Dichtigkeit der Erde von **Ferd. Reich**, sowie 1863 die Entdeckung eines neuen chemischen Urstoffs, des Indiums, in der Freiberger Zinkblende durch Reich und **Th. Richter**. — Von hier sind (außer einer großen Zahl wissenschaftlicher Werke und Abhandlungen) die ersten, von **Naumann** und **Cotta** 1836 mit Staatsunterstützung veröffentlichten geognostischen Kartenarbeiten ausgegangen, welche nachher auch anderwärts Nachahmung fanden. Eben so wurden die Mineralienschätze Sachsens umfassend behandelt von dem Bergbauptmann **J. C. Freiesleben**.

Geschichte der Bergakademie s. die Festschrift zum 100jähr. Jubiläum derselben 1866; — eine poetische Schilderung des Studentenlebens s. Scheerer's „Akademische Bilder aus dem alten Freiberg." 1866.

Bergschule. Außer der Akademie besteht seit **1770** noch eine königl. Bergschule (Neugasse 233/34), welche den Zweck hat, junge Bergarbeiter zu Steigern für den vaterländischen Bergbau auszubilden. Im Jahre 1875 zählte diese Lehranstalt 61 Schüler.

Das Gymnasium (s. S. 42), welches am 22. Septbr. 1815 sein 300jähriges Jubiläum gefeiert hat, wurde auf Veranlassung des regierenden Bürgermeisters 1515 von Joh. Rhagius als „Lateinische Schule" eröffnet. Unterricht in der griechischen Sprache ertheilte der jugendliche Gelehrte Petrus Mosellanus. Erst nach Einführung der lutherischen Reformation in Freiberg erfuhr das Gymnasium, welches bis dahin nur in der Hand Einzelner gewesen war, 1537 durch Berufung des Rectors Joh. Rivius aus Attendorn in Westfalen die eigentliche Begründung als erste evangelisch-lutherische Hochschule Sachsens. Auch die beiden Söhne Herzog Heinrich des Frommen, Moritz und August, besuchten dieselbe. Als Rivius 1540 Letzteren auf die Universität nach Leipzig begleitet hatte, folgte Adam

VII. Höhere Lehranstalten. Volksschulen.

Siber als Rector, welcher das Gymnasium 1541 aus dem Oberkloster (s. S. 3) an den Dom (in die „Thürmerei") verlegte. Unter dem folgenden Rector Valentin Apelles und Professor Weller zählte diese Anstalt häufig über 1000 Schüler. Der Gelehrte und Chronist Georg Fabricius war hier 1538 Conrector. — Ueber hundert Jahre später gab der Conrector und nachmal. Stadtphysicus Andreas Möller 1653 seine treffliche Chronik: „Beschreibung der alten löblichen Berg-Haupt-Stadt Freyberg in Meissen" heraus, und wieder 200 Jahre später war es abermals ein Lehrer dieses Gymnasiums, der Quartus Dr. Gust. Ed. Benseler, welcher 1853 die umfassende „Geschichte Freibergs und seines Bergbaues" veröffentlichte. — Aus dem Gymnasium ging das vom Amtsprediger Frisch 1798 gegründete, seit 1856 nach Nossen verlegte Freiberger „Schullehrer-Seminar" hervor, und 1806 bildete der Lehrer Rochlitzer das, selbst aus dem Ausland besucht gewesene „Rochlitzer'sche Institut," welches als eine der ersten Realschulen des Landes gelten kann. — 1834 wurde die jetzige „Knabenbürgerschule" vom Gymnasium abgelöst. — Die Verlegung desselben aus dem alten Domherrengebäude in das neue Gymnasium Albertinum erfolgte den 12. Oct. 1875 feierlich unter Betheiligung einer großen Anzahl alter Schüler. Hierbei wurde von denselben als Festbeitrag eine „Stiftung der alten Herren" übergeben, — eine wesentliche Vermehrung der zahlreichen Stiftungen dieser Anstalt aus früherer Zeit. — Die zunächst aus der Bibliothek des Domcapitels und der Mönchsklöster entstandene städtische Bibliothek des Gymnasiums enthält noch werthvolle Drucke aus dem 15. Jahrhdt. (Missale von 1495 s. S. 64.)

Die Pflege des Gesanges an dem Gymnasium begann frühzeitig. Seit 1582 wurde vom Freiberger Gymnasium zu Ehren des Schutzpatrons Sct. Gregorius der (in unserem Jahrhundert wieder aufgegebene), mit Musik und Fahnenschwenken verbundene Gregorius-Umgang abgehalten, welcher bald auch in anderen Städten und selbst auf dem Lande Nachahmung fand. — Die althergebrachten Choraljsingumgänge der „Currendaner" Sonntags früh und an den hohen Festtagen finden, wenn auch in beschränkterer Weise, noch statt. Außer Kirchenmusiken bei dem Sonntagsgottesdienste werden von dem Domcantor von Zeit zu Zeit auch außergewöhnliche musikalische Aufführungen dargeboten.

Freiberger Domcantoren ꝛc. Der Dom-Organist Andreas Hammerschmidt aus Brüx 1635—1639 war ein bedeutender Componist von Kirchenliedern und einer der größten deutschen Contrapunktisten. — Von tüchtigen Freiberger Dom-Cantoren sind hier zu nennen: Christoph Demantius aus Reichenberg 1607—1643, dessen musikalische „theoretisch-praktische Anweisungen" zehn Auflagen erlebten; Joh. Friedr. Doles aus Steinbach in Meiningen 1744—1756, einer der verdientesten Kirchencomponisten seiner Zeit;

Joh. Gottfr. Fischer aus Naundorf bei Freiberg 1799—1821, und namentlich auch Aug. Ferd. Anacker 1822—1854, Sohn eines armen, aber frommen und fröhlichen Freiberger Schuhmachers, — beide treffliche Componisten, die viel zur Hebung des musikalischen Sinns in Freiberg beitrugen. Gleiches gilt von des Letzteren Schüler und Nachfolger C. Theod. Eckhardt. — (Gleichzeitige Dichter: Conrector Moritz Döring (Bergmannsgruß, Sächs. Bergreihen), gest. 1856, und Professor Adolf Prölß (Kreuz u. Leier, Schulaltar, Berg- u. Hausaltar zc.)

Im Jahre 1801 unternahm der oben genannte Cantor Fischer im Verein mit dem Stadtmusicus Siegert im Locatblatt einen ziemlich erregten musikalischen Kampf gegen den damals in Freiberg anwesenden 13jährigen Tonmeister C. M. v. Weber, dessen kleine Oper das „Waldmädchen" im Stadttheater nicht den vom Componisten erwarteten Anklang gefunden hatte.

Die Realschule erster Ordnung wurde von den städtischen Behörden am 8. April 1872 eröffnet, und zwar zunächst in dem Silbermann-Haus am Schloßplatz (s. S. 43), von wo der Umzug in den großen Neubau auf der Turnerstr. Ostern 1876 erfolgte. Die Anstalt ist ausgestattet mit werthvollen Sammlungen für den Unterricht in Physik, Mathematik, Chemie, Naturwissenschaft u. Zeichnen, sowie mit Schul- und Schülerbibliothek.

Die Handelsschule in Freiberg wird von dem Handelsschul-Consortium, einer Vereinigung innerhalb der Kaufmannschaft, zu zeitgemäßer fachmännischer Fortbildung zunächst der Kaufmannslehrlinge unterhalten. Die Anstalt wurde 1850 gegründet und befindet sich seit 1868 im eigenen Gebäude Körnerstraße Nr. 253 B.

Die Sonntagsschule zur Fortbildung der Handwerkslehrlinge wurde von der Freimaurer-Loge im Jahre 1818 errichtet.

Die Volksschulen der Stadt befinden sich in 5 verschiedenen Schulhäusern und zerfallen in die Knaben- und in die Mädchen-Bürgerschule (Gebäude s. S. 44), sowie in folgende, unter einem Director vereinigte „einfache Volksschulen": die Petrischule, Waisenhausgasse (S. 44); die Jacobischule in der Sächsstadt, seit 1868 in einem neuen Haus; die Eusebienschule in der Petrivorstadt, zunächst für die Kinder der Bergleute bereits 1714 begründet, seit 1873 auch in einem schönen neuen Gebäude. Außerdem besteht noch seit 1830 eine katholische Schule, Kreuzgasse. — Bei den oberen Classen der Volksschulen gehört auch das Turnen und der Unterricht in weiblichen Handarbeiten zum festen Lehrplan. Die durch Schulgesetz von 1873 angeordnete **Fortbildungsschule** hat 1876 begonnen. — In dem Jahre 1870 zählten die Freiberger Volksschulen 1627 Knaben und 1682 Mädchen.

Noch sind hier aufzuführen: die vom Frauenverein (s. S. 57) unterhaltene Näh- und Strohflechtschule, durch welche bedürftige kleine Knaben und Mädchen zu nützlicher Thätigkeit angehalten und vor sittlicher Verwahrlosung geschützt werden, sowie endlich der durch eine Vereinigung von Kinderfreunden 1871 in der städtischen Turnhalle eröffnete Fröbel'sche Kindergarten zu anregender Unterhaltung und Beschäftigung von Knaben und Mädchen bis zu ihrer Schulpflichtigkeit.

VIII.
Wohlthätige Stiftungen. Gemeinnützige Vereine.

Das milde Hospital Sct. Johannis vor dem Petersthore. Diese reiche Stiftung aus dem Anfang des 13. Jahrhunderts, welcher Stadt und Bürgerschaft im Laufe der Jahrhunderte und bis auf den heutigen Tag unzählige Wohlthaten und Erleichterungen verdanken, wurde hauptsächlich zur Unterstützung der Armen durch den menschenfreundlichen und frommen Sinn des Freiberger Meßpriesters Volkmar in Verbindung mit den Laien Eberhard v. Wencinrode und Heinrich, genannt Quellkorn, wie dem Pleban Hermann zu Sct. Petri begründet, auch wesentlich gefördert durch den markgräfl. Voigt Heinrich und den Ritter Ludwig v. Honsberg. Bestätigt wurde die Stiftung 1224 durch den Papst Honorius III. laut der im Rathsarchiv noch vorhandenen Urkunden. — Außer dem mit 87 Wohnzellen ausgestatteten Pfründnerhaus (s. S. 44) nebst Kirche (S. 38) und Garten gehören zum Hospital noch der benachbarte Oekonomiehof, bedeutende Feldfluren und Waldung, das Rittergut Freibergsdorf und das Hilliger'sche Vorwerk; das alljährlich stiftungsgemäß steigende werbende Capital des Hospitals betrug im Jahre 1873 nahezu 270000 Thaler.

Die Aufnahme in das Hospital Sct. Johannis steht, neben 6 Kaufstellen, nur Freiberger Bürgern, deren Wittwen und Kindern zu. Die Hospitaliten erhalten eine Pfründe von 2 bis 4 Mark wöchentlich, während auch noch außer dem Hospital Geldunterstützungen von wöchentlich 75 Pfennigen bis

3 Mark an gegen 300 Bedürftige verabreicht werden. Die gesammte jährliche Pfründenvertheilung betrug im Jahre 1874: 11245 Thaler.

Das Hospital Sct. Bartholomäi oder „Fernesiechen." Mit dem Hospital Sct. Johannis wurde im Jahre 1544 die Verwaltung des noch vor 1371 begründeten, aber längst eingegangenen Bartholomäi-Hospitals vereinigt. Es hatte sein eigenes Kirchlein (s. S. 38), lag weiter aufwärts an der Chemnitzer Straße, zunächst dem Walde, und führte auch den Namen: „Zu den fernen Siechen," weil hier hauptsächlich nur arme, an ansteckenden Hautkrankheiten Leidende ihre, von der Welt abgeschlossene, Wohnung hatten. Schon in den frühesten Zeiten war daselbst eine Quelle gefaßt, deren Wasser vorzugsweise den Aussatz heilen sollte.

Das kleine Hospital in der innern Stadt, am Äscherplatz Nr. 846, von der Armencasse unterhalten, ist ein Zufluchtsort für alte ehrbare Frauen und Jungfrauen. Bürgerrecht ist hier nicht Bedingung zur Aufnahme.

Das Stadtkrankenhaus vor dem Meißner Thor Nr. 351 wurde 1861 eröffnet. (Das alte Stadtkrankenhaus am Findelplatz hatte sich längst als zu klein erwiesen.) Zu dem Neubau schenkte 1856 verw. Frau Zehntner Henschel 3000 Thaler, ebensoviel das Hospital Sct. Johannis. — Vorzüglich und zeitgemäß eingerichtet, hat das neue Krankenhaus auch die erforderl. Nebengebäude und einen freundlichen Garten. — „Bergstift" s. Bergbehörden.

Das Armenhaus Jacobigasse 900, für brod- und obdachlose Arme, früher insbesondere auch für Arbeitscheue, dem Trunk Ergebene und polizeilich zu Ueberwachende, wird von der städtischen Armencasse unterhalten. — Außerdem wurde im Jahre 1818 durch ansehnliche freiwillige Geldspenden der Grund zu einer „Freien Arbeitsanstalt" gelegt: zur Beschäftigung von nicht arbeitscheuen, aber verdienstlosen Personen.

Das Siechhaus vor der Stadt, (das große: bei dem Feldschlößchen Nr. 223, das kleine: Nr. 226), ist ein Armenhaus für unheilbare Kranke, sowie für altersschwache und preßhafte Personen.

Das Waisenhaus am Findelplatz Nr. 407 steht gleichfalls unter der städtischen Armencassenverwaltung. — Mit der Waisenanstalt verbunden ist eine im Jahre 1830 vom Amtsprediger Döhner durch freiwillige Beiträge gegründete Kleinkinderbewahranstalt zur Sicherung armer, noch nicht schulfähiger Kinder gegen Verwahrlosung. — Auch die Taube'sche Kinderwärterinnen-Anstalt ist hier untergebracht.

Die Arbeits-Anstalt oder „Schnitzelschule" am Rothen Weg Nr. 206, in welcher Tischlerei 2c. getrieben wird, wurde 1814 vom Amtsprediger Frisch errichtet zu nützlicher Beschäftigung von Zöglingen der Eusebienschule.

Die Anstalt in Loßnitz oder Kretschmar'sche Stiftung (s. S. 54 u. 55) ist ein für Freiberg und Umgegend nach dem Vorbilde des Rauhen Hauses bei Hamburg im Jahre 1860 errichtetes „Rettungshaus" und verfolgt den Zweck, Knaben, die verwaist, oder in Gefahr sind in ihrer Familie verwahrlost zu werden, vom vollendeten 6. Jahre bis zu ihrer Entlassung aus der Schule zu erziehen. Diese Anstalt hat ihre eigene, selbständige Verwaltung.

Vor Jahrhunderten gab es noch vor dem Erbischen, seit 1615 vor dem Meißner Thore ein „Franzosenhaus" für mit unheilbaren Schäden Behaftete; bei der Verwüstung 1632 (s. S. 26) wurde genanntes Haus gleich dem „Findelhaus" mit niedergebrannt. — Noch war 1579 in dem Felde vor der Stadt, unweit des Weges nach Brand, ein „Bettelhaus" für fremde Bettler erbaut worden, „damit sie nicht den Bürgern vor den Thüren liegen blieben." Ein besonderer Bettelvogt hatte die Ordnung aufrecht zu erhalten.

VIII. **Wohlthätige Stiftungen. Gemeinnützige Vereine.**

Milde Stiftungen der Stadt. Außer vorbezeichneten wohlthätigen Stiftungen und Anstalten hat Freiberg noch einen großen Schatz anderer Stiftungen, aus alter und neuer Zeit, aufzuweisen, welche Zeugniß ablegen von dem Bürgersinn und der Frömmigkeit ihrer Bewohner. Wohl über 150 fromme und milde Stiftungen für Kirchen und Schulen, Geistliche, Lehrer und Schüler, — für Studirende und Handwerker, — für Arme und Kranke, Wittwen und Waisen und zu sonstigen anderen Zwecken stehen den städtischen Behörden zur Verfügung.

Den edlen Männern und Frauen, welche — seit der Zeit der Reformation in Freiberg — ihren menschenfreundlichen Sinn durch segensreiche Stiftungen für unsere Stadt in der nachahmenswertheften Weise bethätigten, sei zu dauerndem, dankbarem Andenken hier ein **Ehrenplatz** geweiht.

EHREN-TAFEL.

[1] Domherr Reinfried Groß A 1533
Dombechant Balth. v. Ragewitz A 1541
Ehrhardt Buhlmann A 1546
[2] Kurfürst Moritz von Sachsen 1553
Matthes Hachenberger G 1557
Bürgermeister Wolf Hilliger A 1577
Kaufm. Heydenreich, Torgau* 1579
Andreas Edelmann A 15??
Hospitalmeister Hans Packisch* 1604
[3] Hans Holewein nebst Ehefr.* G 1607
Rathsherr Nicolaus Horn G 1611
[4] Sebastian Hoffmaier A u. G 1611
Rathsherr Thomas Mebner G 1611
Rathsh. Valentin Buchführer G 1616
Handelsmann Caspar Horn G 1616
[5] Probst Meyer, Wolfenbüttel A 1618
Joachim Tränkner A 1622
Rathsherr Abrah. Landsberger G 1623
[6] Kirchner Matth. Klöppel* deßgl. A 1632
Christian u. Margar. Uslaub A 1633
Schneider Nitzsche V 1638
[7] Amtshptm. Bibibum v. Eckstädt* 1638
Frau Bürgermeister Schönlebe A 1642
Fr. Superintendent Gensreff G 1646

Gabriel Horn* 1653 [8]
Gebrüder Gabr. u. Frdr. Horn A 1659
Bürgermstr. Sgm. Horn* deßgl. A 1664
Bürgermeister C. L. Schönlebe G 1670
Frau P. Wagner, Großschirma* 1670 [9]
Bürgermeister Jehnig, Chemnitz* 1681
Gerichtsschöppe Balth. Mende* 1688
Lohgerbermstr. Sam. Heinrich G 1689
Jungfr. Anna Marie Prager* 1689 [10]
Frau Commissionsrath Lindner* 1696
Frau Geheimrath v. Klengel G 1700
Anna Dorothea Trömer G 1700
Floßcommissar Joh. Chr. Richter* 1701 [11]
Stadtrichter Joh. Gttfr. Hilliger* 1704
Stadtschreiber Heinr. Eckardt* u. 1705 [12]
s. Schwest. Fr. Oberförst. Richter* 1705
Oberbergbptm. Abr. v. Schönberg* 1706 [13]
Bürgermstr. Mich. Fischer* deßgl. V 1715 [14]
Jgfr. Joh. Marg. Hennig* deßgl. A 1718
Frau Gerichtschreiber Gerber 1719
Bürgermeister Chr. Sigm. Horn 1726 [15]
Fr. Kanzler v. Schönlebe, Zerbst 1728 [16]
und Gebrüder Lenz, Altenburg 1728
Fr. Appellationsr. Conradi deßgl. A 1731 [17]

¹⁶	Weißbäckermeister Joh. Drechsler	1734	Frau Apotheker W. Löscher A u. v	1855 ¹²
	Frau Bürgermstr. Sophia Horn	1742	Oberstleutn. C. A. v. Böhlau A	1856 ¹³
¹⁹	Prof. Dr. Quellmalz, Leipzig*	1758	Vorwerksbes. Joh. Gottlieb Eckert	1856
	Frau Hauptm. Goldschmidt A u G	1763	Fr. Zehntner Car. W. Henschel A	1856 ¹⁴
	Superint. Chr. Gottl. Grundig G	1763	Wundarzt Frdr. Aug. Kugler A	1858
²⁰	Fabrikant Joh. Georg Steinert G	1774	Frau Justizamtmann Weißbach*	1859 ¹⁵
	Frau Viertelsmeister Steyer A	1787	Gerichtsamtsbote C. B. Größler	1860 ¹⁶
	Accisinsp. Hayn, Königst.* dergl. A	1796	Frau Gerichtsdirector Beyer	1862
²¹	Rathscopist Ch. F. Bornheinrich A	1797	Fr. Kreissteuereinn. Hoffmann A	1863
²²	Kämmerer Gottl. Frdr. Schubert	1800	Frau Cantor Heyne	1864
	Frau Frühprediger Hilliger G	1810	Stadtrath Heinrich Gölbner	1866 ¹⁷
²³	Gymnasialrector Gernhardt* V	1814	Gerichtsdirector Adv. C. Klemm	1867 ¹⁸
²⁴	Seilermstr. Chr. Gotth. Märker	1814	Kaufmann Andreas Mörbe A	1868 ¹⁹
	Bergrath Ehreg. Leber. Taube*	1825	Jungfrau Amalie Eschle v	1868
²⁵	Frau Dr. Salzmann dergl. v	1828	Frau Bergrath Bauer	1869 ²⁰
²⁶	Frau Joh. Christ. Naumann A	1832	Jungfr. Christ. Wilh. Schneider	1869 ²¹
²⁷	Oberschiedswardein Sieghardt* v	1835	Jgfr. Wilh. Th. Nat. Körbach A	1870
²⁸	Berghauptm. J. C. Freiesleben A	1846	Aichmeister Ernst Nitzsche	1870
²⁹	Kaufm. Gottfr. Sgm. Höpfner A	1847	Oekonom C. H. A. Straßburger v	1870
	Buchhändler Ed. Stettner u. A	1848	Stadtrath E. Leschner, Meißen	1871 ²²
	dessen Ehefr. Clara geb. Gerlach A	1848	Frau Lohgerbermeister Stahr v	1872
³⁰	Rentier Joh. Gottl. Schmidt v	1851	Rentier Emil Gölbner, Dresden	1873 ²³
³¹	Hofposth. Kretzschmar, Walterdf.	1852	Frau Schankwirth Meyer A	1873
	Superint. J. C. Gühlof A u. v	1853	Darlehnsverein zu Freiberg	1873 ²⁴

Urspr. Stift.-Capital ꝛc. ¹) 225 Gulden, Zinsen „zu Tuchspenden für arme Leute." — ²) 3120 Thlr. dgl. zur Vertheilung an Arme im Dom, Sonntags nach dem Vormittagsgottesdienste. — ³) 4000 Gulden zu freier Kost ꝛc. für arme Gymnasial-Schüler, 3000 Gulden zu vier Stipendien. — ⁴) 550 Gulden „an Hausarme an dem Tage Sebastian in Ewigkeit zu vertheilen." ⁵) 600 Thlr. zu wöchentl. Vertheilung an Hausarme. — ⁶) 1000 Thlr. zu zwei Gymnasial-Stipendien für Freiberger Stadtkinder. — ⁷) 2500 Thlr. dem „Communitätsfiscus" zu Freitischen ꝛc. für arme Currendaner. (Er wurde von den Lehrern des Gymnasiums bereits 1617 gegründet und noch durch 8 kleinere Legate vermehrt.) — ⁸) 175 Thlr. zu Tuch und Schuhwerk für die Currendaner. — ⁹) 1000 Thlr. zwei Stipendien für Theologie-Studirende. — ¹⁰) 525 Thlr. Stipendium für einen jungen Theologen in Freiberg, desgl. für arme Exulanten, kranke und preßhafte Personen, an jedem 2. Juli zu vertheilen. ¹¹) 3000 Thlr. Abgangsstipendien ꝛc. u. eine Stiftung für „arme nothleidende Freiberger Leute." — ¹²) 7000 Thlr. Stipendium, Freitisch für 6 Schüler ꝛc. ¹³) 1000 Thlr. zur Vertheilung unter arme Schüler und Hausarme am Tage Abraham. — ¹⁴) 1000 Thlr. zur Vertheilung von Holz an arme Wittwen. — ¹⁵) „Große Horn'sche Stiftung" 70000 Thlr. für arme Bürger ꝛc. (Näheres f. S. 14), die bedeutendste von allen, beruht auf einem Testament Horn's vom 3. März 1726, welches erst nach seinem, 1736 erfolgten Tode zur Eröffnung gelangte. — ¹⁶) Gegen 1000 Thaler der Eusebienschule zur Anschaffung von Büchern ꝛc. — ¹⁷) 2000 Thlr. „innerhalb der Ringmauer ansäßigen bedürftigen Bürgern zur besseren Fortsetzung ihres Handwerks" kleinere Darlehne auf

VIII. Wohlthätige Stiftungen. Gemeinnützige Vereine.

Hypothek, gegen Bürgschaft oder Pfand zu nur 3 Procent Zinsen zu gewähren. ¹⁸) 1500 Thlr. Austheilung der Stiftszinsen an arme Leute ꝛc. am Andreastage. — ¹⁹) 16050 Thlr. der Stadtschule zu Freiberg, dem Schulcommunitätsfiscus, der Schulbibliothek, den Unterthanen zu Hals, „der lieben Armuth" in Freiberg und für Studirende. — ²⁰) 1000 Thlr. armen Kindern zu freiem Unterricht. — ²¹) 1000 Thlr. Zinsen unter arme Bürger u. Bürgerswittwen „in ewige Zeiten" allemal den 23. Jan. Beiträge zum Winterholz in Portionen von 1 Thaler zu vertheilen. — ²²) 300 Thlr. zum Aufdinggeld für arme Kinder, die ein Handwerk lernen wollen. — ²³) [in der Kriegszeit] Errichtung der Schüler-Speiseanstalt. — ²⁴) 1000 Thlr. zur Erreichung gemeinnütziger u. wohlthätiger Zwecke. — ²⁵) 500 Thlr. vier alten ehrbaren Wittwen oder Jungfrauen. — ²⁶) 200 Thlr. für arme in Herrendiensten alt gewordene Leute. — ²⁷) 8000 Thlr. zu Schulgeld ꝛc. für bedürftige Kinder in der Bürgerschule, desgl. 2000 Thlr. zu Abgangsstipendien an Freiberger Gymnasiasten, welche die Universität beziehen. — ²⁸) 400 Thlr. dem Stadtkrankenhaus u. Siechhaus. — ²⁹) 200 Thlr. „zur Minderung und Linderung menschlicher Noth und menschlichen Elends." — ³⁰) 200 Thlr. zum Petri-Sylvestergottesdienst. — ³¹) 30040 Thlr. zur Errichtung einer Erziehungsanstalt für sittlich verwahrloste Kinder (s. S. 52). — ³²) 1000 Thlr. zur Austheilung von Brennmaterial im Winter an verschämte Arme, und 300 Thlr. zur Bekleidung von Waisen, desgleichen 300 Thlr. zur Bekleidung armer Schulkinder. — ³³) 500 Thlr. für verabschiedete Soldaten. — ³⁴) 1025 Thlr. zur Erziehung verwahrloster Kinder, und 1000 Thlr. zur Bekleidung armer Confirmanden. — ³⁵) 300 Thlr. bedürftigen und fleißigen Schülern einer höheren Bildungsanstalt. — ³⁶) 200 Thlr. einem Armen, der das Augenlicht verloren. — ³⁷) 5000 Thaler, Ziersträucher u. Blumen für die Freiberger Promenaden anzukaufen ꝛc. und zu Erhaltung des Familienbegräbnisses. — ³⁸) 32000 Gulden in österr. Papieren für die Rettungsanstalt in Loßnitz (s. S. 52). — ³⁹) 150 Thlr. zu Freistellen im Stadtkrankenhaus. — ⁴⁰) 800 Thlr. zu Freistellen im Stadtkrankenhaus u. für verwaiste Bergmannsknaben, die ein Handwerk lernen wollen. — ⁴¹) 300 Thlr. zum Petri-Sylvestergottesdienst und 500 Thlr. zu Kleidungsstücken für arme Schulkinder. — ⁴²) 200 Thlr. zum Sylvestergottesdienst im Dom, desgleichen fromme Stiftungen für die Kirche Sct. Nicolai. — ⁴³) 600 Thlr. zu Freistellen ꝛc. bei der Realschule. — ⁴⁴) 500 Thlr. „Johnel-Stiftung" zu einer Freistelle ebenfalls bei der Realschule.

Weitere Erläuterungen. Das Vergeben der Stiftungszinsen liegt in der Hand theils des Stadtraths, theils der Kirchen- u. Schulverwaltungen, zum kleineren Theil auch in der Hand von Privaten. Ein A neben dem Stiftungsjahr deutet an, daß die betr. Stiftung bei der städtischen Armencasse, ein V, daß sie bei der Volksschulcasse, und ein G, daß sie bei der Casse des Geistlichen Einkommens sich befindet. Auch die übrigen Stiftungen sind in städtischer Verwaltung. — Ein Stern (*) bezeichnet Stiftungen für das Freiberger Gymnasium, als: vom Stadtrath zu verleihende Stipendien für Abgehende und in Leipzig Studirende, Freitische für Currendaner ꝛc.

Sonstige Stiftungen. Außerdem hat der Rath der Stadt Freiberg noch sieben, vom Kurfürsten **Moritz** 1543 gestiftete „**Freistellen auf der Fürstenschule** Sct. Afra zu Meißen" zu vergeben. — Auch bestehen noch zahlreiche kleinere Vermächtnisse, deren Stifter hier nicht mit aufgeführt wurden, sowie Hauptstiftungscassen (s. die Abtheilg. Behörden). Die 1538 begründete, unter Verwaltung des Gesammt-Kirchenvorstands für Dom, Petri u. Nicolai stehende **Casse des Geistlichen Einkommens** (s. S. 9) ist eine Vereinigung der kirchl. Stiftungen aus den Zeiten vor der Reformation, wozu noch 38 kleinere Vermächtnisse gekommen sind. — (Hierüber Vereinsstiftungen.)

Von ungenannten Wohlthätern sind ebenfalls werthvolle Stiftungen zu verzeichnen, so: — die Bürgerstiftung von 1500 Thlrn. aus dem Jahre 1858, deren Zinsen nach dem Ableben des Testators in Noth gerathene Personen oder Familien der Stadt erhalten sollen; desgl. 1500 Thlr. zu künftiger Gründung von Freistellen im Stadtkrankenhause; — die von ehemal. Schülern des Rectors Prof. Frotscher mit 400 Thlrn. gebildete, zu einem Reisestipendium für würdige und bedürftige Schüler der beiden obersten Classen des Gymnasiums bestimmte Frotscher-Stiftung vom Jahre 1867; — die Stiftung der alten Herren von 1000 Thlrn. (f. S. 49), deren Zinsen einem Schüler der obersten Classe des Gymnasiums als Stipendium zuzutheilen sind, wobei wissenschaftliche Strebsamkeit und Tüchtigkeit als maßgebend gelten; unter gleich würdigen Bewerbern entscheidet die Bedürftigkeit.

Gedächtnißtage werden stiftungsgemäß jährlich durch Gesang der Currendaner gefeiert: — am 2. Mai (Sigismund) vor dem ehemaligen Wohnhause des Bürgermeisters Sigismund Horn Burgstr. Nr. 302 (Stiftung von 1664); — am 16. Juni vor dem ehemal. Wohnhause der verw. Frau Justina Schubert Engeg. 641 (Stiftung von 1727); — den 21. August am Grabe Anacker's (f. S. 50) † 21. Aug. 1854 (Stiftung von 1870).

Gemeinnützige Vereine. Vorstehende Mittheilungen liefern den erhebenden Beweis, wie neben der Fürsorge der städtischen Behörden hauptsächlich der patriotische Sinn Einzelner aus der Bürgerschaft es war, durch welchen viele wohlthätige Einrichtungen der Stadt begründet wurden. — Gleich werthvolle Anstalten verdankt dieselbe ferner dem eifrigen und uneigennützigen Wirken zahlreicher Vereine, welche sich in Freiberg größtentheils während der letzten Jahrzehnte bildeten: — um Wohlthätigkeit zu pflegen, heilsamem Fortschritt zu dienen, Körper und Geist auszubilden, so wie der Wissenschaft und Kunst, überhaupt allem Guten, Schönen und Nützlichen förderlich zu sein.

Eine Vereins-Chronik der hauptsächlichsten jetzt thätigen gemeinnützigen Vereine, die wir hier nach der Zeit ihrer Entstehung folgen lassen, wird das allmählich immer umfassender entwickelte Vereinsleben unserer Stadt lebendig vor Augen führen; — sie wird zugleich in befriedigender Weise zeigen, wie ein großer Theil von Freibergs Bewohnern — trotz der vielfach herrschenden materiellen und egoistischen Richtung unserer Zeit — auch edlen, humanen Bestrebungen und rührigem gemeinsamen Schaffen huldigt.

Die **Freimaurer-Loge** „zu den drei Bergen" wurde schon im Jahre 1798 begründet und gehört zu den ersten Vereinen Freibergs, welche in aller Stille Werke wahrer christlicher Nächstenliebe üben und zu allgemeiner sittlicher Hebung und Veredlung der Menschheit beizutragen bestrebt sind. Diese Loge rief bereits 1818 eine Sonntagsschule in's Leben und eröffnete 1876 die Freiberger Volksbibliothek (f. S. 46), unterhält auch viele wohlthätige Stiftungen zunächst für die Angehörigen der Brüder.

VIII. Wohlthätige Stiftungen. Gemeinnützige Vereine.

Der **Landwirthschaftliche Verein** entstand im Jahre 1817 und ist daher einer der ältesten unseres Sachsenlandes. Seine Aufgabe ist die allgemeinste Verbreitung der Fortschritte in der Landwirthschaft und die Vertretung landwirthschaftlicher Interessen überhaupt.

Der **Frauenverein** trat im Jahre 1837 unter Protection der Königin Maria zusammen und verfolgt die Aufgabe, mildthätig zu wirken und verborgenes Elend aufzusuchen. Er unterhält für ärmere Kinder zu zeitiger Gewöhnung an Fleiß und nützliche Thätigkeit eine **Näh- und Strohflecht-Schule** (s. S. 51), beaufsichtigt die Kleinkinderbewahr- und Waisenanstalt (s. S. 52) und nimmt sich hilfsbedürftiger Wöchnerinnen an. Auch erfolgt durch den Frauenverein die jährliche Vertheilung der Taube'schen und v. Nehrhoff'schen Gestiftsgelder für solche Kinder- und Dienstmädchen, welche einer Herrschaft bei gutem, sittlichem Verhalten lange Zeit treu gedient haben.

Der **Gustav-Adolf-Verein** bildete sich im Jahre 1843 (als Zweig des Hauptvereins in Leipzig) zur Unterstützung der von römisch-katholischer Umgebung bedrängten protestantischen Gemeinden; er besitzt eine Rülker'sche, eine Breithaupt'sche und andere Stiftungen. — Ein Zweigverein der sächs. Hauptbibelgesellschaft trägt zur Verbreitung der Bibel bei.

Der **Turnverein** wurde 1844, zur Zeit allgemeiner freiheitlicher Begeisterung für das deutsche Turnwesen, begründet, um den Bewohnern unserer Stadt Gelegenheit und Anleitung zu geregelter und gesunder Leibesübung zu geben. Er ist Eigenthümer der von ihm erbauten städtischen Turnhalle. Im Jahre 1862 bildete sich aus diesem Verein die städtische Freiwillige Feuerwehr, welcher auch ein **Pioniercorps** und eine, an die Stelle der ehemal. Bürgerwehr getretene **Wachschaar** zugesellt ist.

Der **Gewerbeverein** bildete sich ebenfalls im Jahre 1844 zunächst zur Verbreitung gewerblicher Bildung und Beförderung des heimischen Gewerbebetriebes. Er umfaßt gegenwärtig alle Stände, bietet allgemein-wissenschaftliche Vorträge, bei denen auch Frauen Zutritt haben, und verfügt über eine werthvolle Bibliothek. — Mehrere andere Vereine und viele gemeinnützige Unternehmungen sind aus ihm hervorgegangen.

Der **Bürgersängverein** trat im Jahre 1845 zusammen zur Pflege des Männergesangs, wie zur Erhebung und Erheiterung durch denselben. Zahlreiche Vereine entstanden hiernach zu gleichem Zweck, hauptsächlich zum Gesang deutscher Lieder, so zunächst der **Liederkranz**, die **Liedertafel** ꝛc. — Auch besteht unter Leitung des Domcantors und Musikdirectors eine **Singakademie**, während die Instrumental-Musik von einem starken städtischen Musikcorps gepflegt wird. (Ein vom Staat unterhaltenes „Bergmusikcorps" wurde 1844 aufgelöst.)

Der **Gasbeleuchtungs-Actien-Verein** sorgt seit Neujahr 1847 für die Gasbeleuchtung der Stadt und ist Eigenthümer der städtischen Gasanstalt. (Professor Lampadius an der Bergakademie hat zuerst auf die Benutzung des Steinkohlengases zur Beleuchtung aufmerksam gemacht und bereits 1816 im ehemal. Amalgamirwerk zu Halsbrücke die erste Gasbeleuchtung auf dem Continent eingeführt.) — Die erste Straßenbeleuchtung in Freiberg mit Oel-Laternen erfolgte im Jahre 1802 durch freiwillige Beiträge.

Die **Militärvereine** der Stadt bilden sich aus ehrenvoll verabschiedeten Militärs, um fortgesetzte patriotische Kameradschaft und geselligen Umgang zu pflegen, so wie zu gegenseitiger Unterstützung in Krankheits- und Sterbefällen. Militärverein I. entstand in dem Jahre 1850, Kameradschaft 1865, Kriegerbund 1872.

Der **Allgemeine Krankenunterstützungs-Verein** wurde im Jahre 1853 begründet. (Städtische Krankencasse ꝛc. s. Behörden.) Zweck desselben, wie auch noch anderer dergleichen Vereine in Freiberg, ist: Gewährung einer regelmäßigen Unterstützung in Krankheitsfällen und eines Begräbnißgeldes in Todesfällen. — Zu demselben Zwecke gab es in früheren Zeiten sehr zahlreiche Vereinigungen, namentlich aber bei den Innungen der Handwerker. — Bemerkenswerth ist hier noch eine bis zu den Zeiten der Reformation auch in Freiberg bestandene Kalant-Brüderschaft, welche sich am ersten Tage jeden Monats (calendae) versammelte und an ihrem Altar in der Marienkirche Seelenmessen für verstorbene Mitglieder besorgte, auch der Unterstützung des gottesdienstl. Gesanges, der Vertheilung von Almosen, sowie der Krankenpflege sich unterzog.

Ein **Spar- und Vorschußverein** (jetzt die Actiengesellschaft Vorschußbank) bildete sich 1857. — Diesem Unternehmen folgte 1864 die Genossenschaft Darlehnsverein, sowie später der Bergmännische Spar- u. Vorschußverein und der Bergmännische Consumverein. — Die noch bestehende **Privatsparcasse** (für Arbeiter) wurde bereits im Jahre 1848 in's Leben gerufen.

Der **Alterthumsverein**, im Jahre 1860 begründet, um die heimischen Geschichtsquellen zu erschließen und die Kenntniß derselben zu verbreiten, sowie denkwürdige Zeugen vaterländischer Vorzeit zu sammeln und der Nachwelt zu bewahren, unterhält das 1861 eröffnete Alterthums-Museum (s. S. 45) und besitzt eine reichhaltige Bibliothek hauptsächlich für die Geschichte Freibergs. Er hält Versammlungen mit Vorträgen und veröffentlicht alljährlich geschichtliche, auch mit Abbildungen versehene Mittheilungen.

Der **Naturwissenschaftliche Verein** bildete sich im Jahre 1863 zur Verbreitung naturwissenschaftlicher Kenntnisse und eröffnete 1864 das Naturhistorische Museum (s. S. 46). — Ein Geflügelzüchterverein veranstaltet von Zeit zu Zeit öffentliche Ausstellungen insbesondere von Tauben u. Hühnern.

Der **Arbeiter-Fortbildungs-Verein** wurde in dem Jahre 1866 begründet: zur Nachholung fehlender Schulkenntnisse durch Unterrichtsstunden, zur Beförderung edler Bildung durch Geist und Herz anregende Vorträge, sowie zu geselliger Unterhaltung des Arbeiterstandes.

Der **Kaufmännische Verein** fand seine Begründung im Jahre 1871 zur Förderung kaufmännischer und wissenschaftlicher Interessen (durch Vorträge, Discussion ꝛc.), zur Geselligkeit unter seinen Gliedern und endlich auch zur Unterstützung Durchreisender.

Die **Actienbad-Gesellschaft** constituirte sich im Jahre 1872 und eröffnete 1874 zu allgemeinem Gebrauch das Actienbad vor dem Petersthore für irisch-römische, russische ꝛc. und gewöhnliche Wasserbäder. — Außerdem hat die Stadt noch 4 öffentliche Bäder: Hedrich's Bad vor dem Kreuzthor, die Anstalt auf dem Schwimmteich und überbaute Kaltwasserbäder in der Kreuzmühlenwiese; das älteste Bad aber ist das inmitten der Stadt gelegene sogen. Stadtbad an der Münzbach, hierher um das Jahr 1490 aus der jetzigen Garküche auf der Fischergasse wegen Wassermangels verlegt. (Daselbst wurden in den ältesten Zeiten sogen. „Seelenbäder" gestiftet: unentgeltliche Bäder für Arme, mit Verabreichung von Speise und Trank.)

Die **Pensionär-Lebensversicherungs-Gesellschaft** zu Freiberg erstreckt ihre Thätigkeit auch über die Grenzen der Stadt und führt ihren jetzigen Namen seit dem Jahre 1872, nachdem sie die früheren beschränkten Grundsätze einer „Begräbniß-Gesellschaft" aufgegeben und schon seit Jahrzehnten sich zur Lebensversicherungs-Gesellschaft erweitert hatte. Sie stammt von der

VIII. **Wohlthätige Stiftungen. Gemeinnützige Vereine.** 59

im Jahre 1608 auf landesherrliche Verordnung zum Schutz der Stadt und der nahen Landesgrenze aus Bürgern gebildeten und vom Staat besoldeten **Defensioner-Compagnie**, welche sich 1624 zu einer „Begräbniß-Brüderschaft" vereinigte. Dieselbe nahm, nachdem die Compagnie 1661 ihrer militärischen Dienstleistungen enthoben worden war, den Namen „Defensioner-Begräbniß-Compagnie" an und hat seitdem, wenn auch unter zeitgemäßen Umänderungen der Statuten, ununterbrochen fortbestanden. — Nahezu alle anderen früheren „**Grabegesellschaften**" (die „Bürger-Grenadiere" :c.), welche durch Abhaltung von sehr belebten Jahresversammlungen („Conventen" oder sogen. „Collationen" mit Festtafel und Ball) auf dem Kaufhaussaale :c. zu ihrer Zeit fast das alleinige Vereinswesen Freibergs darstellten, haben sich der Defensioner-Lebensversicherungs-Gesellschaft vollständig angeschlossen.

Andere Vereine für Wissenschaft :c. — Außerdem wirken in Freiberg noch verschiedene **kleinere Vereine** für wissenschaftliche Zwecke, so z. B. der Bergmännische Verein, der Aerztliche, der Pädagogische, der Literarische und Stenographische Verein. — Schließlich ist hier noch der **politischen** Vereine zu gedenken, wie der verschiedenen örtlichen Zweig-Vereine, welche sich, wie z. B. der Thierschutzverein, im Anschluß an auswärtige Hauptvereine gebildet haben. („Braugenossenschaft" s. S. 63; „Knappschaften" s. Bergbau S. 70.)

Mehrere der obengenannten Vereine haben mancherlei Umwandelungen erfahren; andere, früher bestandene Vereine sind längst wieder aufgelöst, nachdem sie ihre Zeit erfüllt hatten. — Dienen schon einige der gemeinnützigen Vereine gleichzeitig auch **geselligem Vergnügen**, Theater, Gesang, Concert und Tanz, so bestehen doch auch noch verschiedene Vereine, welche diesem allein huldigen. — Im Allgemeinen bietet unsere alte Bergstadt mit ihren muntern Bewohnern und Bewohnerinnen, fern von engherzigem Kastengeist, Geselligkeit in reichem Maße und wohlthuende Gemüthlichkeit, insbesondere auch der zahlreich vertretene Gelehrten- und Beamtenstand mannichfaltige geistige Anregung, so daß sich selbst der Fremde in kurzer Zeit heimisch fühlt in unseren Mauern.

Volksfeste in Freiberg. Noch sei hier der jährlichen Volksfest- und Feiertage der Jetztzeit kurz gedacht. Obenan steht seit dem großen Sieg der Deutschen bei Sedan am 2. Septbr. 1870: die allgemeine Deutsche National-Feier. Nicht minder festlich werden auch die Geburtstage des Deutschen Kaisers Wilhelm (22. März) und des Königs von Sachsen Albert (23. April) mit Musikumzügen und von den Häusern herabwallenden Fahnen begrüßt. — Zum heiligen **Weihnachtsfest** strahlt in Freiberg (auf Veranstaltung der städtischen Schulbehörde und menschenfreundlicher Vereine) der lichtschimmernde Christbaum mit seinen Liebesgaben stets auch den Kindern der Armen. — Das älteste, seit Jahrhunderten jährlich wiederkehrende Volksfest der Stadt, welches ehedem allgemein gefeiert wurde und mit glänzenden Auszügen verbunden war, ist das sogen. Reiterschießen oder „Königs-Reiter-, Scheiben- und Vogelschießen," auf dem Schießplan jeden Sommer veranstaltet von der uralten Schützengesellschaft. Eine Ordnung des Raths für die „Büchsenschützen" ist vom Jahre 1523; aber schon 1493 schenkte Herzog Heinrich den „Armbrustschützen" eine (leider nicht mehr vorhandene) „silberne Kette mit anhängendem gekrönten silbernen Vogel,

Armbrustrüstung und Freiberger Stadtwappen" und betheiligte sich später auch selbst mit der Herzogin und den Prinzen an den Festen. Das größte Königsschießen veranstaltete der Stadtrath 1572 dem Kurfürsten August zu Ehren.

Die Freiberger im vorigen Jahrhundert schildert J. C. Cander im J. 1725 (s. S. IV) wie folgt: „Den Freibergischen Einwohnern ist schon vor alten Zeiten das Lob gegeben worden, daß sie gastfrei, aufrichtig, reinlich, schön und freundlich, also Leute, in welchen kein Falsch ist, sind, welches sie auch noch zu jetzigen Zeiten von sich rühmen lassen müssen. — Die Sprache und den Dialectum betreffend, so ist derselbe unter den Erzgebirgern der beste, deutlichste und wohlklingendste, inmaßen sie oftmalen die letzten Sylben in einen angenehmen Ton abbrechen, dahingegen die Leipziger die Consonantes verkoppeln. — Die Töchter der Stadt geben auch in ihrer Schönheit Niemandem nichts zuvor, und was an dieser bei etlichen wenigen ja, über Vermuthen, fehlet, wie denn nicht alle Menschen in diesem Stück pari passu geben, das wird durch ihre saubere Arbeit, wohlgezogene Aufführung und angenehme Sitten reichlich ersetzet."

IX.

Handel, Gewerbe und Industrie.

Der Handel unserer Stadt entfaltete sich durch das heimische Berg- und Hüttenwesen und erweiterte sich frühzeitig infolge der mancherlei von den Fürsten verliehenen Freiheiten, wonach unter Anderem bis zum 16. Jahrhundert alle ab- und eingehenden Waaren der Freiberger Bürger durch das ganze Land Befreiung hatten von jeder Abgabe (s. S. 4). Da Ackerbau und Viehzucht hier ursprünglich noch wenig ausgebildet waren, so bezog die Stadt ihre meisten Lebensbedürfnisse, als Wein, Getreide, Hopfen, Obst, Butter, Hühner, Eier, Rindvieh, Schweine 2c. vornehmlich aus Böhmen, wohin sie wieder einen bedeutenden Durchfuhrhandel betrieb mit Salz (aus ihrer Hauptniederlage), mit Heringen, Tuch, so wie Anderem mehr. (Handelspreise im Jahre 1250: ein Scheffel Korn 20 Pfennige, eine Mandel Eier oder 8 Heringe 1 Pfennig.) — Von der entgegengesetzten Himmelsrichtung führten nach Freiberg zwei Haupthandelsstraßen, die eine von Leipzig über Grimma und Roßwein, die andere über Geithain, Mittweida und Frankenberg.

Fortschreitende Cultur- und Wegeverhältnisse, ferner die oft bedeutend schwankende Ergiebigkeit des Bergbaues, das von den ver-

IX. Handel, Gewerbe und Industrie.

änderten Zeitumständen geforderte Aufgaben der alten Bergfreiheiten und namentlich auch die zahlreichen Kriegsdrangsale so wie die politische Lage überhaupt haben Freibergs Handel und Gewerbe verschiedenartige Wandlungen und Störungen erfahren lassen. Lange Zeit hindurch gab es in Freiberg fast nur einen auf die Bedürfnisse der Stadt und Umgegend beschränkten Kleinhandel. In neuester Zeit aber erfreut sich Freibergs Industrie und Handelsverkehr — unterstützt durch sich hier kreuzende Eisenbahnen — wieder einer stetigen, nicht unbedeutenden Zunahme.

Verkehrs-Statistik. Gegenwärtig beträgt die in Freiberg nur auf dem Güterboden der Staatseisenbahn durch Ein-, Aus- und Umladen zu bewegende Gütermasse jährlich ungefähr 52¼ Millionen Kilogramm oder 1045000 Centner. — Die Zahl der in Freiberg angekommenen Briefpostsendungen betrug im Jahre 1861 (über 17000 Einwohner): 189758, dagegen im Jahre 1873 (über 22000 Einwohner): 699084 und im Jahre 1874: 852012; — der Werth der durch die Post eingegangenen Geldsendungen betrug 1861: 2217617 Thaler, dagegen 1873: 4086594 und 1874: 4640670 Thaler. — Telegraphische Depeschen gingen ein 1862: 1818, dagegen 1874: 8202. Die Stadt gehört zum Bezirk der Dresdner Handels- und Gewerbekammer.

Jahrmärkte. Der im Jahre 1263 am Tage Jacobi den 25. Juli eingeführte vierzehntägige Jahrmarkt wurde 1365 in 2 achttägige Märkte: zum Tage Jacobi u. zum Tage Martini (11. Noobr.) umgeändert, vom Jahre 1509 an aber der erstere auf den Tag Margaretha (13. Juli) verlegt, da die vom Herzog Georg zum Tage Anna (26. Juli) in der Stadt Annaberg angeordnete hohe Messe mit Ablaß und Markt in die gleiche Zeit mit dem ersten Freiberger Markt fiel. Zu den Freiberger Märkten durfte alles fremde Gut frei vereingeführt werden. Diese 2 Jahrmärkte werden gegenwärtig nur noch zweitägig (Montag und Dienstag um Margaretha und Martin Bischof) abgehalten, am ersten Tage zugleich mit Roßmarkt, außerdem noch 2 Roßmärkte besonders: Montags nach Fastnacht und zu Egidi (1. Septbr.). Auch besteht ein wöchentl. Ferkelmarkt; Sonnabends Wochenmarkt.

Gasthöfe zählt die innere Stadt 8, und zwar Erbische Straße: Hôtel de Saxe, Goldener Stern, Goldener Löwe; Fischerstraße: Rother Hirsch und die einst städtische Garküche; Petersstraße: Schwarzes Roß; Burgstraße: Goldener Adler; Untermarkt: Goldene Pforte. Die vier Gasthöfe zum goldenen Adler, zum halben schwarzen Roß, zum goldenen Stern und weißen Einhorn, sowie zum rothen Hirsch, werden schon 1653 vom Chronisten Möller als „alte Gasthöfe" aufgeführt. — In der Vorstadt sind 4 Gasthöfe, zu deren ältesten jedenfalls der ehemal. „Wilde Mann" oder „Schiefer" (jetzt Preußischer Hof, auf der anderen Seite der Straße) gehört, ferner: das frühere „ABC" (Stadt Chemnitz), beide vor dem Erbischen Thore; der halbe Mond, vor dem Meißner Thore, und das Deutsche Haus jenseit des Bahnhofs. — Der Gasthof zur „Goldenen Sonne" vor dem Petersthor gehört zu Freibergsdorf, die „Goldene Krone" an der Nossener Straße zu Lößnitz.

Außerdem sorgen in Freiberg für allseitigen geselligen Verkehr, Erholung und Vergnügen über hundert Schank- und Gastwirthschaften, zum Theil mit Tanzsälen, so wie auch freundliche Kaffeegärten. — Um die Mitte des 16. Jahrhunderts galten als Orte für öffentliche Tanzbelustigung hauptsächlich nur: das Rathhaus und das „Schuhhaus".

Gewerbe und Industrie. Wie schon in den frühesten Zeiten der Handel unserer alten Bergstadt wesentlich gefördert wurde durch ihre mehrerwähnten Freiheiten und Privilegien, so war es auch mit dem Handwerk der Fall, welches sich innerhalb der schützenden Ringmauern kräftig entwickelte und Jahrhunderte hindurch zugleich im weitesten Umkreis das gewerbliche Verbietungsrecht hatte. Dasselbe wurde von den damaligen Innungen streng gehandhabt.

Handwerksinnungen. Außer den Innungen der Bäcker und Fleischer, der Schneider (Schröter) und Schuhmacher (Schuhwarchten), der Händler und Kramer waren ehedem besonders zahlreich in Freiberg: die Tuchmacher und Leineweber, die Böttcher (Büttner) und Schmiede, als: Huf- und Waffenschmiede, Kupfer- und Zirkelschmiede, Messer- und Nagelschmiede ꝛc. Ferner gehörten noch zu geschlossenen Handwerksinnungen oder „Zünften" die Bader u. Wundärzte, Barbirer, Baretmacher, Beutler u. Handschuhmacher, Bildhauer, Buchbinder, Büchsenschäfter, Bürstenbinder, Drahtzieher, Drechsler, Glaser, Goldschmiede, Gürtler, Hutmacher, Kannen- und Zinngießer, Klempner, Kramnadler, Kürschner, Mälzer, Maler, Maurer, Müller, Nähnadler, Papiermacher, Parchner, Posamentirer, Riemer, Rothgerber, Sattler, Schlosser, Schön- und Schwarzfärber, Schwertfeger, Seifensieder, Seiler, Senkler, Stecknadler, Stellmacher, Strumpfwirker, Tischler, Töpfer, Tuchbereiter, Tuchscheerer, Uhrmacher, Wagner, Weinbrenner, Weißgerber, Wollkämmer, Zeugmacher, Zimmerleute.

Gegenwärtig haben von allen diesen nur noch folgende Handwerker Innungsverbände oder Cassen: die Bäcker, Böttcher, Buchbinder, Fleischer, Glaser, Goldarbeiter, Hufschmiede, Hutmacher, Klempner, Kürschner, Lohgerber, Rad- und Stellmacher, Sattler, Schneider, Schuhmacher, Seifensieder, Seiler, Tuchmacher und Zimmerleute. — Der der Fleischerinnung gehörige sogenannte „Kuttelhof" (Schlachthausgasse Nr. 788) wurde 1564 erbaut (der Thürstein mit Fleischerzeichen und Jahrzahl ist noch vorhanden), daselbst auch 1875 von der Innung ein zeitgemäßes neues Schlachthaus auf der Münzbachseite eröffnet.

Freibergs älteste Geschäfte. Die gewerbliche und künstlerische Thätigkeit, welche sich in unserer Stadt schon sehr früh entfaltete, trug wesentlich zur Erhöhung ihres Rufs bei. Es war dies — abgesehen von den hervorragenden Bauten der Kirchen und ihrer mannichfaltigen Kunstwerke — namentlich auch der Fall mit den trefflichen Glocken und Geschützen, die seit ungefähr 1460 aus der Freiberger Gießerei von Nicol, Oswald, Martin und Bürgermeister Wolf Hilliger in großer Zahl hervorgingen (s. S. 43); der Letztere richtete 1567 eine kurfürstl. Gießerei in Dresden. Auch von den

IX. Handel, Gewerbe und Industrie.

Freiberger Bildhauern Adam, Samuel und Uriel Lorenz sind noch in gar mancher Kirche schöne Steinarbeiten aus dem 16. Jahrhundert aufzuweisen; eben so von den tüchtigen Malern und Bildschnitzern Bernhard und Franz Diterich Werke aus dem Anfange des 17. Jahrhunderts. Vor allen berühmt war die in dem Jahre 1712 begründete Orgelbauwerkstatt von Gottfried Silbermann (s. S. 36 und 43). — Die hier bezeichneten Kunstwerkstätten sind längst nicht mehr, wohl aber hat Freiberg noch andere rühmliche Gewerbe aus alter Zeit aufzuweisen.

Bierbrauerei. Zu den ältesten Gewerben Freibergs gehört das Brauen, wozu gegen 600 Bürger der innern Stadt als „Braugenossenschaft" berechtigt sind vermöge der auf ihren Häusern haftenden „Biere" oder Braugerechtigkeiten (im Ganzen 1044¼). Das Brauen selbst wird (statt wie früher in 10 verschiedenen Braubäusern) seit 1850 in einer „Communbrauerei," dem städtischen Brauhofe vor dem Petersthore, betrieben und der Geschäftsgewinn als „Brau-Dividende" den Berechtigten nach der Zahl ihrer Biere zugetheilt. — Der 1773 zur Aufhilfe der bürgerlichen Nahrung eingeführte „Reibeschank" der Brauberechtigten in ihrer eigenen Behausung (s. S. 44 nebst Bild) wird nur noch von sehr Wenigen ausgeübt.

Das Freiberger Bier, dessen Vertrieb schon 1266 vom Landesherrn in besonderen Schutz genommen wurde (s. S. 4), erlangte bald einen großen Ruf; es wurde sogar nach Ungarn in Kurfürst Moritz's Feldlager geliefert, und für Melanchthon in Wittenberg war es ein besonders willkommenes Geschenk. — Wie beliebt das Freiberger Bier noch früher in Dresden war, beweist der Beschluß, welchen der dortige Stadtrath zum Schutze des Dresdener Brauwesens in dem Jahre 1468 bekannt machte, wo es heißt: „daß hinfürder Niemankt er sei wer er sei, im Rathe und außer dem Rathe, „Freibergisch" noch anderes fremdes Bier in sein Haus einlegen soll. Und ob Jemand in der Stadt, wer der auch wäre, Hochzeit hätte, dazu er „Freibergisch Bier" bedürfen würde, so soll ihm dies aus dem gemeinen Stadtkeller gelassen und nicht vergönnet werden, es selbst zu kaufen und einzulegen." — Auch war in Dohna eine, wie es scheint sehr schwunghaft betriebene, „Freiberger Bierschenke," gegen welche die nahe Stadt Pirna auf Grund ihrer eigenen Brauprivilegien beim Landesherrn Beschwerde führte. Derselbe entschied hierauf nach einer Urkunde vom J. 1482 wie folgt: „Das Freibergisch Bier, das zu Dohna geschenkt wird, soll nur von einem Manne geschenkt werden, auch soll derselbe solch Freibergisch Bier nur den Priestern, der ehrbaren Mannschaft und der ehrbaren Mannschaft Frauen und ihren reisigen Knechten, so bei ihnen sind, und fremden Wandersleuten, sonst aber Niemand verkaufen; würde aber sonst Einer betroffen, der solch Freibergisch Bier schenkte und verkaufte, der soll solchen Schenkens des Freibergischen Biers zu ewigen Zeiten beraubt sein."

Apotheken. Eines „Apothekers" und Rathsherrn der Stadt wird zwar schon in einem Privilegium von 1294 gedacht, jedoch diente zu jener Zeit das Wort Apotheke zur Bezeichnung eines Kramladens. — Die älteste eigentliche Apotheke wurde vom Rath im Jahre 1475 privilegirt und 1631 durch Walrich von Döbeln unter dem Zeichen eines „schwarzen Elephanten" in das Haus am Obermarkt Nr. 296 verlegt. Die zweite Apotheke „zum goldenen Löwen" errichtete 1595 Nicol Proß; und diese wurde vom Stadtphysicus Caspar Horn 1649 in sein Haus auf der Burgstraße Nr. 261 übersiedelt.

Papiermühlen. Die erste Papiermühle Freibergs erbaute mit Unterstützung des Raths 1540 Michael Schaffirt an der Mulde auf dem ehemaligen Gebiete des Domcapitels (wo jetzt die Mulbenthal-Papierfabrik steht). Das einst hier gefertigte Papier zeichnete sich besonders durch Festigkeit aus; die Wittenberger Reformatoren ließen sich nicht selten dergleichen zusenden. — Eine zweite Papiermühle errichtete der kurfürstliche Generalwardein Georg Stümpfelt 1578 durch Umbau einer Mahlmühle in Loßnitz.

Buchdruckerei. Die erste Buchdruckerei war die des Leipziger Buchdruckers Conrad Kachelofen, die derselbe um's Jahr 1490 nur vorübergehend hierher verlegte, um den Druck eines großen Missale für den Meißener Bischof (s. S. 49) und anderer Werke in Freiberg zu vollenden, da in Leipzig die Pest zu wüthen anfing. — Die jetzt Gerlach'sche Buchdruckerei gehört zu den ältesten des Landes; sie wurde unter besonderer Begünstigung des Raths in dem Jahre 1550 begründet. Auch nachdem Kurfürst August 1569 die Unterdrückung etlicher Buchdruckereien in seinem Lande befohlen hatte, „da die vortreffliche Kunst des Druckens vielfältig gemißbraucht worden zu Schand- und Schmähgedichten," durfte doch diese Druckerei auf besondere Verwendung des greisen Freiberger Gelehrten Hieronymus Weller fortbestehen. — Unzählige Druckarbeiten, Bestellungen, wie eigene Unternehmungen, sind aus dieser Kunstwerkstatt hervorgegangen — für Stadt u. Land, für Kirche, Schule u. Familie, Handel und Gewerbe, Kunst und Wissenschaft, Aufklärung und Fortschritt. Schon seit Jahrhunderten erscheinen hier z. B. gelehrte Abhandlungen des Freiberger Gymnasiums, sowie der „Freiberger Stadt-, Land- u. Berg-Kalender" (unter letzterem Titel seit 1795).

Stammbaum der Gerlach'schen Buchdruckerei. 1550 bis 1578: Wolfgang Meyerpeck aus Zwickau, Buchdrucker, Zeichner und Holzschneider, begann im Jahre 1551 den Druck der „Freiberger Ausbeutbögen" (fortgesetzt bis auf den heutigen Tag). — **1578 bis 1630:** Georg Hoffmann, druckte unt. A. 1605 Hempel's Beschreibung der kurfürstlichen Begräbniß-Kapelle; dessen Sohn Melchior legte 1600 eine Buchhandlung an. — **1630:** Daniel Fischer, starb bald nach Uebernahme des Geschäfts. — **1631 bis 1667:** Georg Beuther, Drucker und Herausgeber von Möller's trefflicher Freiberger Chronik, erschienen im Jahre 1653. — **1667 bis 1670:** Georg Beuther, Sohn des Vorigen. — **1671 bis 1698:** Zacharias Becker, Verleger vieler Schriften, druckte 1673 „der Bergstadt Freyberg verneuerte Kleider-Ordnung," Feuer-Ordnung ꝛc. — **1698 bis 1723:** Elias Nicolaus Kuhfuß aus Clausthal, Schwiegersohn des Vorigen. — **1723 bis 1750:** Christoph Matthäi, erneuerte Schriften u. Pressen, druckte Wilisch's Freibergische Handbibel und Gesangbuch. — **1750 bis 1760:** Johanna Rosina Matthäi, die Wittwe. — **1760 bis 1762:** Johann Christoph Matthäi, einziger Sohn der Vorgenannten, verunglückte auf einer Geschäftsreise nach Dresden durch das Umstürzen des Wagens infolge schlechten Zustandes der Straßen. — **1762 bis 1791:** Samuel Friedrich Barthel, druckte unter vielem Anderen 1779 Grundig's „Neu eingerichtetes Freibergisches Gesangbuch." — **1791 bis 1820:** Johann Christoph Friedrich Gerlach, gab vom J. 1800 an das erste Freiberger Wochenblatt: „Gemeinnützige Nachrichten" heraus, desgl. 1803 die „Statuten der Stadt Freiberg vom Jahre 1676;" Druck des Rochlitzer'schen ABC-Buchs (seit 1806) ꝛc. — **1820 bis 1847:** Friedrich Constantin Gerlach, führte statt der Holzpressen eiserne Handpressen ein; gab Breithaupt's „Bergstadt Freiberg" (1847 in 2. Auflage) ꝛc. heraus. Nach dem Tode desselben ging in dem politisch bewegten Jahre 1848 das alte kurfürstl. Privilegium dieser Buchdruckerei, sowie die Concession zur Herausgabe der „Freiberger Nachrichten" dem damals noch unmündigen Erben durch Entscheidung der Regierung verloren; nur die Concession des „Freiberger Stadt-, Land- und Berg-Kalenders" verblieb dem Hause. — **Seit 1847:** Heinrich Const. Gerlach. Einführung von

IX. Handel, Gewerbe und Industrie.

Maschinen; Herausgabe des genannten „Kalenders," ferner der „Sächsischen Bergwerks-Zeitung" 1852/53/54, der „Freiberger Zeitung" 1864/65, des „Berg- und Haus-Altars" von Adolf Prölß und des „Gesangbuch-Schulanhangs" von Paul Süß, der seit 1862 erscheinenden „Mittheilungen des Freiberger Alterthumsvereins," der gegenwärtigen „Chronik von Freiberg" ꝛc.

Buchhandlung. Den ersten Buchladen der Stadt errichtete 1488 Barthol Beck aus Schwaben, darnach Buchführer genannt. — Als der zweite Buchhändler Freibergs erscheint 1600 vorgenannter **Melchior Hoffmann**, Sohn des Buchdruckers; — seine Buchhandlung erbte sich fort bis auf Elias Nicol. Kuhfuß (s. oben), welcher sie eingehen ließ. — Seit 1711 wurde wieder eine Buchhandlung von **Conrad Stößel** aus Chemnitz, jedoch nur kürzere Zeit, geführt. — Im Jahre 1746 eröffnete **Theodor Gottlieb Reinhold** eine neue Buchhandlung und gab seit 1747 drei Jahre hindurch in einzelnen Blättern das erste Localblatt: „Freibergische Merkwürdigkeiten" heraus. — Endlich wurde 1783 von **Carl Craz** eine Buchhandlung errichtet; 1797 übernahm sie der Kant'sche Philosoph und Schriftsteller **Ambrosius Gethmann Bernhardi** und nach dessen Tode 1801 der obengenannte Buchdrucker und Gelehrte **Johann Chr. Friedr. Gerlach** unter der Firma „**Craz & Gerlach.**" Derselbe richtete — außer bedeutendem Bücherverlag, einem Commissions- u. Sortimentslager, Leihbibliothek und Journalisticum — in seinem damaligen Druckereihaus am Untermarkt Nr. 494 auch ein Lese-Museum ein: für Zeitschriften u. sonstige neue Erscheinungen im Buchhandel. — 1820 führten des Letztgenannten hinterlassene Söhne Friedrich Const. und Eduard Gust. Gerlach diese Buchhandlung weiter, nach des Letzteren Tode, seit 1831, der ältere Bruder allein. Nach dem 1847 erfolgten Ableben von Fr. C. Gerlach ging die Craz & Gerlach'sche Buchhandlung in den Besitz des jetzigen Inhabers **Eduard Stettner** über.

Fabrik leonischer und echter Gold- u. Silberdrähte, Gespinnste, Tressen, Spitzen ꝛc. Dieses alte Geschäft wurde schon im Jahre 1692 (zuerst Obermarkt Nr. 266, s. S. 43) von **Thomas Weber**, einem Gürtlergesellen, Sohn armer Eltern in Niederlungwitz, errichtet, welcher sich auch um das Hüttenwesen der Stadt im Bergbau besonders verdient gemacht hat. 1724 gelangte die Fabrik nach vorheriger Theilhaberschaft in den Alleinbesitz von **Christoph Thiele** aus Halle, welcher wieder 1735 Joh. Georg Steinert als Theilhaber aufnahm und dadurch die jetzt noch bestehende Firma „**Thiele & Steinert**" begründete. Gegenwärtiger Besitzer: **Heinrich Ludwig Thiele**. — Die starken Drähte werden in dem 1694 erbauten „Hammerwerk" an der Mulde gezogen, die feineren in der Stadt; zahlreiche Posamentirer und Klöpplerinnen werden noch außer der Fabrik und in weiterer Umgegend beschäftigt.

Kunst- und Handelsgärtnerei wurde zuerst von einem böhmischen Exulanten Namens Joh. Frey im Jahre 1704 in ausgedehnterer Weise begonnen, nachdem vorher die meisten Küchengewächse regelmäßig durch Handelsleute aus dem Dorfe Grund bei Mohorn in die Stadt gebracht worden waren. Die auf dem Obermarkt noch feilhaltenden, ihre Waaren meist von Dresden beziehenden Gemüsehändler werden daher auch jetzt noch „Gründer" genannt.

Alle Mühlen, allerdings unbedeutende, zählt die innere Stadt 2, am Münzbachgraben gelegen: die obere und die untere ehemal. „Malzmühle," jetzt eine Oel- und eine Mahlmühle. Eine 1540 (hinter den Mönchen) errichtete „Roßmühle" leistete der Stadt durch Lieferung von Mehl in den Zeiten der Noth, wie z. B. während der Belagerungen, gute Dienste; sie wurde 1801 abgetragen. Vor dem Kreuzthor befindet sich die „Kreuzmühle" sowie die ehemal. „Horn'sche Mühle," letztere jetzt Erzpochwerk mit Wäsche der Grube Himmelfahrt; am Roßplatz: die „Stockmühle"; an der Mulde: die „Hammermühle," ferner die ehemal. „Rathsmühlen" (die obere, mittele u. untere), welche seit Jahren ebenfalls, wie die Hornmühle, zumeist dem Bergwesen dienen. — Die ehemalige „Richter'sche Pulvermühle" im Muldenthal ist seit 1873 in den Besitz des Freiberger Bergreviers übergegangen. Die erste Pulvermühle Freibergs erbaute 1502 Hans v. Haubitz zunächst der jetzigen Kreuzmühle; sie wurde 1572 infolge Unvorsichtigkeit in die Luft gesprengt, und erst 1689 legte der Rath entfernt an der Mulde wieder eine Pulvermühle an. (Papiermühlen s. S. 64.)

Freibergs neuere Industrie. Den Uebergang zu neueren Industriezweigen finden wir in dem immer mehr vervollkommneten heimischen Berg- und Hüttenwesen und seinen vielen Producten. — Mechanische Werkstätten zur Herstellung der feinsten mathematisch-physikalischen und optischen Instrumente für den Bergbau, Laboratorien ꝛc. bestehen hier schon lange, seit Kurzem auch ein Bergmännisch-technisches Bureau und ein öffentl. Chemisches Laboratorium; wahrhaft großartig aber sind die industriellen Unternehmungen, die sich seit einigen Jahrzehnten in den oberen Muldner und den Halsbrückner Schmelzhütten entwickelt haben. (s. d. Anhang.) Hierzu gehört auch die inmitten der Stadt befindliche Schrotfabrik, in welcher das Gießen des Schrots über einem alten tiefen Schacht erfolgt. — In einem gewissen Zusammenhange mit dem nahen Hüttenwesen stehen nicht unbedeutende neuere Industriezweige der Stadt, wie z. B. die Herstellung von Gold- und Silbersalzen, die Fabrikation von Superphosphat u. anderen landwirthschaftlichen Düngemitteln ꝛc. — Noch sind von unserer neueren Industrie hervorzuheben: die bedeutende, 1834 begründete Fabrik feiner Lederwaaren, Brieftaschen, Etuis ꝛc. von Ad. Schlegel; seit 1859 eine große mechanische Flachsspinnerei; Maschinenfabriken für gewerbliche und landwirthschaftliche Maschinen, Eisengießerei, Kupferschmiederei für Brennerei-Apparate ꝛc., Sprit- und Essigfabrikation; seit wenig Jahren zahlreiche Cigarrenfabriken; Färberei, Fabrikation von chemischen Farben, Zündhölzchen, Seifen, Gelatin, Firniß und Lack, von Cementsteinwaaren nebst Bildhauerei; Fabrikation von Pianofortes, von Drahtseilen und Garn, Krystallmodellen, Dosen, Photographien, Spielkarten, (die erste Spielkartenfabrik hatte Freiberg schon im 16. Jahrhundert); ferner Handschuh-, Blumen-, Strohhut-, Korbwaaren- und Dütenfabrikation ꝛc. Auch zahlreiche Gerbereien besitzt unsere Stadt; — einen ganz eigenthümlichen, neuerdings sehr lebhaft ausgeführten Handelsartikel aber bilden die „Freiberger Bauerhasen," ein gebratenen Hasen ähnliches Gebäck, dessen Ursprung in die Zeit Markgraf Friedrich des Freudigen zurückversetzt wird (s. d. Abthlg. Sagen).

IX. Handel, Gewerbe und Industrie.

Im Zunehmen sind ferner im Allgemeinen: große Waarenläden und Niederlagen der verschiedensten Art, wie kleinere Handelsgeschäfte; Bankier- und Wechsel-, sowie Agentur-, Commissions- und Speditionsgeschäfte, Dienstmann-Institute 2c.

X.
Einiges über den Freiberger Bergbau.

Die älteste Erwerbsquelle der Stadt ist der **Silberbergbau**, welcher — wenn auch mit zeitweilig schwankender Ergiebigkeit — doch nicht nur stetig ausgehalten hat, sondern auch in der neueren Zeit sogar noch weit größere Massen reicher sowohl wie ärmerer Erze zu Tage fördert und verwerthet als vor Jahrhunderten. — Das gesammte Ausbringen des Freiberger Bergbaues seit seinem Aufblühen ist, da aus der ältesten Zeit bis zu dem Jahre 1524 amtliche Nachrichten fehlen, nicht näher zu bestimmen, wohl aber auf ungefähr 300 Millionen Thaler oder über 100000 Centner Silber zu veranschlagen. In dem einzigen Jahre 1868 betrug das Ausbringen des Freiberger Reviers nahezu 2 Millionen Thaler. — Das Silberausbringen der Freiberger Hüttenwerke übersteigt noch weit das Ausbringen der Hütten des Harzer, wie des Mannsfeldischen und des Rheinischen Bergbaudistricts. — Wenn der Freiberger Bergbau trotzdem den Gewerken im Allgemeinen nicht mehr die reiche „Ausbeute" gewährt, von welcher die Chroniken aus den ältesten Zeiten berichten — wo die Ueberschüsse gleich in Silber- und Kupferbarren vertheilt wurden — und wenn jetzt die meisten, insbesondere die kleinen Gruben selbst der „Zubuße" bedürfen, so liegt dies nicht an einem etwaigen Mangel noch abzubauender Erzmittel, sondern ist vielmehr außer anderen Ursachen begründet: — theils in der heutigen außerordentlichen Entwerthung des Geldes gegen frühere Jahrhunderte, in denen die auch weit geringeren Arbeitslöhne einen nur unbedeutenden Theil des ausgebrachten Silbers beanspruchten; — theils in dem ausgedehnteren Grubenbetrieb und der jetzt nothwendigen Unterhaltung kostspieliger Umtriebsmaschinen, indem die oberen silberreichen Erzlager bereits abgebaut worden sind und der heutige Bergbau sich deßhalb viel mehr auf große Tiefen zu erstrecken hat, aus denen die oft stark einfallenden Wasser schwieriger zu gewältigen oder zu heben sind; — theils in den bedeutenden Entschädigungen, welche Privaten und ganzen Gemeinden für das durch den Bergbau entzogene Wasser (s. z. B. Seite 20) u. s. w. zu gewähren sind; — theils und namentlich in der jüngst erfolgten Einführung der Goldwährung in Deutschland und dem jetzigen hohen Silberertrag der amerikanischen Minen, wodurch der Verkaufspreis des Silbers gegenwärtig leider außerordentlich gesunken ist. — (Bergbau s. noch den Anhang, Führer ꝛc.)

Freikuxe ꝛc. der Stadt. Durch Kurfürst August wurden im Jahre 1554 unserer Stadt von jeder beim Freiberger Bergbau aufgenommenen Grube 2 Freikuxe, oder 2 128stel Antheile ihres zur Vertheilung kommenden Ueberschusses, verliehen (bei gänzlicher Befreiung von etwaigen zeitweiligen Zubußzahlungen). „Kux" stammt von dem slaw. Kus: Theil. — Die Stadt besitzt außerdem noch: ¹⁄₈ Erbkux von Vereinigt Feld bei Brand und baut folgende Eigenthums-Kuxe: 6¼ auf Junge hohe Birke Fbgr. bei Freiberg, ferner noch 20¹¹⁄₁₁ Kux der Zinngrube Zwitterstock's tiefer Erbstolln und 1 Kux in Vereinigt Feld zu Altenberg und endlich 327 Actien bei dem Freiberger Bergbegnadigungsfond (Alte Hoffnung Erbstolln zu Schönborn, König David Erbst. zu Scharfenberg, Tiefe Hilfe Gottes Stolln bei Obergruna, Friedrich August zu Reichenau bei Frauenstein).

Der älteste Bergbau. Es ist geschichtlich nicht nachweisbar, an welcher Stelle sich Freibergs Bergbau zuerst aufgethan habe, wohl aber läßt sich (s. S. 2) fast mit Bestimmtheit annehmen, daß — übereinstimmend mit der ersten Ansiedelung der Harzer Bergleute in der heutigen Sächsstadt — daselbst auch der erste Silberfund gemacht worden sei, und zwar bei dem „Aschplatz," welcher seinen Namen von einer dortigen ehemaligen Grube „die Aschen" erhielt. Sie war auf dem sich darunterhinziehenden Silbergang, dem Hauptstollngang, gebaut, auf welchem der uralte „Reichzechener Stolln" (der alte [obere] u. der tiefe Fürstenstolln) getrieben wurde, von dem ein Flügel auf dem „Silberner Bergmann" Gange abzweigt. Eine Urkunde von 1384 über den Anlauf dieses Hauptstollns durch die Markgrafen nennt als Gruben auf dem Erzgang desselben: die Vorderrichzeche und die Hinterrichzeche (reiche Zeche), die Aschen (vielleicht nach hier erfolgten Aschen- oder Schlackenablagerungen bei daselbst erbauten Schmelzhütten der Gruben benannt), ferner den Bruch, sodann die Hunde und endlich den Sodenberg, bis zu welchem der Stolln damals getrieben war (sonst „Judenberg" genannt, vor dem Erbischen Thore, an der Viehweide gelegen [jetzt Rothe Grube]; s. S. 5. ao. 1411). — Möglich, daß sich aus diesen Namen und der alten Bezeichnung des angrenzenden Schüppchenbergs (jetzt Berggasse) weitere Aufschlüsse über die hier gangbar gewesenen Fundgruben machen lassen. Die kleinen Schächte derselben an der unteren Kesselgasse, hauptsächlich zahlreich aber rechts von der Münzbach am westlichen Abhange des genannten Schüppchenbergs (nach der oberen Jacobigasse herüber) sind noch auf dem trefflichen Schippan'schen Stadtplan zu finden. (Der älteste Riß vom Freiberger Bergrevier ist der Köhler'sche v. J. 1529.) — Längs der

X. Einiges über den Freiberger Bergbau.

Münzbach führte hier auch schon vor Erbauung der Stadt, von Meißen und dem Kloster Zelle herauf, eine Hauptstraße vorüber: die Fortsetzung des noch vorhandenen, tief ausgefahrenen uralten Loßnitzer „Hohlwegs."

Die Bergknappen, deren Aufgabe es ist, tief unter der Erde im Kampf mit eindringenden Wassern und bösen Wettern, oft mit Lebensgefahr und großer Anstrengung, das edle Erz dem harten Felsgestein zu entringen, zeichneten sich infolge dieses Berufs von jeher aus durch Muth und Ausdauer, durch geweckten Geist, wie freien und frohen Sinn, aber auch durch Gottvertrauen und Zufriedenheit mit ihrem allgemein hochgeachteten Stande. Noch jetzt sammeln sich die Bergleute, ehe sie in die Tiefe fahren, zum Gebet, und noch wird alljährlich am Tage Maria Magdalena (22. Juli) ein Bergfeiertag gehalten mit Kirchenparade und Bergpredigt im Freiberger Dom. (Dieser Feiertag wird auch der „Streittag" der Bergleute genannt, da er ihnen im J. 1738, wo man ihn hatte einziehen wollen, wieder zugestanden werden mußte.) Die Freiberger Bergknappen wußten übrigens auch von jeher mit den ihnen eigenthümlichen „Barten" tapfer zu kämpfen; so trieben sie 1429 die Alles verheerenden Hussiten wieder zurück nach Böhmen u. 1546 besetzten sie fünf Mauerthürme der Stadt zur Vertheidigung. Wiederholt bewährten sie in Gefahr die Liebe und Treue zu ihrem Landesfürsten und Bergherrn (s. S. 4, 12, 17). Eben so mannhaft und entschieden traten sie auch als Vorkämpfer ein, als es galt, der reinigenden Kirchenreformation des großen Bergmannssohns Martin Luther Bahn zu brechen (s. S. 7). — Uebrigens wußten die Bergleute ihr düsteres unterirdisches Leben sehr wohl durch Dichtkunst und Musik zu verklären, und bie mit Begleitung der Laute vorgetragenen Lieder bei der alten Bergfänger fanden überall dankbare Hörer. — Wenn die Bergleute glücklich waren und viel verdienten, ließen sie allerdings auch wieder viel aufgehen, und Luther sagt selbst: „Die Bergleute legen ein wenig zu viel auf, und weil es häufig und mit Freuden einkommt, so geht es gewöhnlich mit Haufen und mit Schalle wieder weg und wird unter den Händen zu Wasser."

Bergmännische Sprache. Die Sprache der Bergleute hat noch viele, ganz eigenthümliche Ausdrücke aus uralter Zeit (s. S. 2), — eben so eigenthümlich, ernst-religiöser wie heiterer Art, sind auch die Namen, welche sie den Gruben und Erzgängen gaben — z. B. Himmelsfürst, Schöne Marie, Unsere liebe Frau am Wege, Christus Schlangentreter; — Liebe Gottes, Christbescherung, Gottes Gabe, Reicher Trost, Armer Lazarus, Rose von Jericho; — Unverhofft Glück, Oberes neues Geschrei, Fröhliche Gesellschaft; — Schöne Melusine, Holewein, Junger Fürst zu Sachsen; — Brüllender Löwe, Molch, Weißer Hirsch, Hohe Birke; — Sachseneinigkeit, Geharnischter Mann, Silberschnur, Zartes Fräulein, 7 Brüder, Glückselig Neujahr; — Kälbertanz, Mönchsplatte, Junger Sachsenkerl, Sonnenliebchen, Narrenfresser, Hämischer Bauer, Weinweibel, Springinsfeld ꝛc. — Selbst ganze Sprüche kommen als Grubennamen vor, wie: — Ich wag's, Gott vermag's — Hab Acht — Deutsche Redlichkeit bringt gute Ausbeut — Will's Gott, so bauen wir Erz — Glück hat Reiter — Im Namen Gottes fahren wir ein — Wie du willst — Trau und bau auf Gott ꝛc. ꝛc. — Eben so pflegten die Bergleute in alten Zeiten auch auf ihren Geräthen, als: Grubenlampen, Steigerhäckchen, Trinkgefäßen und namentlich auf den oft mit zierlichen Gravirungen versehenen Bergbarten, bisweilen vortreffliche Sprüche anzubringen, — z. B. „Schlag wacker drauf: es folgt Glückauf" oder „Auf Stölln und Strecken laß dich Nichts schrecken" oder „Mit Gott fahr ein in'n Schacht hinein" oder „Mein Grubenlicht soll Jesus sein, mit ihm fahr ich aus und ein" oder „Alles mit Gebet fang an" oder auch „An Gottes Segen ist Alles gelegen" oder „Laß recht anlangen nach Klüft und Gängen" oder „Versuch dein Heil, häng Kübel und Seil" oder

„Heilige Dreifaltigkeit, sei gepreist! Hilf, daß der Geschworne gut anweist" oder „Karrenjung", sieh dich nicht um" oder „Edles Erz und Ausbeut macht fröhliche Gewerken und Bergleut" oder „Dem armen Mann thu Gut's daran" oder „Such, schürfe, fahre ein; zerstuffe fest Gestein; so nimmst du Ausbeut ein" ferner „Der Bergmann baut auf Hoffnung fort" u. dgl. mehr. (s. S. 36.)

Bergmännische Tracht. Die Tracht der Bergleute war ursprünglich weiß und bestand in einem langen Bergkittel von wollenem Stoff, vorn aufgeschürzt und am Halse mit einer zugespitzten Kappe versehen, die von hinten über den Kopf gezogen wurde; aus ihr ist die heutige weiße „Fahrkappe" entstanden. Das um die Hüften geschnallte Bergleder (zum Schutz bei der Arbeit zwischen nassen Gesteinswänden) reichte tief herab bis auf die Waden; lederne Kniebügel schützten die Knie. Ein Täschchen vorn an dem Gurt diente zur Aufbewahrung des Unschlitts für die Grubenlampe (jetzt durch die „Blende" ersetzt), sowie des „Tscherpers" oder Grubenmessers (s. den Bergmann mit der Barte S. 29). — „In weißer Bergkappe, weißem wollenen Bergröcklein und Bergleder" sprach noch 1557, beim Einzuge des Kurfürsten August, der Rath zu Freiberg feierlich ein Bergurthel (s. Bergschöppenstuhl S. 3) und zwar auf der Halde. — Später trat an die Stelle des weißwollenen Kittels ein kurzes schwarzleinenes Faltenhemb mit breitem Kragen; die Kappe wurde mit einem Schachthut vertauscht. — In früheren Zeiten waren in Freiberg große Bergaufzüge nicht selten, bei welchen Berg- und Hüttenleute, selbst mit den höchsten Beamten, in ihren alterthümlichen, reichen Trachten paradirten. Solche Aufzüge, zumal wenn sie unter den Klängen feierlicher Märsche und dem Weben der gewaltigen Fahnen des Nachts bei dem Schein der Fackeln und unzähliger Grubenlichter erfolgten, haben jederzeit einen ganz ungewöhnlichen Eindruck hervorgebracht (s. z. B. S. 13, auch S. 69). Wohl am großartigsten war der vom Oberberghauptmann v. Herder angeführte nächtliche Aufzug zur Huldigung des Königs Anton am 10. Oct. 1827.

Knappschaftscassen. Die Bergknappschaft — eben so die Hüttenknappschaft — besitzt in ihrer schon seit d. J. 1503 segensreich bestehenden „Knappschaftscasse" eine reiche und umfassende Pensions- und Unterstützungsanstalt (anfangs die „Bergwerksverbrüderung" oder die „Häuerzeche" genannt), in welche auch die Bürger der Stadt, „so Gewerken waren und es mit der Knappschaft hielten", eintreten konnten, übrigens aber „kein unehelich Geborener oder wer unehrlich gehandelt" zugelassen wurde. Die Mitglieder der Verbrüderung versammelten sich ein Mal des Jahres beim Bergmeister „zur Frühsuppe und Morgensprache zu halten" und wer da einer unehrenhaften Handlung überwiesen wurde, den ließen der Bergmeister und die Aeltesten aufstehen und die Knappschaft meiden. 1609 wurden diese alten Bergwerksgebräuche erneuert. — Auch die Schmelzerknappschaft und Verbrüderung hatte 1590 eine besondere „Zech- und Trinkordnung" für solche Versammlungen aufgestellt. Es wird darin unter Anderem zu Aufrechthaltung der Ordnung und eines guten Geistes Alt und Jung ermahnt: „daß sich ein Jedweder des Orts ehrbarlich und bescheidentlich mit Worten und Geberden erweise, allen Unwillen und Feindschaft bei Seite setze, mit mördlichem oder gefährlichem Gewehre die Gemächer nicht beschreite, alle Gotteslästerung, Verleumdungen und ungebührende Reden, übermäßiges Vollsaufen, von einem Tische zum andern Laufen, Geschrei, Geplerre und Geplatze mit den Kannen und Tellern, auch alle anderen Ueppigkeiten, so oftmals zu großem Widerwillen Ursache geben, vermeide und der Brüderschaft in Gottesfurcht und Fröhlichkeit mit vernünftigem bergmännischem Gespräche beiwohne." — Das letzte Freiberger Knappschaftsfest wurde 1836 auf dem Kaufhaus gefeiert. — Die beiden Knappschaften sind noch im Besitz ihrer alten Fahnen, eines werthvollen silbernen Auflege-Crucifixes mit hüttenmän-

X. Einiges über den Freiberger Bergbau.

nischen Figuren, so wie alterthümlicher silberner Humpen und großer Zinnkannen, wie sie bei den erwähnten Festen an der Tafelrunde kreisen. Wir lassen hier die getreue Abbildung eines schön gestalteten silbernen und vergoldeten **Weinhumpens der Hüttenknappschaft** vom Jahre 1684 folgen. Er mißt in ganzer Höhe 40 Centim. und zeigt auf dem Deckel einen Hüttenmann mit einem Silbertuchen vom Treibeheerd (s. die Darstellung darunter) in der Rechten und einer Forkel (hüttenm. Geräth) in der Linken.

Außer der höchst wohlthätigen und segensreichen Einrichtung der Knappschaftscassen, bestehen beim Bergwesen auch sonst noch zahlreiche milde Stiftungen aus früherer Zeit; aus neuer Zeit stammt die sehr ansehnliche „Prüfer-Stiftung," deren Zinsen nach dem Vermächtniß eines menschenfreundlichen Leipziger Gewerken von Himmelfahrt dazu verwendet werden, den zahlreichen Kindern der Bergleute dieser Grube in jedem Sommer ein allgemeines Fest zu bereiten.

Die **Grube Himmelfahrt** vor d. Donatsthore, deren ziemlich weit ausgedehntes Abbaufeld die Stadt Freiberg und 330, ehemals selbstständige, kleine Gruben umfaßt, hatte 1874 bei einer Belegung von nahezu 2000 Mann 14 gangbare Hauptschächte, mit gewaltigen Wasserhaltungs-, Fahr- u. Fördermaschinen. — Deren Namen sind Abraham-Schacht vor'm Donatsthore; benachbart: Elisabeth und oberer Thurmhof; im Münzbachthal: Thurmhof 6. Maaß; unweit von dem Kornhaus: Rothe Grube; vor'm Kreuzthor: Julius-Schacht; ferner nach der Mulde hin, zunächst bei den Muldener Hütten: Morgenstern'er David-, Abraham- u. Neuer Schacht; weiter nördlich: David Richtschacht, und dicht an der Mulde: Ludwig Richtschacht; auf der Höhe (bei Herder's Ruhe): Reiche Zeche; in Tuttendorf: Rob-

Knappschafts-Humpen von 1684.

Schacht, und endlich nächst Halsbrücke: Hoffnung-Schacht. — Der erstgenannte **Abrahamschacht** ist der älteste und erreicht eine **Tiefe von 533,854 Metern** oder 1643,50 Pariser Fuß unter Tage, das ist gleich: 5,119 Meter unter der 11. Gezeugstrecke, die 103,528 Meter unter dem Spiegel der Ostsee liegt. — Die ungefähr 1 Meter weiten und 2 Meter hohen zahlreichen **Stölln**, welche das unterirdische Grubenwasser der Mulde zuführen, hatten 1871 eine Gesammtlänge von nahezu 8 Meilen. — In den nicht minder bedeutenden, zusammen

Über 20 Meilen langen **Abbaustrecken** sind zur Förderung der Massen nach
den Schächten Eisenbahnen hergestellt, auf welchen (15 bis 18 Ctr. fassende)
Förderhunde theils von Arbeitern gestoßen (geschoben), theils auch von Pferden
gezogen werden. — **Das Ausbringen** aus dem jetzigen Grubenfelde von
Himmelfahrt betrug in dem Zeitraume von 1524 bis Ende 1871 im Ganzen:
1002828 Pfund Silber, 953847 Centner Blei incl. 7377 Centner Bleiglätte,
33621 Ctr. Kupfer, 37560 Ctr. Zink, 136493 Ctr. Schwefel und 30115 Ctr.
Arsenik. Die erlangte **Erzbezahlung** betrug hierbei 25 Millionen und
730644 Thaler und der an die Gewerken vertheilte **Ueberschuß** 3252644
Thaler, — 1866 bis 1870 betrug durchschnittlich allein in **einem** Jahre die
Erzbezahlung: 766216 und der Ueberschuß: 85760 Thlr.

Die Himmelfahrt ist zwar schon eine sehr alte Grube, konnte sich aber
keineswegs immer guter Zeiten rühmen. So hatte sie seit 1816 weit über 20000
Thlr. vorgeschossen erhalten, und zwar aus der ehemaligen Gnadengroschencasse
(Beisteuer der überschußgebenden Gruben), auch beinahe eben so viel durch die
Zubußen der Gewerken; viele andere Schulden waren erwachsen, die Kuxe der
Grube werthlos geworden, und die Aussichten ganz entmuthigend, — da wurden
endlich 1831 auf dem „Neue Hoffnung" Flachen und „Gott Lob" Morgengang
reiche Erzmittel angefahren, und das Glück führte immer weiter von Anbruch
zu Anbruch. Nach und nach konnte Himmelfahrt alle Schulden bezahlen und
ihr Betriebsfeld so erweitern, daß sie nunmehr das großartigste und ergiebigste
Silberbergwerk Sachsens geworden ist.

Das Freiberger Bergrevier zählte in dem Jahre 1872: 93 Gruben,
318 Grubenbeamte, 6214 Bergarbeiter und 576 Tagelöhner. — Das 1872
von diesen Gruben in die Hütten gelieferte Erz an 501259 Ctrn. mit einem
Geldwerth von 1662636 Thalern enthielt: 48723 Pfund Silber, 80137 Ctr.
Blei, 1139 Ctr. Kupfer, 3431 Ctr. Zink, 48147 Ctr. Schwefel und 3561 Ctr.
Arsenik. — **Die ergiebigsten Gruben** des Freiberger Reviers waren im
Jahre 1874: Himmelfahrt Fundgrube vor dem Donatsthore mit 76800 Thlr.
Ueberschußvertheilung an die Gewerken, Himmelsfürst Fdgr. hinter Erbisdorf
mit 28800 Thlr., Gesegnete Bergmanns Hoffnung Fdgr. bei Obergruna mit
22400, Alte Hoffnung Gottes zu Kleinvoigtsberg mit 12800, Vereinigt Feld
bei Brand mit 2560, Alte Hoffnung Erbstolln zu Schönborn mit 1260 Thlr.
Vertheilung. — Im vollen vorigen Jahrhundert von 1701 bis 1800
fielen bei dem Freiberger Bergbau auf 1932032 Thlr. Zubuße: 3579777 Thlr.
Ausbeute, so daß also die Gewerken außer der Rückerstattung ihres Zubuß-
Capitals noch einen Ueberschuß von 85 Procent erhielten.

Amtliche Nachrichten über die vom Freiberger Bergbau **vertheilten Ueberschüsse** sind erst mit Matthäi des Jahres 1529 begonnen und seit
der 1574 von Herzog August erlassenen Bergordnung jedes Quartal (viertel-
jährlich) sogen. „Ausbeutbogen" an die bauenden Gewerken vertheilt worden,
welche eine Uebersicht der Staats-, Revier-, Gewerkschafts-, Gesellschafts- und
Alleinbesitzer-Gruben des Freiberger Bergreviers enthalten, nebst Angabe der
vertheilten Ausbeuten wie der veranschlagten Zubußen auf den Kux, so wie des
Vorstandspersonals und vorgekommener tödtlicher Verunglückungen. — Diese
Uebersichten erscheinen jetzt noch alljährlich und gleichzeitig: „Uebersichten des
Ausbringens" so wie der eingegangenen Zubußen ꝛc. im Bergrevier Freiberg.
Außerdem sind seit 1827 ausführlichere statistische und historische Nachrichten über den heimischen Bergbau in dem alljährlich erscheinenden „Jahrbuch
für das Berg- und Hüttenwesen im Königreiche Sachsen" zu finden, welches
anfänglich unter dem Titel: Kalender für den Sächsischen Berg- und Hüttenmann erschien.

XI.
Behörden und Verwaltungen.

Städtische Behörden. Nachdem das alte Freiberger „Stadtrecht" vom Jahre 1294 im 16. Jahrhundert aufgehoben worden war (s. S. 4 u. 10) und die hiernach entworfenen, sehr ausführlichen „Statuten der Stadt" vom Jahre 1676 (s. S. 64) niemals die landesherrliche Bestätigung erhalten hatten, faßte in der neuesten Zeit ein „Orts-Statut der Stadt Freiberg" vom 9. Februar 1875 die jetzt giltigen Bestimmungen kurz zusammen, wie sie der revidirten Städteordnung Sachsens vom Jahre 1873 entsprechen. Dieselben beziehen sich auf den Stadtgemeindebezirk, die Gemeindeleistungen und die Gemeindeverwaltung.

Stadtrath und **Stadtverordnete** bilden die städtische Verwaltung. Der Stadtrath besteht aus einem rechtskundigen Bürgermeister und 2 ebenfalls rechtskundigen besoldeten, so wie aus 6 unbesoldeten Stadträthen. — Die Zahl der Stadtverordneten ist auf 30 festgesetzt: 18 ansässige und 12 unansässige. Der Stadtrath vollzieht die gemeinsam gefaßten Beschlüsse. (Rathssitzungszimmer u. Stadtverordnetensaal s. Rathhaus S. 41.) — Für die städtische Verwaltung bestehen überdem 14, aus Stadträthen und Stadtverordneten zusammengesetzte ständige Ausschüsse für: die Vorbereitung des jährlichen Haushaltplans und das Cassenwesen; Bauwesen und Wasserversorgung; Realschule; die übrigen städtischen Schulen; Einquartierung in Kriegs- und Friedenszeiten; Sparcasse und Leihhaus; die Promenaden-Anlagen um die Stadt, so wie die Friedhöfe; Feuerlösch- und Rettungsanstalten; Steuerwesen der Stadt, oder Gemeinde-, Schul- u. Armencasse; Staatssteuer-Abschätzung; Marktwesen; Wahlgeschäfte; Stadtkrankenhaus (Stadtkrankenhaus-Direction); Armenwesen (Armenversorgungsbehörde), wozu die Stadt in „Armenpflegerdistricte" getheilt ist.

Stadtpolizeibehörde. Die sicherheits- und wohlfahrtspolizeilichen Geschäfte werden durch ein, vom Stadtrath dazu gewähltes und von der Aufsichtsbehörde bestätigtes, besoldetes und rechtskundiges Rathsmitglied selbstständig verwaltet. Nur einzelne Gegenstände sind gleichzeitig der Berathung des Stadtraths oder auch der Stadtverordneten unterstellt. — (Des Raths ehem. „Stadt- und Landgericht" nebst Archiv wurde, nachdem es an den Staat übergegangen, im Jahre 1854 vom Rathhaus in das königl. Bezirksgericht verlegt.)

Raths-Regulative. Außer dem obengenannten „Orts-Statut" sind gedruckte Regulative ausgegeben worden, und zwar über: die städtische Wasserversorgung; die Militär-Leistungen; Sparcasse so wie Leihhaus; ferner über die Einkommensteuer-Abschätzung und die Gemeindeabgaben; über die Allgemeine Dienstboten- und Gehilfenkrankencasse; über Einwohner- und Fremdenwesen einschließl. Anmeldung des gewerbl. Hilfspersonals und der Dienstboten; über Schankgewerbe-Concession u. s. w.; — ferner eine Localschulordnung ꝛc.

Raths-Expeditionen und **Cassenstellen.** Auf dem Rathhaus: (Anmeldestube), Rathsexpeditionen und Sportelcasse; — Standesamt für die Stadt; — Stadtcasse; Gewerbe- und Personalsteuer-Einnahme; Stadtsteuer-Einnahme; Armen-, Stadtkrankenhaus- u. die (1865 errichtete) Städtische Krankencasse; Rathscalculatur; Bauamt für Wasserversorgung, Straßenbau rc. und Bauamt für Hochbauwesen; — im Halbstock: Volksschulcasse; Stiftungscassen u. Casse des Geistlichen Einkommens; — zu ebener Erde: Städtische Sparcasse (begründet 1823); Polizei- u. Paßbureau; — außerhalb, im Thurm: das städtische Polizeiwachtlocal, Tag und Nacht offen, (Anschlagetafel für gefundene rc. Sachen im Durchgange des Rathhauses); neben dem Thurm: die Hauptwache der städtischen Garnison. — Entfernt vom Rathhaus befinden sich: die 1823 errichtete Städtische Pfand-Leihanstalt (Peterstr. Nr. 120), das Aichamt (Schloßplatz Nr. 364), die Verwaltung der Rathswälder (niederer Frei- und Freyberger'scher Wald) und des Hospitalwaldes. — Im Oekonomiehof des Hospitals wurde 1875 zum Ersatz für die eingezogene Holzflöße ein Städtischer Holzhof errichtet. (Die schon 1438 begonnene Flöße auf der Mulde, durch welche Freiberg von Böhmen her mit billigem Brennholz versorgt wurde, ist infolge Landtagsbeschlusses 1874 aufgehoben worden.)

Stiftungscassen. (f. S. 55.) — **Casse des milden Hospitals** Sct. Johannis (f. S. 51) und Sct. Bartholomäi; — **Almosenkasten**, 1524 unter Herzog Heinrich errichtet durch Aufstellung von Kästen für freiwillige Spenden in den Pfarrkirchen der Stadt; — **Berggestift** der Gewerken des Freiberger Bergbaues vom Jahre 1620 (Ministerialengeldercasse), für Geistliche, Lehrer und Kirchendiener; — **Schulbibliothekfiscus** (f. Gymnasium S. 49) nebst Stiftung der Luther- und Melanchthon-Bibliothek vom Jahre 1860; — **Raths-Wittwencasse**, errichtet 1718; — Pensionsfond für die Untergebenen des Stadtraths, deren Wittwen und Waisen, errichtet 1841. — (Das Johannis-Hospital, ferner die Horn'sche und Conradi'sche Stiftung [f. S. 54, Anm. 15 und 17], sowie die Rathswittwencasse verwaltet der Stadtrath allein.)

Ehemalige Rathsämter. In der den Zeitraum von 1404 bis 1605 umfassenden „großen Bürgermatrikel" werden vom Jahre 1569 an folgende, unter die Rathsherren vertheilte Aemter aufgeführt: „Bürgermeister, Zehntner, Beisitzer ob. Rathsherren, Torfherren, Kämmerer, Richter (Stadtrichter), Assessoren, Bauherren, Ziegel- und Kalkherren, Ackerbauherren, Kornherr (für das Kornhaus), Hospitalmeister, Mühlherr, Wasserherr, Fleischschatzer, Brodschatzer, Schulherren, Rüstmeister, Inseltwäger, Holz-, Forst- und Teichherren, Wasserstollnherr, Malzschauer, Weintieser, Schöppen." — Der Bauherr hatte unter Anderem auch den Marstall mit seinen Wagen und Schlitten zu beaufsichtigen, durfte aber die „behangenen Wagen" nicht ohne Erlaubniß des regierenden Bürgermeisters verleihen; außerdem verfügte er über „des Raths Küchengeräthe" (Bratspieße, Fischtiegel, Dreifüße, Schüsseln, Kannen rc.), wie solche die Bürger namentlich bei Hochzeiten vom Rathe zu leihen pflegten.

Eine Rangordnung aus alter Zeit. Im Jahre 1678 erfolgte vom Kurfürsten Johann Georg die Bestätigung einer Location Unserer Berg- und Hüttenbeamten mit dem Rathe und Geistlichen zu Freyberg „wie sie fürohin auf einander folgen sollen." Darnach war die Ordnung der oberen Beamten folgende: — 3 Bürgermeister, Bergamtsverwalter, Oberhüttenverwalter, Zehntner, ältester Rathsherr, Bergmeister, 2ter Rathsherr, Hüttenraiter, 3ter Rathsherr, Oberbergamtsactuarius, 4ter bis 17ter Rathsherr, Einfahrer, 18ter Rathsherr, Quarbein, 19ter u. letzter Rathsherr, Markscheider, 3 Geschworene, Stadtschreiber, Zehntenschreiber, Bergschreiber, Gerichtsschreiber, Erzkaufschreiber, die

XI. Behörden und Verwaltungen.

Hüttenschreiber, Gegen-, Receß- und Bergknappschaftsschreiber mit den Gerichtsschöppen mixtim etc. — Veränderte Verhältnisse u. eingetretene Rangstreitigkeiten unter den Würdenträgern der Stadt scheinen die nachstehende neue Freiberger Rangordnung von 1736 veranlaßt zu haben, welche zugleich einen interessanten Einblick in das damalige Freiberger Beamtenthum und seine Titel bietet.

Oberberghauptmann.
Berghauptmann.
Berg-Räthe.
Berg-Commission-Räthe.
Superintend. Doct.
Accis-Commissarius.
Cammer-Commissarius.
Creis-Amtmann.
Burgermeister.
Rittmeister.
Creissteuereinnehmer.
Doctores Juris.
Doctores Medicinae.
Licent. Juris.
Licent. Medicinae.
Oberbergamtsverwalter.
Oberhüttenverwalter.
Oberzehntner.
Steuer-Procurator.
Aeltester Rathsherr.
Archi-Diaconus.
Accis-Inspector.
Bergmeister.
Berg-Commissarius.
Oberhütten-Inspector.
2ter Rathsherr.
Amtsprediger in Petri.
3ter Rathsherr.
Oberhüttenraiter.
Oberhüttenvorsteher.
Amtsprediger in Nicolai.

4ter Rathsherr.
Amtsprediger in Jacobi.
Oberbergamts-Actuarius.
5ter, 6ter, 7ter Rathsherr.
Mittagsprediger in Dom.
8ter, 9ter, 10ter Rathsherr.
Frühprediger in Petri.
11ter Rathsherr.
Frühprediger in Nicolai.
12ter Rthsherr.
Oberaccis-Einnehmer.
Diaconus in Jacobi.
Accis-Einnehmer.
13ter Rathsherr.
Vesperprediger.
Obereinfahrer.
14ter Rathsherr.
Postmeister.
Quardein.
15ter Rathsherr.
Hospitalprediger.
Markscheider.
Berggeschworn.
Stadtschreiber.
Rector.
Conrector.
Zehntenschreiber.
Bergschreiber.
Gerichtsschreiber.
Erzlaufschreiber.
Advoc. Practici.

Tertius in der Schule.
Factor.
Cantor.
Die letzten 2 Schulherren.
Succentor.
Aeltester Hüttenschreiber mit den Schulbedienten auf der Neuensorge.
Junger Hüttenschreiber.
Oberbergamtsschreiber.
Gegen- und Recessschreiber (zugleich Knappschaftsschreiber) mit den Gerichtsschöppen mixtim.
Silberbrenner.
Creissteuerschreiber.
Cammerschreiber.
Stadtvoigt.
Gerichtscopist.
Kurzkränzler.
Zubußbote.
Stadtwachtmeister.
Stollnschichtmeister mit den ältesten Kaufleuten mixtim.
Baumeister.
Gewerkenschichtmeister mit den jüngeren Kaufleuten mixtim.
Viertelsmeister.
Zechmeister.
Zwölfer.
Handwerker, wie sie folgen.

Nicht nur bei feierlichen Processionen, sondern auch noch bei andern Gelegenheiten wurde diese Ordnung eine Zeit lang bis in's Kleine befolgt. Aber schon 1794 machte die Freiberger Schulinspection selbst bekannt: „daß die zeitherige Einrichtung des Weihnachts- und Neujahrssingens, wobei die Schüler von der Gasse, wo sie eben gesungen haben, auf eine entfernte Gasse laufen müssen, wohin sie die Rangordnung weiset, aufgehoben werden und fortan die einsammelnde Currende (s. S. 49) nur nach der Reihe der Gassen und Häuser gehen solle, da es auch überhaupt eine mißliche Sache sei, den Rang sämmtlicher Einwohner einer volkreichen Stadt so zu treffen, daß nicht Einer und der Andere damit unzufrieden wäre."

Aus frühester Rechtspflege unserer Stadt hier nur Einiges. Lange vor dem hochnotpeinlichen Gerichtsverfahren (Folterwerkzeuge s. S. 46) galt das obenerwähnte „Freiberger Stadtrecht" von 1294 und damit in engem Zusammenhange das „Verzellbuch" (s. S. 3), in welches Alle eingetragen wurden, die wegen verübter Verbrechen „auf den Hals verzellt" d. i. aus der Stadt verbannt oder in die Acht erklärt wurden. Außer den verschiedenartigsten Geldbußen konnten in besonderen Fällen auch gerichtliche Zweikämpfe mit Schwert und Schild zugesprochen werden. — Enthauptungen durch das Richtschwert erfolgten auf der Stätte des „Halsgerichts" (Rabenstein S. 26), Ertränkungen (Säcken) in dem Rabensteiner Teich. Das „Hochgericht" mit Galgen und Rad (s. Forstweg, Galgenweg S. 26) diente zu dem Erhängen der Verbrecher. — Der „Pranger" mit seinen eisernen Halsringen war an dem Rathbausthurm befestigt; durch Umhängen der S. 41 beschriebenen, gegen 30 Pfund wiegenden Prangersteine oder „Büttelflaschen" konnte die Prangerstrafe noch sehr erschwert werden. — Im Jahre 1473 wurde ein Leichtsinniger „zur Staupe gehauen" und aus der Stadt verwiesen, da er eine arme Dirne betrogen und noch in Gespötte das Ihre verzehrt hatte; — auch sollte lt. Rathsbeschluß von 1412 eyn elich man, so in dem frauwenhüschen betreten wurde, eine Mark Groschen Strafe geben oder an den Pranger gestellt oder auf die „Schuppe" gesetzt werden. (Das „Frauenhaus" für sogen. freie oder gemeine Frauen ward mit Luthers Reformation auch in Freiberg gänzlich aufgehoben.) Die Strafe der Schuppe, des Schnellgalgens oder „Korbes" bestand darin, daß die Verurtheilten gezwungen wurden, in einen Korb zu steigen, welcher am Ende eines langen chausseebaumähnlichen Balkens über einem Wassertümpel aufgehangt war, worauf sie zum Ergötzen des umstehenden Publicums aus dem Korbe in's Wasser „geschnellt" wurden, aus dem sie sich selbst herausarbeiten mußten. — Diesem eigenthümlichen Verfahren ähnlich beschloß der Rath im Jahre 1577 zur Bestrafung und Verweisung leichtfertiger Dirnen aus der Stadt: „Man soll in hölzern Gegitter auf den Markt setzen lassen und die Maide hineinsperren und eine Stunde darin sitzen lassen; darnach soll man ihnen eine Schütte Stroh aufbinden und sie damit nauspaulen." — In dem Jahre 1522 wurde die schöne Polyxena von Rom, Ehebruchs halber und weil sie ihren Mann ermordet, zu Freiberg „enthauptet und danach auf das Rad geflochten." — 1571 ward ein Kirchenräuber „gerädert." — 1572 wurden zwei Falschmünzer nach ergangenem Urtheil „öffentlich verbrannt." — 1575 wurde ein Dieb, welcher in Gestalt des Teufels mehre Menschen erschreckt und dabei gestohlen hatte, „gehangen." — 1616 wurde ein Raubmörder „mit glühenden Zangen gerissen, von unten auf gerädert und auf das Rad gelegt." — 1632 ward, nachdem allerlei Muthwillen und Frevel unter der Garnison vorgefallen, ein hoher Esel auf den Markt gestellt, auf den die Verbrecher gesetzt wurden. 1634 hat man an Stelle des Esels eine hölzerne Prangersäule errichtet. — 1710 gelang es der Stadtwache am Erbischen Thore, den berüchtigten Dieb und Räuberhauptmann „Tips Cullian" (Sohn des Stadthauptmanns Schönknecht von Straßburg) zu verhaften, wobei der ihn begleitende Corporal erstochen wurde. Obwohl des Mords überführt, leugnete Cullian Alles, auch als man ihm die Marterwerkzeuge ansetzte; er wurde „zur Staupe" gehauen (öffentlich mit dem Staupbesen oder Ruthen gepeitscht), darnach in den Dresdener Festungsbau eingeschmiedet und endlich enthauptet. — Noch im Jahre 1734 wurde eine Kindesmörderin ertränkt. — 1770 erfolgte die Aufhebung der Tortur in Sachsen.

Alte Rathsordnungen. Die alten Freiberger Gassen-, Feuer-, Wach-, Polizei-, Tax-, Fisch-, Brau-, Markt- u. Höckerordnungen; — Ordnungen für Bogen- u. Büchsenschützen rc., für Apotheker, Bäcker, Fleischer u. and. Handwerks-Innungen, — für Vormundschaft, — ferner für das städtische Bettelwesen; — Wein-, Trink-, Kleider-, Verlöbniß-, Hochzeits-, Kindtaufs-, Leichenbegängniß-

XI. Behörden und Verwaltungen.

und andere Ordnungen haben längst aufgehört. Nur die letztgenannte ist theilweise erhalten worden. — Von diesen Ordnungen der früheren Jahrhunderte sei zunächst einer Ordenunge der Becken vom Jahre 1553 gedacht, worin der Rath für das von den Viertelsmeistern zu leicht befundene Brod verschiedene Geldstrafen nebst niedrigstem Verkauf der Waare festsetzt und auch bei öfterem Wiederholungsfalle Legung des Handwerks androht; ferner „sollen die Bäcker Pfennigbrode backen bei Strafe des Raths; das Schockbrod soll bei schwerer Strafe gar verboten sein; sollen nicht mehr denn sechs Semmeln an eine Zeile stoßen; sollen in der Fasten die Brezeln mit Salze besprengen; zwei Meydelein sollen jeden Freitag nach Mittage die Brodbänke kehren, daß die Tuchmacher Sonnabends die Stände rein finden; auch sollen die Bäcker nicht mehr denn zwei Mastungen im Jahre thun und auf eine nicht mehr denn zwölf Schweine mästen" ꝛc. — Wie der Rath auch dem Getränke seine Sorgfalt zuwendete, zeigt insbesondere eine merkwürdige Weinordnung vom Jahre 1569. Darnach durfte kein Wein eher ausgeschenkt werden, als bis er von des Raths Weinberren mit Fleiß gekostet und taxirt worden war; es durfte auch Keiner zweierlei Wein, als Rheinischen und Landwein, zugleich schenken, damit keine Vermengung geschehen konnte. Wurde aber bei einem Weinhändler „Schmier," wodurch die Weine verfälscht werden, gefunden, so wurden die Fässer auf dem Markte zerhauen, durch den Nachrichter verbrannt und der Verkäufer noch am Leibe bestraft. — Bezüglich des „Branntweins", erklärt der Rath im Jahre 1623, „was für schädlich und schändlich Thun es sei Branntwein zu saufen," und sollten daher mehr nicht als sechs Personen in der Stadt gelitten werden, welche das Brennen und Verkaufen treiben mögen; Keiner aber dürfe, bei schwerer Strafe, Gäste in den Häusern halten, sie mögen da stehen oder sitzen. — Die erste Feuerordnung erhielt Freiberg im Jahre 1556. Darnach war bei einem in der Stadt ausbrechenden Schadenfeuer sämmtlichen Innungen ein besonderer Wirkungskreis zugetheilt; auch mußten bei Feuer alle Thore besetzt und des Nachts an bestimmten Häusern zur Straßenbeleuchtung Feuerpfannen in Brand gesetzt werden. Die Leitung beim Brande hatte „der regierende Bürgermeister sammt den regierenden Rathsfreunden," während „der alte Bürgermeister sammt den alten Rathsfreunden, Kämmerer und Stadtschreiber," wie auch eine Anzahl „Bürger in ihren Rüstungen" auf das Rathhaus zu eilen und daselbst zu verweilen hatten. — 1568 wurde vom Rath seine neue Wachordnung eingeführt und ein Wachtmeister nebst Wächtern angestellt.

Möller theilt in seiner Chronik ein eigenthümliches Beispiel mit von den „Begräbniß- und Begängnißkosten im Papstthum." Die ziemlich umfangreiche Rechnung (in Groschen und Pfennigen) für das Begräbniß eines Freiberger Bürgers im Jahre 1502 lautet wie folgt:

1 6 das Grab zu machen.
1 — zu lauten. 6 Pf. dem Lichtträger.
6 8 Wachs. 1 G. 4 Pf. Lichte machen.
1 3 den Frauen zu opfern.
1 — zu Weihrauch.
2 — den Frauen und Jungen zu essen.
26 — den Priestern, da man begraben.
1 — dem Glöckner.
2 6 den Knaben zu Fleisch und Brod.
2 — den Knaben für Wachs.
6 — den Bittern zu Lohn.
15 — dem Glöckner.
40 — das Dreißigste.
6 — für sechs Psalmen zu lesen.
1 — von dem Kreuze.

2 — den Frauen, die geopfert haben.
1 — daß man die Spende verkündigt.
30 — für ein Seelbad. (f. S. 58.)
38 — Semmeln zur Spende.
42 — Semmeln zur andern Spende.
30 — für ein Seelbad.
2 — ein Schöpsviertel Fleisch.
1 — die Spende zu verkündigen.
2 — für zwei Psalmen.
11 — Schweinebraten u. Kalbsviertel.
4 — für sieben Hühner. 2 Gr. Wein.
20 — in Butterfasten gelegt.
2 — Fleisch, da man arme Leute gesetzt.
12 alte Schock für vier Faß Bier zu den zwei Spenden ꝛc.

Kirchenbehörden. Die kirchl. Angelegenheiten werden vertreten durch die aus dem Stadtrath und der königl. Superintendentur bestehende Kircheninspection und den 1869 localstatutarisch aus den Vorständen der einzelnen Parochien (s. S. 21 bis 27) gebildeten Gesammt-Kirchenvorstand; — ferner durch die Pfarrämter: Dom, Petri, Nicolai, Jacobi, Johannis und katholische Kirche. — Dem Stadtrath steht das Collatur- und Patronatsrecht zu über die geistlichen Stellen des Doms, der Petri-, Nicolai- und Johanniskirche, so wie der Orte Berthelsdorf, Conradsdorf mit Hilbersdorf, Lichtenberg, Oberbobritzsch und Tuttendorf. — Die Kirche Sct. Jacobi und deren bedeutender ehemaliger Klosterfond stehen unmittelbar unter dem königl. sächs. Cultus-Ministerium.

Casseneinrichtungen. Die „Casse des Geistlichen Einkommens" gehört den Kirchen Dom, Petri u. Nicolai und betrug ursprünglich (s. S. 55) 44673 Gulden; die Einführung von Parochial-Anlagen machte sich 1875 nöthig, die Fixation der Geistlichen und Kirchendiener erfolgte 1876. — Die Geistlichen besitzen seit 1658 eine „Landprediger-Wittwencasse" der Diöcesen Freiberg und Frauenstein rc. (mit 24500 Mark Vermögen Anfang 1876) und seit 1708 eine „Special-Prediger-Wittwencasse der Geistlichen zu Freiberg" (m. 361500 Mark Anf. 1876). — Die „Glöckner-Wittwencasse" hat 8100 Mark Vermögen.

Volksschul-Behörden. Für das Schulwesen der Stadt bestehen die aus dem Stadtrath und dem königl. Bezirks-Schulinspector zusammengesetzte Schulinspection, so wie der aus 3 Stadträthen und 5 Stadtverordneten, dem Superintendenten, den 3 Schuldirectoren, einem erwählten Lehrer und dem Bergknappschafts-Cassirer gebildete Schulausschuß für die Knaben- und Mädchenbürgerschule und die vereinigte einfache Volksschule (s. S. 50). — Der Stadtrath hat das Collaturrecht über sämmtliche städtische Schul- und Bildungsanstalten.

Lehrercassen. „Volksschullehrer-Wittwencasse" in den Ephorien Freiberg und Frauenstein rc. seit 1702 (mit 25200 Mark zu Anfang d. J. 1876) und „Special-Schullehrer-Wittwen- und Waisencasse zu Freiberg" seit 1712 (mit 190816 Mark zu Anfang d. J. 1876).

Kaiserl. deutsche Behörden. Postamt auf dem Bahnhof, in der inneren Stadt eine Postexpedition und die Posthalterei; — Telegraphenamt.

Königl. sächs. Verwaltungsbehörden. VIII. Amtshauptmannschaft (der Kreishauptmannschaft Dresden) für die Gerichtsamtsbezirke Freiberg, Brand und Sayda (daselbst amtshauptmannschaftl. Delegation); Bezirksausschuß, Bezirksschulinspection, Bezirks-

XI. Behörden und Verwaltungen.

gensdarmerie, Bezirksstraßenmeister, Chausseeinspection; — Inspection des Medicinal- und des thierärztlichen Bezirks; — Landwehrbureau, Proviantamt; — Hauptsteueramt; — Bezirkssteuereinnahme (mit einer Geschäftsstelle der königl. sächs. Altersrentenbank); — Brandversicherungsinspection, Bureau für Vermessungs- u. Abschätzungswesen in Grundsteuer- und Dismembrationssachen; — Bezirksbauamt, Bauverwalterei und Forstverwaltung; — Abtheilungs-Ingenieurbureau für Bahnunterhaltung, sowie Bahnhofsinspection, Güter- und Betriebs-Telegraphenexpedition der Dresden-Chemnitzer Staatseisenbahn und der Nossen-Brüxer Linie.

Königl. sächs. Justizbehörden. Bezirksgericht für die Gerichtsämter Freiberg (Stadt und Umkreis), Brand, Frauenstein, Sayda, Tharandt und Dippoldiswalde; mit Gerichtsamt im Bezirksgericht (für den Stadtbezirk) nebst Handelsgericht; — Staatsanwaltschaft; — Gerichtsamt Freiberg (Umkreis).

Behörden für Bergbau und Hüttenwesen. Wie Freiberg einst die Wiege war von Sachsens Bergbau, so ist es auch noch gegenwärtig der Sitz des obersten königl. Bergamts (s. S. 44), welches dem Berggesetz vom 16. Juni 1868 zufolge (in unmittelbarer Unterstellung unter das kgl. sächs. Ministerium der Finanzen) 1869 für den Erz- u. Kohlenbergbau des ganzen Königreichs Sachsen errichtet wurde, nachdem das bis dahin bestandene Freiberger „Oberbergamt" mit seinen besonderen Bergämtern zu Altenberg, Freiberg, Marienberg und Schwarzenberg aufgehoben worden war. — Dem königl. Bergamt sind zur Aufsicht 8 Berginspectoren (zu Freiberg, Dresden, Zwickau, Chemnitz, Marienberg u. Schneeberg) als technische Localbeamte beigegeben. — (Bergpersonal ꝛc. s. d. Anhang)

Der **sächsische Bergbau** zählte in dem Jahre 1872: 312 Erzgruben und 101 Stein- u. 217 Braunkohlenwerke, mit einem gesammten Grubenfeld von 39100 Hektar Flächeninhalt. — Bei dem Erzbergbau waren in dieser Zeit beschäftigt: 520 Beamte, 8230 Bergarbeiter und 784 Tagelöhner; beim Steinkohlenbergbau: 570 Beamte, 15045 männliche und 319 weibliche Arbeiter; beim Braunkohlenbergbau: 153 Beamte, 3193 männliche und 423 weibliche Arbeiter. — Die **Production** betrug im genannten Jahre: 1017148 Centner Erz (in einem Geldwerthe von 2113524 Thlr.); 58925228 Centner Steinkohlen (10631559 Thlr.); 12028966 Ctr. Braunkohlen (667518 Thlr.).

In Freiberg befindet sich auch die königl. Hauptbergcasse (Bergamtshaus), welche zufolge Gesetzes vom 10. Oct. 1864 über die vom Regalbergbau zu erhebenden Steuern unter Aufhebung der Oberzehnten- und Zehntencassen in dem Jahre 1865 errichtet wurde. (Bergakademie s. S. 47.)

Der Freiberger Revierausschuß. Zur Wahrung der gemeinschaftlichen Rechte und Interessen sämmtlicher Bergwerkseigenthümer des Freiberger Bergreviers besteht hier der Revierausschuß (Gebäude: Promenadenweg an dem Petersthore Nr. 117), welcher zugleich nachbezeichnete Revieranstalten und Cassen zu vertreten und zu verwalten hat: — die Revierstölln, die Wasserversorgungsanstalt (s. b. Anhang: Bergbau), die Bergmagazinanstalt; — die Knappschaftscasse (s. S. 70), die „Gnadengroschencasse" zur Unterstützung hilfsbedürftiger Gruben; — das „Bergstift" (Bergstiftsgasse Nr. 76A), desgleichen in Brand, zur Aufnahme bei der Arbeit verunglückter Berg- u. Hüttenleute; — die Bergmaterialien-Niederlage, Bretschneidemühle und Pulverfabrik (s. S. 66); — endlich das Bergrechnungs- und das Probirwesen.

Die fiscalischen Hüttenwerke bei Freiberg werden von dem königl. Oberhüttenamt verwaltet (Gebäude: Nonnengasse, neben der Bergakademie); — dieselben bestehen in der an der Mulde gelegenen oberen oder „Muldner Schmelzhütte" unweit Hilbersdorf, sowie in der auch im Muldenthale liegenden „Halsbrückner Hütte" und umfassen Silberschmelzhütten, Schwefelsäurefabriken, Arsenik- u. Zinkhütten, Goldscheideanstalt und Bleiwaarenfabriken (Schrotfabrik s. S. 66), Thonwaarenfabrik und Ziegelei ꝛc. — Wie das Bergamt ist auch das Oberhüttenamt unmittelbar dem Finanz-Ministerium unterstellt. — Das unter dem Oberhüttenamt stehende und in dessen Gebäude befindliche Handels-Bureau der königl. sächs. Hüttenwerke vermittelt den Vertrieb ihrer Producte und Fabrikate.

Statistische Mittheilungen. Bei diesen Hüttenwerken waren in dem Jahre 1872 beschäftigt: 25 Beamte, 899 Hüttenarbeiter und 333 Tagelöhner, sowie 30 weibliche Arbeiter. — Die Production betrug in demselben Jahre in Summe: 365858 Centner mit einem Geldwerthe von 4066072 Thalern. Sie bestand in: ca. 4 Ctr. Feingold (Geldwerth: 191030 Thlr.), 891 Ctr. Feinsilber (2635645 Thlr.), 26721 Ctr. Kupfervitriol (248436 Thlr.); in Wismuth, Nickelspeise, Zink- und Zinkstaub; ferner in 69031 Ctr. Bleiproducten (440123 Thlr.), als: Probir-, Weich- und Antimonblei, Glätte und Bleirauch; überdem in 2232 Ctr. Schrotwaaren, 8312 Ctr. Bleiblech und 9905 Ctr. Bleiröhren, Bleidraht ꝛc.; in 212649 Ctr. Schwefelsäure verschiedener Sorten (240362 Thlr.), in 12732 Ctr. Chemikalien (Eisenvitriol, schwefelsaures Natron, Salpetersäure ꝛc.) und endlich in 15802 Ctr. Arsenikalien (arsenige Säure, Arsenikglas und metallisches Arsen). — Seit dem Jahre 1710 bis zur Einführung des Berggesetzes von 1868 waren alle Erze nur an die fiscalische „Generalschmelzabministration" abzuliefern; früher wurden sie auch in Privathütten geschmolzen. — Außer den sächsischen werden zugleich ausländische, überseeische Erze mit verarbeitet. — (Hüttenwesen s. auch den Anhang.)

XII.
Orts=Statistik. Einwohnerzahl, Steuerwesen ꝛc.

Wenn in den vorhergehenden Abschnitten dieser kleinen Chronik bereits zahlreiche statistische Mittheilungen an geeigneter Stelle eingeflochten wurden, so sollen hier nur noch einige Gegenstände nachgetragen werden, welche einer selbständigen Aufführung bedürfen. Gleichwohl konnte hier eine erschöpfende „vergleichende Statistik" nicht gegeben werden; die Zusammenstellung einer solchen dürfte vielmehr nur den betreffenden Behörden zu überlassen sein.

Der **Stadtgemeindebezirk Freiberg** umfaßt die innere Stadt, Vorstadt und einzelne Gebäude nebst dazu gehörigen Flurstücken, einschließlich des Hospitalwaldes bei Kleinschirma und des benachbarten Freyberger'schen Waldes (Flurbuch der Stadt vom 16. October 1874); außerdem noch 3 Parcellen des Ortes Friedeburg. — Die Fläche des Freiberger Stadtgemeindebezirks beträgt 1674 Hektar 81,5 Ar, als: 1531 Hektar steuerbare Fläche, über 66 H. Staatseigenthum, ca. 6 H. Kirchen u. Kirchhöfe, 81 H. Communicationswege ꝛc. (Stadtviertel, Straßen ꝛc. s. S. 21 ff., Bürgerfelder S. 26.)

Den **Vermögensbestand** der Stadtgemeinde an Gebäuden (Rath- u. Kaufhaus, der hohe Petersthurm ꝛc.), an ca. 460 Hektar liegenden Grundstücken (Feldern, Forsten), an Mobilien, Gerechtsamen ꝛc. schätzte man vor Jahren über eine halbe Million Thaler. Das gleichfalls zum Substantialvermögen gehörige werbende Capital betrug Ende 1875: 279820 Thlr. — Die Capitalsumme der auf dem Rathhaus verwalteten wohlthätigen Stiftungen (einschließlich des Hospitals ꝛc. s. S. 53 ff.) belief sich Ende 1874 auf 638455 Thaler.

Die Hausgrundstücke. Die innere Stadt (s. S. 24) zählt 1000 fortlaufende Brandkataster-Hauptnummern. Im Jahre 1840 waren infolge der früheren Kriegsdrangsale innerhalb der Ringmauer noch 265 leere Bau- oder Brandstellen, 1872 noch ungefähr 100. Seit Eröffnung der Eisenbahn hat die Baulust hier wesentlich zugenommen, wie z. B. allein von Neujahr bis Juni 1875 für In- und Vorstadt 81 Baue angemeldet wurden, darunter 16 Neubaue von Wohnhäusern und Fabriken. — In der Vorstadt (s. S. 25) beginnen die Hausnummern wieder mit 1 und zählten 1872 ohne die Unterabtheilungen bis 407; die einzelnen Gebäude, darunter namentlich entlegnere Gruben, zählten bis 31. — 1814 hatte Freiberg außer 81 Gruben- oder Zechenhäusern: 992 bewohnte Häuser, und zwar 11 königliche, 32 communliche, 21 den Schulen und der Geistlichkeit, 16 der Armencasse gehörig, 910 Privat- und 2 Freihäuser. — Davon bildeten 70 die erst im Jahre 1843 mit der Stadtgemeinde verschmolzene ehemal. Separatgemeinde: „des königl. Kreisamts In- und Vorstadt Freiberg sammt Fürstenthal," welche ausschließlich unter der Gerichtsbarkeit des königl. Kreisamts stand und von den Verbindlichkeiten der städtischen Gemeinde frei war. (Hierzu gehörten z. B. das Schloß mit seinen Nebengebäuden, das ehemalige Nonnenkloster, einzelne Häuser, der Ober- und der Unterhof [s. S. 43], der Sachsenhof vor dem Erb. Thor, mehre Mühlen und Bergwerke, die Papiermühle an der Mulde ꝛc.) — Im Jahre 1840 hatte die Stadt 993, 1861: 1070, 1871: 1245, 1875: 1321 bewohnte Häuser.

Die **Brandversicherung** der sämmtlichen Gebäude der Stadt bei der Landes-Immobiliar-Brandcasse belief sich 1854 auf 1991756 Thlr., 1864 auf 4220750 und 1874 auf 5693130 Thlr.; — die Zahl der **Grundsteuer-Einheiten** (zu $^1/_2$ Thlr. Werthsertrag) bei Einführung des neuen Systems 1844 auf 158011, 1864 auf 203858, 1874 auf 284972 Einheiten.

Die **Einwohnerzahl** in früheren Jahrhunderten ist bei Freiberg (so wie erwiesenermaßen auch bei mancher anderen hervorragenden deutschen Stadt des Mittelalters) weit überschätzt worden; zu einer richtigen Schätzung fehlte es an genügendem Anhalt, denn zu jenen Zeiten sind Volkszählungen wie heutzutage weder unternommen worden, noch konnten sie überhaupt unter damaligen Verhältnissen mit Sicherheit unternommen werden. Selbst noch im vorigen Jahrhundert kommen bezügl. der Einwohnerzahl die ärgsten Uebertreibungen vor, wie S. V des Vorworts zu ersehen ist. Auch der gelehrte Fabricius (s. S. 49) berichtet in seinen Annalen, nach ihm der Chronist **Möller**: „1540 seien in Freiberg **32763** Personen gefunden worden, so über zwölf Jahre waren," was eine Gesammtzahl von etwa 40000 Seelen ergeben würde; aber schon der Zusatz von Fabricius: „und meistentheils nach der heilsamen Speise und dem Tranke des wahren Leibes und Blutes Christi eifriges und sehnliches Verlangen trugen" deutet mit Bestimmtheit darauf hin, daß hier nicht die Einwohner-, sondern die **Communicanten**-Zahl der Stadt (kurze Zeit nach Einführung der Reformation) gemeint ist, indem damals und noch lange nachher nicht das 14te, sondern das 12te Lebensjahr als die Grenzscheide des Kindesalters galt, auch nach Luthers Ausspruch das heilige Abendmahl „wenigstens einmaler vier des Jahres" zu begehren war. (Selbst noch 1736 zählte Freiberg 25844 Communicanten.) — Nach den bis auf unsere Tage theilweise erhaltenen statistischen Kirchennachrichten kann die Einwohnerzahl jener Zeit nicht mehr nicht als 12000 bis höchstens 15000 betragen haben, womit auch folgende, in einer Freiberger Handschrift von Ulrich Große v. J. 1587 (Dresd. Bibliothek) befindliche spätere Eintragung übereinstimmen würde: „Im Jahre 1599 wurden Alles in Allem 12248, im Jahre 1626 aber jung und alt in und für der Stadt 10022 Personen gezählt;" — eben so findet man z. B. in den Taufbüchern vom **Dom** während des 6jähr. Zeitraums 1557/62 im Durchschnitt jährlich nur 95 Taufen, dagegen 1869/74 durchschnittl. 211 in einem Jahre. — Seit obenerwähnter Zeit ging die Einwohnerzahl durch Pestverheerungen, wiederholte schwere Belagerungen 2c. außerordentlich zurück. (s. S. 13.)

Daß sich Freibergs Einwohnerzahl neuerer Zeit in **ununterbrochenem Steigen** befindet, beweisen folgende, von der städtischen Behörde festgestellte Zählungsresultate. Im Jahre 1814: 9090 Einwohner, 1834: 10183, 1843: 12057, 1852: 15359, 1861: 17560, 1871: 21786, 1875: 23439. Hierbei ist zu bemerken, daß auch viele Angezogene wie Einheimische zeitherigen Wohnungsmangels wegen sich in den hartangrenzenden Orten Freibergsdorf und Friedeburg niederließen. So stieg in den Jahren 1871 bis 1875 die Einwohnerzahl Freibergsdorfs von 1171 auf 1763, und Friedeburgs von 491 auf 751 Personen. — **Bürger** zählte die Stadt 1875 ungefähr 2000.

Nach den Feststellungen des „Statistischen Bureau's" des kgl. sächs. Ministeriums des Innern" betrug am 1. Dec. **1871** die Zahl der **Einwohner von Freiberg: 21673**, und zwar 6510 Kinder bis zu 14 Jahren und 15163 Personen über 14 Jahre; — 10794 männl. und 10879 weibl.; — nach den allgemeinen Berufsclassen ergab die Einwohnerschaft mit ihren Haushaltungen folgendes Verhältniß der Kopfzahl: 12025 Bergbau und Hüttenwesen, Industrie und Bauwesen; 2958 Handel und Verkehr; 2245 ohne Berufsausübung; 1732 Dienstboten u. sonst persönliche Dienste Leistende; 1496 Beamte des Staats, der Gemeinde 2c.; 932 Garnison; 286 Land- u. Forstwirthschaft, Gärtnerei 2c. —

XII. Orts-Statistik. Einwohnerzahl, Steuerwesen ꝛc.

In den **Parochien** zeigte 1870 die Zahl der **Geburten** folgendes Verhältniß: Dom 205, dazu Fürstenthal 14; Petri 335, Nicolai 152, Jacobi 164, Johannis 3, katholische Kirche 13.

Das Jahr 1875. Am 1. Decbr. 1875 ergab sich nach der Zählung durch die städtische Behörde ein Bestand von **23439** Einwohnern (13792 Instadt, 9647 Vorstadt), und zwar 11733 männlich (einschließl. der in 1 Jägerbataillon und 4 Batterien Feldartillerie bestehenden Garnison von 867 Mann) und 11706 weiblich; — verheirathet waren: 8070; verwittwet: 1463; unverheirathet im Ganzen: 13906; — nach der **Confession**: 22927 lutherisch, 48 reformirt, 425 katholisch, 11 israelitisch, 10 anglikanisch, 8 deutschkatholisch, 10 griechischkatholisch. — 774 bewohnte Häuser mit 3098 Haushaltungen in der Instadt, 547 bewohnte Häuser mit 2113 Haushaltungen in der Vorstadt. — In den **Parochien** Dom, Petri, Nicolai u. Jacobi wurden im Jahre 1875 im Ganzen verzeichnet: 238 Trauungen, 987 Geburten, 796 Sterbefälle; hierüber 7239 Communicanten. — Im Einwohneramt erfolgten von neu Angezogenen 620 Anmeldungen (theils Familien, theils einzelne Personen); dagegen Abmeldungen: 222.

Die Fleischconsumtion Freibergs belief sich **1873** unt. Anderem auf 8535 Ctr. Rindfleisch und 7109 Ctr. Schweinefleisch, demnach 39,4 Pfd. Rindfleisch und 32,8 Pfd. Schweinefleisch jährlich pro Kopf der Bevölkerung. — Nach den Freiberger Schlachtsteuerverzeichnissen erreichte 1865 der Fleischverbrauch folgende Zahlen: 307 Ochsen, 1192 Kühe, 8367 Kälber, 3117 Schweine, 2900 Schöpse; — 1875 wurden zum Schlachten angemeldet: 568 Ochsen, 1694 Kühe, 4791 Schweine; nach dem durchschnittlich berechneten Gewicht consumirt: 4260 Ctr. Ochsenfleisch, 7361 Ctr. anderes Rindfleisch, 8144 Ctr. Schweinefleisch.

Frühere Fleisch- und Brodtaxen. Im Januar 1856 galt 1 Pfund gutes Rindfleisch 38 Pfennige, Schweinefleisch 50, Schöpsenfleisch 36, Kalbfleisch 22 Pf.; 1 Pfund gewöhnl. hausbacknes Brod 13 Pfennige; 1 Sechspfennig-Semmel wog im Mai 8 Loth, im Decbr. 10 Loth 3 Quent. — 1857 kostete 1 Pfund Brod nur 7 Pfennige.

Zählung des Viehstandes. 1867 wurden in der Stadt Freiberg bei 388 Viehbesitzern gezählt: 128 Acker- und Wirthschaftspferde, 225 Lohn- und Frachtfuhrpferde, 53 Wagen- und Reitpferde; — 417 Stück Rindvieh, 144 Schafe, 408 Schweine, 166 Ziegen. — Bienenstöcke 1837: 25, 1847: 6, 1867: keiner. — 1875 belief sich die Zahl der **Luxushunde** in Freiberg (9 Mark jährl. Steuer) auf 350, der Zughunde (3 Mark) auf 24.

Hauptsteueramts-Notizen. In dem Bezirk Freiberg waren **1874** 104 Branntweinbrennereien, welche jährl. im Durchschnitt 575700 Mark Steuer zahlten; 31 Bierbrauereien mit 75000 Mark Steuern; 371 Bankfleischer mit 220000 Mark. — Die Einnahme an Tabakszoll betrug 431500 Mark.

Bahnhofs-Notizen. In einem Monat (März) **1876** wurden gezählt (excl. Durchgangsverkehr): Personen angekommen und abgegangen: gegen 30000; — Güter angekommen: 15140927, abgegangen: 7521050 Kilogramm; Viehsendungen angekommen: 41, abgegangen: 17 Wagenladungen; — rangirt wurden nahezu 10000 Wagen. (s. noch S. 61.)

Die Steuerpflichtigen der Stadt zählten i. J. **1854** ungefähr 3000, 1864: 3800, 1874: 6200, einschl. der Grundsteuerpflichtigen; — bei der 1875 nach dem Einkommensteuergesetz vom 22. Decbr. 1874 in ganz Sachsen gleichmäßig vollzogenen Einschätzung des steuerpflichtigen Einkommens: 8909;

das Einkommen selbst: 9964714 Mark, was durchschnittl. 1118,3 Mark jährlich auf einen Beitragspflichtigen ergiebt.

Gewerbe- und Personalsteuer. 1854: 8185 Thaler, 1864: 10459 Thaler, 1874: 21579 Thaler. 1875 betrug sie gegen 26000 Thaler in folgenden Gruppen: Capitalisten, Rentiers ꝛc. 5979 Thlr., Beamte 3174, Kaufleute ꝛc. (incl. jurist. Personen, z. B. Vorschußbank, Darlehnsverein) 3072, Fabrikanten ca. 3000, Gewerbsgehilfen u. Privatdiener 2844, Handwerker, gewerbmäßige Künstler u. anb. Gewerbtreibende 1844, Gewerkschaft Himmelfahrt gegen 1500, Händler 1463, Branntweinbrenner, Bierbrauer, Fleischer u. Bäcker 877, Gelehrte, Künstler 875, Gast- und Speisewirthe 505, Pensionairs 417, Fuhrleute 171, Personen mit Gewerbe im Umherziehen 81, landwirthschaftliche Gewerbe (Feldpachter) 56, Prädicatisten 55, Müller 30 Thaler.

Städtische Einkommensteuer. Die jährliche Einkommen-Abschätzung zu Feststellung der Gemeindeabgaben gruppirte sich 1874 wie folgt: 1497249 Thlr. Handel und Gewerbe aller Art; 394162 Thlr. Dienstgenüsse, Wartegelder, Pensionen; 277982 Thlr. Capitalzinsen, Ausbeute ꝛc. (hierzu noch gegen 100000 Thlr. Zinsen und Dividenden von auswärtigen Unternehmungen, welche der Classensteuer nach § 16 des Regulativs unterliegen); 39760 Thlr. künstlerische oder wissenschaftliche Thätigkeit; 8391 Thlr. Selbstbewirthschaftung der Eigenthumsfelder; 5667 Thlr. landwirthschaftliche Pachtungen; 1047 Thlr. Brauereibetrieb. — Die Summe des Jahreseinkommens belief sich 1854 auf 733395 Thlr., 1864 auf 1255841, 1874 auf 2224258 Thlr. — Hiernach würde sich einschließlich des Capitals, dessen Verzinsung in Besoldungen und Gewerbserträgnissen besteht, 1874 ein werbendes Gesammtvermögen der Steuerpflichtigen von 55½ Millionen Thalern ergeben. 1814 wurde es auf über 3½ Millionen veranschlagt: eine 16fache Vermehrung in 60 Jahren.

Steuerclassen. 1874 ergab die städtische Einkommenabschätzung 5059 steuerpflichtige Personen, und zwar: 2135 Personen mit einem jährlichen Einkommen von 100 Thalern (d. i. 20 Einheiten à 5 Thlr.) bis 200 Thlr., 1255 Personen bis 300, 392 bis 400, 269 Personen bis 500 Thlr., — 197 bis 600, 257 bis 800, 145 Personen bis 1000 Thlr., — 140 bis 1300, 75 bis 1600, 59 bis 2000, 45 Personen bis 2500 Thlr., — 24 bis 3000, 28 bis 3500, 4 bis 4000 Thlr. und 34 Personen mit einem Einkommen von jährlich 4000 Thalern und darüber.

Der jährliche Haushaltplan von Freiberg (für die Stadt-, Schul- und Armencasse) wies nach den gemachten Vorauschlägen folgende Fehlbeträge nach, welche im Wesentlichen durch directe Steuern aufzubringen waren. 1861: 9000 Thaler, 1869: 23000 Thlr., 1870: 35500 Thlr., 1871: 41950 Thaler, 1872: 56029 Thlr., 1873: 62145 Thlr. (einschließlich der Zinsen für die zu größeren Bauten aufgenommene Stadtanleihe von 300000 Thlrn.), 1874: 68438 Thlr. — Die Summe der erhobenen städtischen Steuern betrug 1854 (über 15000 Einwohner): 4453 Thlr., — 1864 (nahezu 19000 Einw.): 16692, — 1874 (ungefähr 23000 Einw.): 60498 Thaler.

Städtische Sparcasse (Exped. im Rathhaus Vorm. 9 bis 12, Nachm. 2 bis 5 Uhr, Zinsfuß für Spareinlagen 4 Procent) — eröffnet i. J. 1823 — Spareinlagen in den ersten 10 Jahren: 17689 Thaler, in den folgenden 30 Jahren: 963223, in den nächsten 10 Jahren: 1555594; in dem einen Jahre 1874: 419760 Thlr.; endlich i. J. 1875: 689254 Thlr. neue Einlagen (in 14277 Posten) und 429840 Thlr. zurückgezahlte Einlagen (in 8685 Posten). Guthaben der Einleger 1874: 1182595 Thaler. — **1875 Cassenumsatz:** 12509298 Mark; — Ueberschüsse zur Stadtcasse: 24646 Mark.

XIII.

Sagenkranz unserer alten Bergstadt.
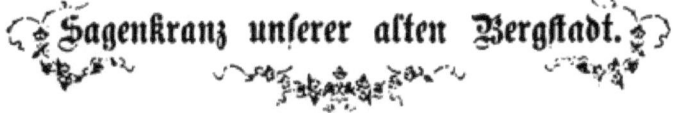

Wie unser Freiberg auf eine gar wechselvolle und denkwürdige Vergangenheit zurückblickt, so windet sich um seine Geschichte auch ein anmuthiger Kranz romantischer Sagen, reich an edlem deutschen Gemüth, an Frömmigkeit und Treue, tiefem Ernst und schalkhaftem Humor, — zugleich aber auch nicht frei von den Wucherblumen argen Aberglaubens und geflissentlicher Täuschung des Volks durch gewinn- und herrschsüchtige Priester.

Alle diese Sagen wie kleinen Erzählungen haben wir hier zum ersten Mal zu einem Ganzen vereinigt; — sie sollen unsere Stadtchronik in poetischer Weise ergänzen und zugleich, der Zeitfolge nach geordnet, ein recht anschauliches und lehrreiches Culturbild entrollen von Freibergs Ursprung an bis auf den heutigen Tag.

Es würde ein ganzes Buch gefüllt haben, wenn alles Einschlagende vollständig abgedruckt worden wäre; auch würde dabei so manches Unklare die allgemeine Uebersichtlichkeit erschwert und das Lehrreiche dieser Sammlung abgeschwächt haben. Deßhalb ist auch nachstehend in den meisten Fällen nur das Wesentliche wiedergegeben worden (bisweilen unter Beifügung geschichtlicher Thatsachen und Bemerkungen), im Uebrigen aber auf die zugleich angegebenen Quellen verwiesen. — Bei dem öfteren Hinweis auf die vorderen Abtheilungen unserer Chronik ist den angegebenen Seitenzahlen je ein Punktzeichen beigefügt: oben · deutet es auf das oberste Drittel, in der Mitte · auf das mittle, unten . auf das unterste Drittel der bezeichneten Seite.

---

1. Ein heiliger Hain. Schon vor mehr als 1000 Jahren waren die Flußthäler unseres unteren Erzgebirges von heidnischen Sorben-Wenden bewohnt. — Dieser slawische Volksstamm hatte im fünften Jahrhundert n. Chr. von Polen her die Wohnsitze der damals auch in unserem Sachsen beimischen Hermunduren (eines germanischen Stammes) überzogen, den Ackerbau des Landes fördernd, wurde aber um das Jahr 928 unter Kaiser Heinrich dem Städtegründer — als die Deutschen mit dem Christenthum siegreich vordrangen — auch in unser zu jener Zeit allerdings noch sehr unwirthbares Gebirge herauf getrieben. — Von den Niederlassungen der Sorben-Wenden in hiesiger Gegend zeugt noch heute der Name der Ortschaft „Loßnitz" im Thale der Münzbach

(f. S. 1.), welche ehedem den flawifchen Namen Lufiz (Luznica ob. Lufchiza) führte, d. h. die aus dem lug (Sumpfort) kommende Bach; und diefe gab wieder dem Ort den Namen. — Es ift wahrfcheinlich, daß gleichzeitig auch das weiter nördlich gelegene kleine Seitenthal der Mulde, aus welchem bei Großfchirma die von Waltersdorf kommende Waltersbach mündet, dergleichen Anfiedelungen aufzuweifen hatte. Hiernach wäre auch möglich, daß diefe kleine, damals aus dichtem, finftern Nadelwald kommende Bach urfprünglich den flawifchen Namen Tfchirna oder Tfchirma (Cerna fies Tfcherna: die Schwarze) führte, welcher fich fpäter in dem Namen des Dorfes „Schirma" fortherhielt. — Zwifchen diefen Seitenthälern der Mulde nun, unweit des „Schwarzen Teichs," ift eine bedeutende Anhöhe, welche eine weite Umfchau bietet, und hier — fo erzählt die Sage — hat zu damaligen Zeiten ein heiliger Hain geftanden, in welchem ein Götzenbild aufgeftellt war. (Sachfens Kirchen-Galerie. Dresden 1838. B. 2. S. 248.) — In neuefter Zeit find fowohl am Gehänge des Münzbachthales (beim Thurmhof), als auch in der untern Waltersbach zu Großfchirma Steinäxte (im Alterthums-Mufeum aufbewahrt) gefunden worden, welche den älteften, wohl noch vorflawifchen Zeiten entftammen und einen fichtbaren Beweis liefern von den früheften Anfiedelungen in unferer Gegend.

2. Entdeckung des Freiberger Silbers. (S. 1. u. 2.) Einft haben Fuhrleute Salz aus Halle an der Saale nach Böhmen gefahren. Als fie gegen die Grenze des böhmifchen und meißnifchen Gebirges gekommen waren, fanden fie in der Gegend, wo jetzt Freiberg liegt, in einem Wagengleife ein Gefchiebe von gediegenem Bleierz, welches vom Waffer bloßgelegt worden war. Da es dem Goslar'fchen Erze nicht unähnlich fah, warfen fie ihren Fund auf den Wagen und nahmen ihn mit nach Goslar, von wo fie oft Blei holten. Hier nun probirten die Bergleute diefes fremde Gefchiebe, und fie fanden, daß es noch weit reicher war an Silber als ihr eigenes Erz. Es brach daher fehr bald eine Anzahl diefer Bergleute auf und zog nach Anleitung der Fuhrleute dahin, wo diefe den guten Fund gemacht hatten, und fo ift Freiberg entftanden; jene Bergleute aber find alle reich geworden von diefem Bergwerk. (f. Möller's „Chronik." Freiberg 1653. S. 16.) — Ueber die Stelle, an welcher man den erften Freiberger Silberfund oder Bergbau zu fuchen hat, f. S. 68. vorlieg. Chronik. — (In der Sächsftadt wurde auch das „erfte Rathhaus" errichtet, der Sage nach auf der Stätte des Haufes Nr. 924 Pfarrgaffe.)

3. Gründung der Stadt. Diefelbe ift in ein fagenhaftes Dunkel gehüllt. Sowohl über die Zeit der Gründung, wie über die erfte Entwickelung der ftädtifchen Verhältniffe bedarf es noch gefchichtlicher Aufklärungen und der Auffindung bezüglicher Urkunden, namentlich auch über die wiederholten Zuzüge der Bergleute aus dem Harz; und insbefondere über die in den Altzellifchen Jahrbüchern gemeldete „große Verheerung und Niederlage" des Orts im Jahre 1186. (S. 2.) — Freibergs angebliche „Gründungsfeier" im Jahre 1175 f. S. 2. und Möller's „Annalen" S. 4. An der Stelle der Kirche Sct. Jacobi (S. 32.) foll fchon vor Erbauung der Sächsftadt „eine Kapelle" geftanden haben, alfo inmitten der erften chriftlichen Anfiedelung „Chriftiansdorf." f. S. 1.

4. Stadtwappen und Stadtfarben. (S. 2.) Nach Möller's Annalen S. 10 foll Markgraf Dietrich der Bedrängte das Wappen der Stadt im Jahre 1198 verliehen haben, nachdem ihre Bürger die feindliche Befatzung, welche unter Kaifer Heinrich VI. eingerückt war, muthig aus der Burg vertrieben hatten. — Seiten der Fürften damaliger Zeit kommen aber Wappenverleihungen nicht vor; vielmehr gab fich die Stadt, nach Erkauung der Ringmauer und Annahme des Namens, ihr Wappen felbft. — Wir finden es zuerft als Siegel (7 cm. groß, in Wachs geprägt) an einer Urkunde von 1227. (Getreue Abbildung ꝛc. f. die Mittheilungen des Freib. Alterthumsvereins Heft 9.) Diefes

XIII. Sagenkranz unserer alten Bergstadt.

älteste Wappen, in romanischem Stil, zeigt ein weites Thor mit drei Thürmen und in demselben den markgräfl. schwarzen Löwen in goldenem Schild; die Schrift lautet SIGILLVM BVRGENSIVM IN VRIBERCH. — 1305 erscheint das Stadtwappen in reich ausgeführter gothischer Gestalt, seit 1471 dem hier abgebildeten ähnlich. (Der betr. silberne Siegelstempel ist noch vorhanden.) — Das einfachere, kräftige Wappen in Renaissance-Stil wurde zuerst 1510 am Rathhaus angebracht. (f. S. 40· und die Abbildung des Stadtsiegels auf dem Titel.) Beschreibung: Eine silberne Mauer mit Zinnen und offenem Thor, dessen Fallgatter aufgezogen ist und in dessen Oeffnung das markgräflich meißnische Wappen schwebt; dahinter drei silberne Thürme mit Ziegeldächern und goldenen Knöpfen im blauen Felde.

5. Wallfahrt zur Schönen Marie. (Seite 3·) 1261 wallfahrteten Tausende zu einem Marienbilde, das in menschlicher Größe schön und zierlich aus Wachs geformt und in einer besonderen Kapelle aufgestellt war. Möller berichtet darüber in seinen Annalen S. 20: „Die Leute strömten von allen Orten herbei als wenn sie bezaubert wären, und was ein Jedes, Mann oder Frau, von der Arbeit gerade in der Hand gehabt, das nahmen sie mit und ließen es allda, wenn sie die Tollheit ergriffen hatte, wie auch viele krumme, lahme und andere preßhafte Menschen, die sich zu diesem Bilde gewendet und Gelübde verrichtet, wieder gesund davon gegangen sein sollen. Diese Wallfahrt hat lange Zeit gewähret, bis man erfahren, daß unter dem Scheine der Heiligkeit ein böses sodomitisches Leben, Schande und Laster getrieben werde, worauf ein fürstlich Edict diesem ein Ende machte." — Auch die „Geißler" oder Flagellanten kamen aus Italien zu diesen Wallfahrten nach Freiberg; sie schritten paarweise halb nackt einher und zerschlugen sich zur Buße mit ihren scharfen Geißeln.

6. Freiberg durch Verrath eingenommen. (S. 4·) Den Deutschen König Adolph von Nassau gelüstete es gar sehr nach dem Besitz unserer silberreichen Bergstadt. Sein heimtückischer Plan, den meißner Markgrafen Friedrich den Freudigen (oder den Gebissenen) bei einer Zusammenkunft in Altenburg i. J. 1295 an einer festlichen Tafel meuchlings ermorden zu lassen, war durch die treue Wachsamkeit und den Muth eines Freiberger Rathsherrn Hanneman (Johann) sotoke vereitelt worden, welcher den auf seinen geliebten Landesherrn gerichteten tödtlichen Dolchstoß mit der eigenen Brust auffing; da beschloß Adolph i. J. 1296, das ganze Erzgebirge mit seinen Kriegsvölkern zu überziehen und die Stadt Freiberg mit Gewalt zu nehmen. Unter dem Grafen Philipp von Nassau, Adolph's Vetter, rückten bald die Heeresmassen im Sturme heran, der bedrohten Stadt jede Hilfe Seitens Friedrichs oder seines Bruders Diezmann abzuschneiden. — Der erste furchtbare Angriff wurde durch Freibergs Bürger und Besatzung unter Nicol von Haugwitz muthig abgeschlagen. Der Graf bereitete nun der Stadt alle Drangsale einer langen Belagerung. Bald suchte er sie auszuhungern, bald den Commandanten zu bestechen, bald durch ausgesendete Spione Zwietracht und Mißtrauen unter den Bürgern zu erregen. Auch spielte er den Zauberer, plötzlich aber und unvermuthet versuchte er „die Feste und Treue" im nächtlichen Sturmangriff mit einem Schlage zu erobern; so rückte er eines Abends mit dichten Massen an. Eben hatte sich die Vorhut seiner Schaar, an tausend Mann stark, bereits dem Donatsthore genähert, als auf dem sogen. „Dürren Schönberg," einer hochgelegenen nahen Berghalde, unter der großen Menschenmasse jählings der Boden zusammenbrach und Alles unter seinem Schutte begrub. Desto grimmiger darauf der Sturm: ungeheure Wurfmaschinen schleuderten gewaltige Steine und Feuerbrände in die

Stadt, mächtige Mauerbrecher zerstießen die Ringmauer, und schon entsandten auch die vorgedrungenen Bogenschützen einen dichten Regen schwerer Eisenpfeile auf die Belagerten. Bereits glaubten die Feinde sich Herren der Stadt, als ein vereinter Stoß der Bürger ihre Massen sprengte und die Stürmenden wieder zurückwarf. — Trotz erneuerter Angriffe blieben doch alle Anstrengungen ohne Erfolg; da gelang es endlich nach fruchtloser und aufreibender Belagerung von 1 Jahr 4 Monaten dem König Adolph, welcher aus der Ferne wieder hierher zurückgekehrt war, einen Verräther zu finden: — Hans Lobetanz, ein flüchtiger, ungerathener Sohn angesehener Familie, ließ sich durch große Verheißungen willig finden, den Feind heimlich in die Stadt zu führen. Er verrieth demselben 1297 den nicht genügend verwahrten Ort des Eintritts der Münzbach in die Stadt zwischen dem Erbischen und Donatstbor (s. Wasserthurm S. 31*), und 30 der besten Kriegsknechte, von dem Verräther geführt, schlichen des Nachts in dem Wassergraben an die Mauer, unterarbeiteten dieselbe und drangen nun nach kurzem Kampf in die Stadt ein, gefolgt vom Heere. Die Vertheidiger mußten trotz der verzweifeltsten Gegenwehr der Uebermacht weichen, sammelten sich aber schnell wieder in den Mauerthürmen und endlich in der Burg, wo sie den kräftigsten Widerstand leisteten. Nur dann erst, als sie, von der Zufuhr aller Lebensmittel abgeschnitten, Seitens ihres geliebten Landesherrn schriftlichen Befehl erhalten hatten sich zu ergeben, da er nicht im Stande sei sie zu entsetzen, verhandelten sie mit dem feindlichen Feldherrn, dem Grafen Philipp von Nassau, der ihnen in Adolph's Namen die Sicherung ihres Lebens und freien Abzug sammt allem dem Ihrigen, was sie mit sich tragen und führen könnten, eidlich zusagte. Die Freiberger trauten diesem Worte, sie zogen aus der Burg auf den Markt; aber kaum hier angelangt, ließ ihnen der Meineidige nicht nur das Gewehr und Alles, was sie hatten, abnehmen, sondern auch 60 vornehme und ritterähige Personen erfassen und ohne Gnade enthaupten. Andere ließ er gefänglich einziehen mit der Drohung, in gleicher Weise mit ihnen zu verfahren, wenn sie sich nicht mit 12000 Mark Silbers lösen würden. Markgraf Friedrich gab für die Lebensrettung seiner gefangen gehaltenen treuen Freiberger noch die letzten drei Städte hin: Rochlitz, Grimma und Leisnig. Als sie hiernach endlich ihrer Haft entlassen worden waren, zog der damalige Bürgermeister Nicol Weickart sammt vielen Anderen fort aus Freiberg, weil sie nicht die Treue brechen wollten gegen ihren Landesherrn. (s. Möller S. 37 ff.) — Diesen schändlichen Verrath, welchen die Freiberger, ihren Markgrafen Friedrich an der Spitze, später blutig rächten, finden wir in folgender Darstellung von Ernst Eckardt (Weißenborn, 1844) poetisch wiedergegeben:

    Freiberg, du bist gegründet, die festen Mauern stehn
    Und hohe Thürme trotzig über die Dächer sehn; —
    Wo eine Oeffnung blieben, geschah's auf freien Schluß:
    Dem Feinde zu entbieten durch sie der Pfeile Gruß.

    Und wo die Gräben tiefer, die Mauern höher stehn,
    Ist bald darauf ein stolzes gethürmtes Schloß zu sehn.
    Nicht eine Zwingburg soll es dem neuen Städtlein sein,
    Drum nannten sie die Feste mit Namen „Freiheitstein."

    Und wo die Freiheit herrschet und ihr Panier entrollt,
    Da ist's ein sicher Zeichen, daß Gott dem Orte hold,
    Da waltet nur die Freude als Königin im Land: —
    Man hat des Schlosses Namen in „Freudenstein" gewandt.

    Das sah viel hundert Jahre manch edel Heldenthun;
    Ach, die es einst vollbrachten, schon längst im Grabe ruhn: —
    Es waren sechzig Ritter, Herrn Friedrich lieb und werth,
    Die standen rings im Burghof, zur Hand ihr adlig Schwert.

XIII. Sagenkranz unserer alten Bergstadt.

„Philippus, Graf von Nassau, entbeut euch dieses Wort:
Er gönnt euch freien Abzug — Laßt ihm den festen Ort;
Die Stadt sie ist gefallen, und Friedrich Wettin liegt
Gefangen, daß er jemals tollkühn den Kampf gewagt." —

„„Das lügst du!"" ruft ein Ritter, „„doch lassen wir das Schloß:
Wie könnten wir ihm dienen, umhegt von solchem Troß!
Doch was wir heute lassen, bald holen wir's auf's Neu';
Ich rath' euch, wenn wir kommen, daß nichts gestohlen sei!""

Sie gingen Arm im Arme durch's Thor, der Waffen bar; —
Da hat sie bald umgeben der Henker blut'ge Schaar.
Und als sie nach dem Marktplatz die Schritte still gewandt,
Da standen rings die Söldner wohl um ein Häuflein Sand.

Da hielt das Schwert des Henkers 'nen blut'gen Erntetag,
Denn fiel ein edler Kämpe, folgt bald der andre nach: —
Den Sieg feiert die Untreu, — seinen Triumph Verrath,
Als Keiner von den Edlen feig um sein Leben bat!

Es war ein Greis der Erste, war ja schon nah dem Tod —
Wie färbte sich die Locke die silberne so roth:
Der Letzte war ein Jüngling so lenzesmorgenschön —
Hätteft manch Mädchenauge wohl um ihn weinen sehn.

So that der Graf von Nassau, wie's nimmer Fürstenart.
Sie haben drauf die Edlen bei stiller Nacht verscharrt: —
Doch kam ein Gottesengel vom Himmelszelt herab
Und weckte Freiheitsblumen aus dieser Helden Grab.

7. Edelmuth und Bürgertreue. Nach dieser Einnahme Freibergs durch Adolph von Nassau mußte Friedrich gänzlich auf sein Markgrafenthum verzichten; arm und unstät verließ er sein Land. Schon 1298 aber kam er verkleidet zurück und bis in die Nähe der vom Feind besetzten Bergstadt. — Hier hatte soeben einer von ihren reichsten Bürgern, Namens Haberberger, in seiner Schmelzhütte reichen Silbersegen gewonnen, siehe da tritt ein Pilger ein in die einsame Hütte des Waldgrundes. Edle Gastfreundschaft nimmt den Wanderer auf, und Wein und Imbiß erquicken den Ermatteten. Als Haberberger hörte, daß der Fremdling von dem geliebten Landeserobern Friedrich Kunde bringe, rief er frohlockend aus: O wäre er hier! unser Silber, unsere Kraft, unser Leben ist ihm geweiht! Mit unserer Hilfe würde er sein Land bald wiedererobern können! — „Und mehr noch und theurer als dieser reiche Silberblick ist ihm die Anhänglichkeit seiner Treuen!" ruft der Pilger aus in der Aufwallung innersten Entzückens; er wirft Muschelhut und Mantel ab und steht vor dem Erstaunten als Markgraf Friedrich selbst. Haberbergers Verheißungen waren nicht leere Worte: er schenkte dem Markgrafen sein ganzes Silber, und andere reiche Grubenbesitzer folgten diesem edlen Beispiel. — Friedrich zog sich zurück und warb ein Heer, das sich bei dem Einrücken in das meißner Land von Tag zu Tag vergrößerte, so daß er dem Feind die Stirn bieten und endlich 1307 sein treues Freiberg und zugleich das ganze Land wiedererobern konnte. (s. Kornbaus S. 42.) — In der Schlacht bei Lucka erlitten die Schwaben eine schwere Niederlage und Graf Philipp wurde vom Markgrafen Friedrich eigenhändig erschlagen. (Möller S. 48.) — Eine poetisch-romantische Erzählung, wie Markgraf Friedrich, noch verkleidet, mit Hilfe seiner Treuen bei Gelegenheit eines großen Bergaufzugs einen allgemeinen Aufstand erregt und sich so wieder in den Besitz der Stadt gesetzt haben soll, findet man in Dr. Ewald Dietrich's „Erzstufen" (Sagen und Erzählungen vaterländischer Begebenheiten), Freiberg 1830. 1. Band. S. 167 bis 178.

8. Freiberger Bauerhasen. Unser Markgraf Friedrich der Freudige hielt sich oft und gern in seiner getreuen Bergstadt Freiberg auf, deren Bürger ihm von Herzen zugethan waren. — Da gab er einst auf der Burg Freistein ein großes Gastmahl, zu welchem viele weltliche und geistliche Herren eingeladen waren. Unter letzteren befand sich auch der Freiberger Klosterabt Bruno. Dieser Mann hielt viel auf Essen und Trinken, er trug einen gewaltigen Schmeerbauch vor sich her. Und doch predigte er oft gegen Unmäßigkeit und behauptete, je mehr ein Mensch faste, desto eher komme er in's Himmelreich. Auch bei diesem Festmahle hatte er schon weidlich gezecht; sein speckfettes Antlitz glänzte wie der aufgehende Vollmond und seine feurigen Augen wurden immer kleiner, je mehr Humpen edlen Weins um ihn sich leerten. — Als Mitternacht vorüber war, setzte der Hofkoch, Namens Bauer, einen angenehm duftenden Hasenbraten auf die Tafel. Schon wollte der Markgraf sich ein Stück auf den Teller legen, da rief der Abt ihm zu: „Durchlaucht, halten zu Gnaden, jetzt ist soeben ein Fasttag angebrochen, und Ihr wollt Euch doch gewiß nicht versündigen?" — Wäre denn wirklich die Sünde so groß, wenn wir zum Schluß noch ein Stück Hasenbraten zu uns nähmen? — „Ganz gewiß! ich kenne auf Gottes weitem Erdboden keine größere Sünde! Nehmet Euch ein Beispiel an mir: schon seit einer halben Stunde habe ich keinen Bissen mehr gegessen!" — Alle sahen den geistlichen, wohlgenährten Herrn mit großen Augen an, schwiegen aber, und der Koch mußte den schönen Braten wieder abtragen, den er dann selbst und ohne Gewissensbisse gemütlich mit seinen Leuten zu sich nahm. Aber er ärgerte sich nicht wenig über den eifernden Sittenprediger, welchen eine Stunde später sechs handfeste Diener in seinen Wagen tragen mußten, und er beschloß, sich für seinen zurückgewiesenen Hasenbraten bei passender Gelegenheit am gestrengen Herrn Abt zu rächen. — Bei einem späteren Gastmahl auf der Burg traf es sich nun, daß abermals ein Fasttag folgte, und jetzt brachte nach Mitternacht der lustige Koch Bauer wieder einen Hasenbraten auf die Tafel. Da konnte sich der Abt kaum fassen, dem sündhaften Koch eine schwere Strafpredigt zu halten: daß er den Fasttag nicht heilige und einen gottlosen Braten auf die Tafel setze. Er erglühte vor Zorn, als er sah, daß der Koch noch dazu behaglich lächelte. — „Nun, rief Bauer aus, das ist ein Hase, den jeder gute Christ am Fasttag essen darf, ohne sich der Sünde zu befürchten!" — Während dieser Vertheidigung hatte der Markgraf den Hasen angeschnitten und zu seinem Vergnügen bemerkt, daß der scheinbar wohlgespickte Hase nur ein mit Mandeln ausgestattetes Gebäck sei in der gelungenen Form jenes bekannten Krautdiebes. Da wollte der Strafprediger endlich selbst nach dem Gericht langen; er erhob sich, verlor aber bei seinem schweren Kopfe das Gleichgewicht und riß dabei Alles mit sich herab von der Tafel. Er war auch nicht vermögend, sich wieder aus dem Wirrsal um ihn zu erheben, was nur erst geschehen konnte, nachdem auf Befehl des Markgrafen die Diener hilfreiche Hand angelegt hatten. — Der Hase Bauer's hatte allerdings dem Festmahl ein bedauerliches Ende gemacht, allein das Gebäck erhielt einen berühmten Namen, denn Alle wollten nun in der Fastenzeit „Bauer-Hasen" essen, und selbst in den Klöstern durfte das Gebäck nimmer fehlen. Anfangs nannte man dieses Backwerk „Bruno-Hasen"; aber jener geistliche Herr protestirte lebhaft gegen diese Bezeichnung, und so wurde es nach dem Erfinder benannt. — Die Freiberger Bauerhasen fanden gute Aufnahme an allen deutschen Höfen, wurden sogar kistenweise in fremde Länder versandt, und auch noch in unseren Tagen verläßt wohl selten ein Fremder die alte Bergstadt, ohne den Seinen einen „Freiberger Bauerhasen" mitzunehmen. — (Nach Carl Graupner. Brand 1862.)

9. Der Name Münzbach. Die unter Nr. 1 erwähnte Bach „Lufiz" wurde später „Münzbach" genannt, weil — wie Möller S. 146 berichtet — die markgräfliche Münze (s. S. 3.) an dieselbe gebaut gewesen sein soll, und

XIII. Sagenkranz unserer alten Bergstadt.

zwar nicht innerhalb der Stadt, wo sich die Münze in den späteren Jahrhunderten befand (f. Münzhof S. 43˙), sondern auf Großschirma'er Gebiet. Aus dieser Münze sollen 1315 die ersten meißnischen Groschen hervorgegangen und darnach „Schirmer Groschen" genannt worden sein. — Noch in neuerer Zeit sind, sogar aus weiterer Entfernung, Abenteuerer herbeigekommen, um in dem einsamen Münzbachthal nördlich vom Neubau den reichen Silberschätzen nachzugraben, welche hier noch von der alten Münze her verborgen liegen sollen.

10. **Die drei Kreuze** zwischen Freiberg und Brand (S. 32˙) sind sehr alt und verdanken ihren Ursprung wahrscheinlich dem, noch in den alten biblischen Grubennamen sich bekundenden, frommen Sinn der Bergleute, welche vor der Reformation auch an den Wegen zu ihren Gruben einzelne kleine Betkapellen unterhielten. Eben so stehen die 3 Kreuze, an denen früher Christus und die beiden Schächer angebracht waren, an einem alten Häuersteg. — Der Chronist Möller erwähnt „die alten hölzernen drei Kreuze vor der Stadt nach dem Brande zu" 1574 das erste Mal, wo sie „auf Kosten der Knappschaft und Berggewerken" erneuert und unterhalten wurden, wie dies auch jetzt noch geschieht. — Die Sage, daß durch die Martersäule vor dem Hospital und die drei Kreuze die Entfernung vom Tempel in Jerusalem bis nach Golgatha bezeichnet worden sei, ist irrig, da diese nur gegen 1000 Schritt betrug. — Außerdem hat sich noch folgende Sage erhalten: Bei der unter Nr. 6 beschriebenen Belagerung sollte die Stadt eine sehr hohe Brandschatzung geben, für welche, da sie nicht sofort aufzubringen war, drei Rathsherren als Geißeln gestellt wurden. Zufolge einer geheimen Nachricht von Freiberg entflohen sie aus dem feindlichen Lager, kamen auch glücklich bis an die jetzige Stätte der drei Kreuze, hier aber wurden die Fliehenden eingeholt und getödtet, und zum Andenken an diese Unglücklichen sollen die drei Kreuze errichtet worden sein. — (f. die ausführliche Erzählung in E. H. Müller's Chronik von Brand. Freiberg 1858. S. 39.)

11. **Die alte Mordgrube** zwischen Brand und Berthelsdorf hat der Sage nach ihren Namen von einer schauerlichen Begebenheit, welche sich 1350 auf dieser Bergzeche zugetragen haben soll (f. Möller S. 60) und von Gustav Schilling (S. 15˙) in seinen „Geistern des Erzgebirges" (Dresden 1816) romantisch wiedergegeben wird. — In kürzerer, poetischer Form erzählt uns dieses Ereigniß Widar Ziehnert in „Sachsens Volkssagen" (Annaberg 1838) 1. Band. S. 89 wie folgt:

Gut stand's um die Gruben im Freiberger Gau, d'rin fand man des Silbers in Menge; die Freude drob trug man gar offen zur Schau des Sonntags bei lautem Gepränge. Da wallte der Hauf' zur Schenke hinauf; dort mußte ein Fiedler flink geigen zum Reigen. — Und wenn sie nun tanzten und lärmten und schrien in wilder unbändiger Freude, da warnte der Fiedler, dem Sünde es schien, und sprach: „Nur gemach, lieben Leute! Ihr treibt es schier zur Ungebühr; habt Acht, bald kommt nach den Freuden das Leiden!" — Doch da höhnte seiner die lärmende Schaar, und tobte und tollte nur schlimmer, und der Fiedler mit lockigem Silberhaar schweigt still und warnt sie nimmer, und unwirsch geigt er fort und streicht, als sollte der Bogen die Saiten zerschneiden. — Da zogen des Weges heran von fern zwei Männer mit sorglicher Schnelle: ein Priester, im Arme den Leib des Herrn, und sein Glöckner mit klingender Schelle. Hell strahlt die Monstranz mit güldnem Kranz; Kraft soll sie einem Sterbenden spenden zu enden. — Und wie sie heran an den tosenden Reihn und die lärmenden Häuser gekommen, da schellte der Glöckner so feierlich drein, daß sich beugen die Knie der Frommen. Und der Fiedler sich neigt, sein Knie sich beugt, daß der heilige Leib nicht der Ehre entbehre. — Doch die Tänzer, sie kümmern sich wenig darum, und lassen den Reigen nicht stören; und der Glöckner schellt wieder, doch keiner ringsum will die heilige Mahnung hören. Da weichet der Grund: aufthut sich ein Schlund, und die Schaar hat die Straſe gefunden tief unten. — Die Erde, ſoweit ſie die Tanzenden trug, war in's Bodenloſe gefallen; nur dumpf aus des Trichters tiefunterſtem Bruch hört man Stöhnen und Aechzen erſchallen. Von der Höhlung Rand nachſtürzt das Land, und Erdſchollen die Frevler bedecken mit Schrecken. — Vom wankenden Hügel mit bleichem Geſicht rief der Fiedler. Man half vom Verderben ihm eilends. Der Schulkloſe ſollte ja nicht zugleich mit den Schuldigen ſterben. Doch kaum er ſtand auf ſicherm Land, da ging auch der Hügel tief unter hinunter. — Die Binge iſt öde und bringet nicht Frucht, tief grub man, und konnte nichts finden; das Erdreich iſt rollig. — Gott hat es verflucht, als die Stätte unſühnbarer Sünden. Kein Menſch entdeckt, was Gott verſteckt: der decke mit ewigem Schweigen die Leichen.

12. Der Alte Hof im Niederfreiwald. Nächſt der Grube „Vereinigt Feld" bei Brand, bei dem ſogen. Röſchenhaus, ſind im Walde dicht an der alten Straße, welche hinauf in's Gebirge führt, noch uralte Burggräben und (zum Theil doppelte) Wälle ſichtbar, die ein großes Viereck einſchließen; es iſt dies der ſogen. „Alte Hof," welcher der Sage nach ſo wie ein Haus in Freiberg ſelbſt (S. 44.) dem Ritter Kunz von Kaufungen gehört haben und bereits unter dem erſten Markgrafen von Meißen Conrad dem Großen von Wettin um das Jahr 1130 durch den Ritter Eckardt begründet worden ſein ſoll. Von Letzterem haben jetzt noch die ſogen. „Eckardt'ſchen Folgen" zwiſchen Mildisdorf und Bertheldsdorf ihren Namen. [„Folge" bedeutet: ein zu dem alten geſchlagenes Grundſtück.] Als der letzte Beſitzer des Alten Hofs wird Apel von Dißthum genannt. (ſ. Gerlach's Freib. Ztg. 1864 Nr. 53 u. 68.) — In neuerer Zeit haben hier Waldarbeiter einen alten Ritterſporn, Waſſerröhren und Spuren verfallener Keller ausgegraben. Auch ſoll allda heute noch ein reicher Schatz von Gold und Silber in einem weiten Gewölbe verborgen liegen, wohin er zu Kriegszeiten geflüchtet worden wäre. Es ſind aber einſt — ſo erzählt die Sage weiter — die Schatzgräber, nachdem ſie ſchon ein tiefes Loch gegraben, plötzlich auf ein großes Neſt voll Kröten mit feurigen Augen geſtoßen und aus Beſtürzung darüber eiligſt davongelaufen. — (Im Niederfreiwald ſind noch Anfang des 16. Jahrhunderts einzelne Bären erlegt worden.)

13. Kunz von Kaufungen betr. Außer Vorſtehendem iſt hier der Vollſtändigkeit wegen nur noch auf das früher bereits Mitgetheilte hinzuweiſen. (ſ. S. 6* und Rathhaus S. 40. und S. 41.) — In dem dort erwähnten, vom Erker auf die Richtſtätte herabſchauenden ſteinernen Ritterkopf will man das Bildniß Kaufungens erblicken. — Daß das Schwert, mit welchem dieſer **1455** hingerichtet wurde, und das auf das Todesurtheil bezügliche Schriftſtück ſich noch auf dem Rathhaus befinden ſollen, iſt Irrthum. — Eben ſo iſt es auch wohl nur Sage, daß der Kurfürſt noch kurz vor der Hinrichtung Begnadigung nach Freiberg entſendet, der reitende Bote aber ſich unterwegs (beim Vorwerk Hals) verſpätet und dann die Stadtthore verſchloſſen gefunden habe.

14. Wolfgang der Heilige und der Bettler. Als einſtmals Biſchof Wolfgang (aus dem Geſchlechte derer v. Schleinitz) nach Freiberg gekommen war und in vollem Ornate in den Dom ging, ſtürzte ſich aus der umſtehenden Menge plötzlich ein Bettler vor ſeine Füße nieder, ſcheinbar mit dem ärgſten Gliederreißen behaftet. Da ſprach der Biſchof: „Tobt wirklich eine Krankheit in dir, ſo möge ſich Gott deiner erbarmen; haſt du ſie aber zum Frevel erlogen, um Almoſen zu erlangen, ſo ſoll ſie von jetzt an deine Strafe ſein!" Kaum war der gottloſe Heuchler aufgeſtanden, als auch das Strafgericht über ihn hereinbrach und er mit jämmerlichem Geſchrei wieder zu Boden fiel. (Gräſſe's Sagenſchatz des Königreichs Sachſen. Dresden 1874.) — Auch Heinrich, der erſte Prior der Freiberger Dominicaner 1238, galt als ein heiliger Mann, dem selbst die Vögel und wilden Thiere gehorchten. — 1452 kam der Barfüßermönch Johann Capistranus als päpstlicher Legat nach Freiberg, predigte auf dem Markte durch einen Dolmetscher wider die Hoffart in Kleidung, Zutrinken, Spielen und anderen Lastern und ließ Bretspiele, Würfel und Karten öffentlich verbrennen. — Dagegen hatte der Stadtrath 1464 Beschwerde zu führen, daß die Freiberger Mönche ohne Scham ein zügelloses, unkeusches Leben führten. Auch das Jungfrauenkloster befand sich „in großer Verderbniß geistlicher und leiblicher Sachen." (f. Benseler's Geschichte Freibergs S. 574, 83 u. 92.)

15. Johannes im Korbe. In dem Jahre 1510 entstand in Freiberg zwischen der Clerisei und den Bergleuten ein großer Aufruhr, der sich über das ganze Gebirge erstreckte und nur durch die äußerste Strenge des Herzogs Georg gedämpft werden konnte. Die Ursache war ein von den bald gut lutherisch gesinnten Bergleuten gesungenes Lied: „Johannes im Korbe." (Möller S. 156.) In diesem Bergreihen wurde, wie es scheint, ein gefoppter üppiger Pfaffe lächerlich gemacht. Johannes Tetzel hatte nämlich damals auch in Freiberg einen lebhaften und sehr einträglichen Ablaßhandel betrieben, — sein Lockruf lautete: „Sobald das Geld im Kasten klingt, die Seele aus dem Fegefeuer in den Himmel springt;" endlich aber wurde der Zudringliche von den Bergleuten aus der Stadt verjagt. (S. 7.) Vielleicht hatte man ihn vorher seine sonstigen Zügellosigkeiten mit dem schimpflichen Korbpranger büßen lassen (f. Schuppe S. 76.) und darnach erwähntes Spottlied gesungen.

16. Mönchskalb und Papstesel. Nachdem Luther's Lehre bereits festen Fuß gefaßt hatte (S. 8.), wurde 1523 im Kuttelhof eine Kuh geschlachtet mit einem Kalbe, das eine Mönchsplatte gehabt und sonst durch seine luttige Haut einem Mönche ganz ähnlich gesehen haben soll. Auch diese Erscheinung gab Veranlassung, die päpstlichen Pfaffen und Mönche zu höhnen, und lange Zeit wurde hierüber von dem Bergvolk wieder ein Spottlied gesungen. Selbst Luther veröffentlichte über das Freiberger „Mönchskalb" und den 1496 zu Rom gefangenen „Papstesel" eine besondere Schrift mit Abbildungen, in welcher er die falschen Heiligen geißelt. (f. Möller I. S. 213 u. II. S. 179.)

17. Die beiden Kanzeln im Dom und deren Sage f. S. 35. (Letztere findet man noch, als romantische Novelle bearbeitet von Carl Winter in Dresden, in Gerlach's „Freiberger Zeitung" 1865 Nr. 12 ff.) — An der „Bergmannskanzel" trägt ein alter Bergmann von Stein die ganze gewaltige Last auf seinem Haupte; fragst du ihn aber, wenn du ihm in feierlicher Dämmerstunde allein gegenüberstehst, theilnehmend: „Alter, was machst du da?" — so wird er dir antworten: — Nichts!

18. Sonstige Domsagen. Von den vielen früheren Grabsteinen im Dom sollen sich unter den Frauenstühlen und dem späteren (verunstaltenden) Emporeneinbau in der Vorhalle noch manche erhalten haben; so sieht man im vorderen linken Quergang einen „alten Grabstein" hervorragen mit dem Manhaupt'schen Wappen, 3 Mohnköpfen. (Bürgermeister Menhaupt f. S. 37 u. 43.) — Vom Dom soll ein „unterirdischer Gang" nach dem Nonnenkloster geführt haben, wie man einen solchen auch von dem Schloß aus (unter der Brücke beginnend) nach dem Markte hin entdeckt haben will. — Das hoch über den andern Domglocken hängende sogen. „Silberglöckchen" von 1493 verdankt diesen Namen nur seinem hellen Klang. — In der äußern Wand des Alten Gymnasiums befinden sich stark verwitterte, aber werthvolle Steinbilder aus der alten Marienkirche. Den beiden Einzelfiguren, für „Jesus und Moses" gehalten, fehlen die Köpfe; den des Moses soll Schenk (S. 9.) als Bilderstürmer haben abschlagen lassen. — In dem Domkirchhof lag ein Grabstein mit einer Darstellung von „3 Schwestern"; sie waren kurz hinter einander gestorben infolge Genusses eines giftigen Krautsalats. (s. Grübler's Ehre der Freibergischen Todtengrüfte. Leipzig 1731. S. 579.) — Andere Domsagen ɾc. s. auch Nr. 5. 14. 17. 26. — Noch möge hier ein gewiß willkommenes Gedicht Platz finden, welches mit der Unterschrift **M. F. W.** zuerst in Nr. 59 des „Freiberger Anzeigers" v. J. 1859 Abdruck fand, betitelt: Der Dom zu Freiberg.

 Sei mir gegrüßt, du schöner, du heilig-ernster Dom —
So lange schon umflutet vom wilden Zeitenstrom!
Du wahrhaft würdig Denkmal der Fürstenfrömmigkeit,
Vom Ahn der Landesväter dem Allvater geweiht.

 Kühn tragen freie Säulen den mächt'gen Riesenbau
Und rufen: „Christ, o glaube! fest auf den Herrn vertrau!
Wir werden nimmer müde, zu stützen fort und fort:
So werd' auch du nicht müde, zu hören Gottes Wort!"

 Siehst du dort jene Kanzel, von Wunderkraft erbaut?
Noch immer sitzt der Meister, der still sein Werk beschaut;
Sitzt so schon manch' Jahrhundert, sieht dem Gesellen zu —
Möcht' wissen, was du sinnest, du alter Meister du.

 Doch heilt von hier kein Priester des Sünders Reueschmerz
Und schleudert Flammenblitze in der Verstockten Herz;
Denn von der Nachbarkanzel strömt jetzt der Wahrheit Quell
Und macht die Nacht der Herzen wie Maientag so hell.

 Horch! was vermählt sich brausend mit der Gemeinde Sang?
Es ist der Meisterorgel gewalt'ger Feierklang.
Vereint des Priesters Flehen bringt zu des Vaters Ohr
Der frommen Christenmenge vieltausendstimm'ger Chor.

 Und bleibest du nicht ernster vor jenem Grabmal steh'n?
Erfaßt dich nicht allmächtig des heil'gen Schauers Weh'n? —
Sieh' hier aus Marmelsteine des großen Moritz Grab,
Der Ruhm dem Vaterlande und Schutz dem Glauben gab.

 Denk', unter deinen Füßen ist deiner Fürsten Gruft!
Blick auf, wie sie schon oben der Herr der Herren ruft.
Spricht auch von ihren Thaten ihr steinern' Denkmal noch,
So bleibt des Volkes Liebe ihr schönstes Denkmal doch.

 Du staunst ob jener Pforte, die „goldne" nur benannt,
Doch hast du, was sie lehret, auch immer wohl erkannt?
Sie sagt: „Siehst du bewundernd vor meines Baues Pracht, —
Such nach der Wahrheit Pforte, sei darauf stets bedacht!"

 Was irrst du durch die Hallen des Kreuzgangs düstern Blicks?
Wir gehn, wie hier die Todten, die Bahnen des Geschicks;
Doch sind wir treu gewesen, so gehen Groß wie Klein
Einst durch die goldne Pforte zum Himmelsdome ein.

19. Der Affe mit dem Kinde. Im Jahre 1528 riß sich auf dem Schlosse Freudenstein ein Affe los und schlich in ein nahe dabei stehendes Haus, wo er die Stubenthüre offen und ein Kind in Windeln fand, das unbewacht in der Wiege lag. Rasch nahm er dasselbe und lief davon. Da man ihm nun nachsetzte und die Gassen und Wege in der Stadt verlegte, sprang er in ein Haus und hinaus auf das Dach, wickelte das Kind auf der Dachrinne aus und gaukelte damit lange hin und her, so daß Jedermann mit Angst erwartete, es werde herab auf das Pflaster stürzen. Aber sobald der Wärter des Affen berbeigeeilt war und ihm zugerufen hatte, kam derselbe folgsam vom Dache wieder herunter, und übergab das nackte Kind unversehrt, so daß sich Alle darüber verwunderten und Gott für die unverhoffte Rettung dankten. (f. Möller S. 185.) Diese Begebenheit soll sich in einem Eckhaus der Waisenhausgasse (S. 43.) zugetragen haben, welches deßhalb früher „Affengasse" genannt wurde.

20. Bergmännisches Spielzeug. In dem Alterthums-Museum zu Dresden befindet sich eine Menge modellartiger kleiner Grubengebäude und Schmelzhütten mit berg- und hüttenmännischen Figürchen. Das Ganze soll den jungen Prinzen Moritz und August (S. 8.) als „Spielzeug" gedient haben. Es ist Eigenthum der Stadt Freiberg und wurde 1851 nur gegen Revers abgegeben. (f. auch S. 36. u. Mittheil. d. Freib. A.-V. Heft 6 S. 617 ff.)

21. Großer Hausschlüssel. In dem 1861 eröffneten Freiberger Alterthums-Museum steht an dem großen Schenktisch ein „Bierhumpen" von Holz in Gestalt eines kolossalen Hausschlüssels. Der Sage nach stammt er aus der Hofhaltung Herzog Heinrich's (S. 8.). Vor dem Aufbruch von fröhlichem Gelage im Schlosse Freudenstein soll für den Heimweg noch oft dieser Hausschlüssel herbeigebracht worden sein, gefüllt mit schäumendem Gerstensaft.

22. Der ungehorsame Sohn und der jähzornige Vater. Sowohl Kindern wie Eltern zur Warnung erzählt Möller S. 220 folgende Geschichte v. J. 1545: — Als ein Freiberger Bürger Namens Lorenz Richter, seines Handwerks ein Leineweber, welcher auf der Weingasse wohnte, seinem 14jähr. Sohne etwas befohlen hatte, und dieser nicht sogleich gehorchte, sondern säumig in der Stube stehen blieb, verwünschte der Vater den Sohn im Jähzorn und rief: „Du ungerathener Bube, wenn du nicht gehen willst, ei so wollte ich, daß du da stehen müßtest dein Leben lang und dich nicht mehr von der Stelle rühren könntest!" Dieser arge Fluch ging alsbald in Erfüllung: die Füße des unfolgsamen Sohnes erstarrten, und er konnte sich nicht zollbreit mehr von der Stelle bewegen. Drei Jahre lang stand der Unglückliche und er trat tiefe Gruben in die Dielen. Setzen oder legen konnte er sich nicht; des Nachts, wenn er schlafen wollte, ward ihm ein Pult hingesetzt, auf dem er mit dem Kopfe und den Armen ruhte. Weil aber die Stelle, wo er stand, den Leuten, welche in die Stube traten, gleich im Anlauf war, so versuchte man mehrmals ihn gewaltsam weiter zu schaffen, aber dann schrie er vor Schmerzen und geberdete sich wie ein Rasender. Darum ward in den Kirchen für ihn gebetet und endlich so viel erlangt, daß ihn die Geistlichen aufheben und gegenüber in den andern Winkel der Stube tragen konnten. Hier hat er wieder vier Jahre lang gestanden und noch tiefere Tapfen in die Dielen getreten. Auf seine Bitte schlug man einen Vorhang um ihn, denn er war am liebsten allein und hing seinem Leide nach. Sein Auge wurde täglich trüber und sein Antlitz bleicher und abgezehrter. Endlich konnte er sich setzen und auch auf das Bett legen, welches man neben ihn gestellt hatte. Wenn ihn Jemand fragte, was er mache, antwortete er: Gott züchtige ihn seines Ungehorsams wegen, werde sich aber doch um Christi willen seiner erbarmen und ihn erlösen. Dies geschah auch durch den Tod am 11. Septbr. 1552, nachdem er also sieben Jahre lang die harte Strafe ertragen hatte. Als aber der Vater die Fußstapfen in den Dielen aussetzen lassen wollte, um die traurige Erinnerung zu verwischen, wurde ihm solches vom Rathe ausdrücklich untersagt, und so sind sie, wenn auch durch spätere Dielungen überdeckt (im ersten Stock des Hauses Weing. Nr. 683) bis auf den heutigen Tag erhalten worden.

23. Eine Somnambule. Prophezeihungen ꝛc. Am 17. Mai 1560 ging Jungfrau Wendelina Borsdörfer aus Mobendorf, nachdem sie kurz vorher schwer krank gewesen war, mit ihrer Schwester nach Freiberg und trat ermattet in einem Haus am Obermarkte ein. Hier sank sie wie ohnmächtig nieder und blieb völlig regungslos; darnach aber fiel sie in Verzückung und redete wie im Traume, jedoch mit heller Stimme, und sie verkündete Zukünftiges, vermahnte mit Bibelsprüchen zur Buße und schrie Wehe über die Hoffart und andere Sünden der Welt. Dies dauerte wohl über zwei Stunden. Während dem hatten sich an 200 Hörer versammelt, unter ihnen auch der gelehrte Hieronymus Weller und einige Geistliche. Als diese darnach die Jungfrau fragten, wie ihr gewesen sei, gab sie zur Antwort: „sie wäre beim lieben Herrgott gewesen." Als sie andern Tags wieder gefragt wurde, ob sie wisse, was sie geredet, hat sie wenig Bescheid geben können, sich auch nur verwundert und geseufzt, als man ihr vorlas, was sie gesagt hatte. Einige Zeit darauf soll sie gestorben sein, diese Begebenheit aber und die Reden des schlichten Bauernmädchens wurden alsbald in den Druck gegeben und von gedachtem Weller mit einer Vorrede verieben. (s. Möller S. 274.) — Seit dem Jahre 1600 soll eine sehr junge schwächliche Ehefrau Namens Anna Fleischer, durch einen Schreck schwer erkrankt, sehr arg vom Teufel angefochten werden sein, der ihr auch in der Kirche wie eine Katze oder ein Hund um die Beine gekrochen. Er hat allerlei Spiel mit ihr getrieben, sie aus dem Bette gerissen und bockoben auf die Dachrinne, ein ander Mal auf den Ofen gesetzt; auch hat er sie einmal im Bett an dem ganzen Leibe, Händen und Füßen aufgehoben und lange freischwebend erhalten. Zuweilen hat sie aber einen weißen, hellen Glanz gesehen, der sie getröstet und in die Zukunft hat schauen lassen, wobei sie unter Anderem die große Theuerung 1617 und die folgende Münznoth, sowie die Drangsale Freibergs in dem 30jährigen Kriege prophezeihet. 1615 erstatteten Superintendent und Rath der Stadt einen ausführlichen Bericht über den Verlauf der Krankheit, welche erst 1620 mit dem Tode endete, an Kurfürst Johann Georg. (s. Möller S. 423 bis 440.)

24. **Gotteslästerung, Schwören und Fluchen.** Als Veranlassung zu dem großen Stadtbrande 1471 (S. 6.) berichtet Möller S. 110 folgende Sage: Als bei einem Bäcker auf der Burgstraße, dem Oberkloster gegenüber, das Holz nicht sogleich brennen wollte, hieß er es „in aller Teufel Namen" brennen, worauf die Flamme alsbald aus dem Backofen schlug, das Haus anzündete und sich auch über die ganze Stadt verbreitete. — 1473 mußten zwei Bürger „eine ewige Lampe" stiften zu Sct. Petri, weil sie in einem Bierhaus mit ihrem Gesange Gott gelästert hatten; ein Anderer wurde laut Verzellbuch (S. 76.) aus der Stadt verwiesen, weil er in der Frauenkirche, als der Bann über ihn ausgesprochen wurde, trotzig wieder den Priester in den Bann that. — 1571 ist ein Bäcker, zur Strafe für seinen Geiz und Wucher, vor seinem Ofen jählings umgefallen und gestorben; derselbe hatte wider die Wahrheit ausgesagt, er habe das Korn theurer gekauft, und sich dabei frevenlich vermessen: „daß er des Todes sein wolle," wenn es nicht wahr wäre. (s. Möller S. 300.)

25. **Wiederkehr der Pest.** Die „Pestilenz" ist in früheren Jahrhunderten ziemlich oft eingezogen in unsere Stadt (S. 6. u. 8.) und hat — genährt durch die damals noch in Straßen und vielen Bürgerhäusern herrschende Unsauberkeit — oft die schrecklichsten Verheerungen angerichtet. So öffnete im Juni 1572 ein Töpfer bei dem Hospital eine Thongrube, in welche 1564 alte Kleider und Stroh aus Häusern von Pestkranken vergraben worden waren. Alsbald kam ihm ein widriger Dunst entgegen; er erkrankte und starb an der Pest, und rasch verbreitete sich die schreckliche Seuche weiter, so daß in einem halben Jahre über 1500 Personen, namentlich auch zarte Jungfrauen in der Blüthe ihrer Jahre, dahingerafft wurden. — Angst und brennender Durst überfiel die Kranken, dunkle, entstellende Giftflecke und Beulen überzogen die Haut, oft trat auch Raserei ein, und der Tod erfolgte rasch. (s. Möller S. 311.)

26. **Teufelserscheinungen.** Aus dem Jahre 1260 berichtet Möller S. 19 im Wesentlichen wie folgt: Als ein junger Priester an der Klosterschule

XIII. Sagenkranz unserer alten Bergstadt.

sich in eine schöne Jungfrau heftig verliebt und sie nicht zu seinem Willen haben
können, hat er Rath und Hilfe bei einem Schwarzkünstler gesucht, der ihn in
die Sächsstadt in ein abgesondert Gemach geführt und allda in einen Kreis gestellt hat. Da nun der Schwarzkünstler seine gewöhnlichen Beschwörungen an-
gefangen, ist der Teufel, welcher sich zu solchem Spiel nicht lange bitten läßt,
geschwind erschienen in Gestalt der Jungfrau und hat sich also geberdet, daß
der vor brennender Liebe unsinnige Jüngling nicht anders vermeinet, als daß
es seine Liebste wäre. Darum ist er aufgesprungen und hat ihr aus dem Kreis
die Hand geboten. Da aber hat ihn der Teufel alsbald zu sich gerissen und so
an die Wand geworfen, daß er auf der Stelle todt geblieben; auch des Schwarz-
künstlers hat der Teufel nicht verschont, sondern mit solcher Gewalt wider denselben den zerschmetterten Körper in den Kreis geworfen, daß der Zauberer die
ganze Nacht winselnd liegen geblieben, worauf er auch zur gebührlichen Strafe
gezogen wurde. — Aus späterer Zeit: 1523 wurden die großen geistl. Pfingstspiele (S. 7') in Freiberg zum letzten Male abgehalten; es soll nämlich damals, so erzählt Möller S. 178, unter die 12 Narren, welche in Gestalt des
Teufels mit aufgezogen, der rechte sich eingemengt und den einen ganz wegge-
führt haben, auch soll an dem Palast ein Bret, darauf eine Jungfrau gestanden,
gebrochen sein und dieselbe eine gute Weile zu großem Aergerniß bloß gehangen
haben. — 1537 (zur Reformationszeit) ist der Satan mit einem langen Papier,
fast einer Kuhhaut gleich, als Notar zu einem alten ehrlichen Bergmann an
das Sterbebett gekommen, seine Sünden aufzuzeichnen. Als dieser sich aber
standhaft auf seinen Herrn Jesus Christus berufen, ist der Böse alsbald wieder
verschwunden und nichts von ihm als ein abscheulicher Gestank hinterblieben.
(f. Möller S. 203.) — 1609 hat ein junger Bergmann, von böser Gesellschaft
verleitet, in der Fastnachtszeche allerhand Ueppigkeiten getrieben und leichte, gott-
lose Reden geführt. Da ist ihm Abends beim Heimgehen in schrecklicher Gestalt
der Satan selbst erschienen und hat ihm heftig zugesetzt; er ist darnach auch
neben ihm mit in die Grube gefahren und hat ihm keine Ruhe mehr gelassen,
bis der Bergmann sich wieder zu Gott wendete und alle böse Gesellschaft mied.
(f. Möller S. 393.) — Im Domkirchhof waren hoch an der Wand der Kreuz-
gangkapelle, welche früher vor der Goldenen Pforte stand, die Ueberreste von 3
neben einander eingemauerten Schädeln zu sehen. Der Sage nach rührten sie
von Schülern her, welche dort an heiligem Orte Karte gespielt hatten und zur
Strafe dafür vom Teufel an die Wand geworfen worden waren.

27. Geister und Gespenster. Als im October 1632 der kaiserliche
General Holcke Freiberg verlassen hatte, um sich vor der Stadt Leipzig zu be-
mächtigen, haben die Kaiserlichen ihre Artillerie herein auf den Markt geführt,
die Stadt in Vertheidigung gesetzt und dazu drei Schanzen errichtet, eine vor
dem Kreuzthor, eine beim Schloß auf dem Teichdamm und die dritte vor dem
Donatsthor auf dem Gottesacker. Möller erzählt nun S. 482 weiter: Es
wunderten sich aber Viele, daß die Jesuiten, deren eine ziemliche Anzahl bei der
Armee war, den Kirchhof aufgraben und darauf eine Schanze bauen ließen, da
sie doch vorgeben und glauben, daß die Geister und Gespenster sich vielfältig bei
der Verstorbenen Leichnamen befinden, und daher die Kirchhöfe absonderlich weihen.
Es ward zwar solches mit der Kriegsraison entschuldigt, aber nichtsdestoweniger
erging es ihnen recht nach ihrem Glauben. Denn es wurden die Soldaten in
dieser Schanze sehr übel verunruhiget und genecket, also daß sie sich heftig darüber beklagten, wie sie keine einzige Nacht mehr Ruhe haben könnten vor den
Geistern und Gespenstern, und Keiner mehr gern allda Wache halten wollte.

28. Berggeister. Kobolde. In alten Zeiten, in denen man so manche
Naturerscheinung noch nicht zu erklären wußte, war der Glaube an Berggeister
ziemlich allgemein. Es gab sowohl böse als auch gute Berggeister.

Wo letztere sich sehen ließen, wo sie mit blauen Flämmchen oder kleinen Irrlichtern wie mit Grubenlämpchen umherhuschten, da hoffte man bald glücklich zu sein und gar reiche Erze zu finden; man hörte solche Geister wohl auch pochen, eine Wand werfen ꝛc. Nur litten sie kein Fluchen und Pfeifen in der Grube. Die kleinen Berggnomen oder „Kobolde," die gern schabenfrohe Neckereien ausübten, beschreibt H. M. Reichelt (Schwarzenberg) in seinen bergmännischen Mährchen und Erzählungen (s. den Freiberger Bergkalender 1875 ff. und die Sammlung „Bergmannsleben") unt. And. wie folgt: „Männlein winzigkleiner Art, mit recht struppig großem Bart, — dicke Köpfe auf dem Nacken, angethan mit Bergmannsjacken, auch ein Leder um den Bauch nach dem alten Bergmannsbrauch; und Kapuzen auf dem Kopf, wie zum Schutze für den Schopf" ꝛc. — Sehr charakteristisch ist auch die obererzgebirgische Sage: „Daniel der Bergknappe" von Gustav Schilling. — Es folgt hier noch aus Benseler's „Berggeschichten" die Freiberger Sage: Der Berggeist auf dem Sct. Donat.

 Mit Thränen in dem Auge nagt Hans am Pfennigbrod
Bei trübem Pfenniglichte, und klaget seine Noth
Den Geistern in der Tiefe mit manchem Weh und Ach —
Dumpf seufzen's ihm die Wände der Grubenweitung nach.
Ein schleichend Fieber zehrte an seines Lebens Mark,
Kaum fühlt den Arm zur Arbeit er kräftig noch und stark,
Und gleichwohl schon dem Kranken bei seinem dürftgen Lohn
Des Winters harte Tage mit ihren Schrecken drohn.
Da öffnet auf die Klagen sich einst der Felsenberg,
Und in dem Felsenthore erscheint der Geisterzwerg: —
„Hans, fasse Muth, an Hilfe es nimmer dir gebricht,
Falle du mir täglich reichest dein Pfennigbrod und Licht;
Doch schwör zuvor bei Allem, was heilig ist und hehr:
Daß du, was du gesehen, ausplauderst nimmermehr!"
Hans schwor. — Da rollt das Silber zu seinen Füßen vor,
Sein Klingen tönt gar lieblich in des Erstaunten Ohr.
Bald schwand dann auch sein Fieber. Und munter und gesund
Tanzt er manch frohen Reigen, küßt manchen Rosenmund;
Von allen den Jungfrauen mit Wangen roth und weiß
Erhält als flottster Tänzer er überall den Preis.
Doch einst im Stollenbiere beim fröhlichen Gelag
Der arme Hans im Rausche den schweren Eidschwur brach,
Und malt den lust'gen Brüdern des Zwerges Mißgestalt,
Daß drob ihr lautes Lachen im Hause widerhallt.
Allein am andern Tage, wie war's ihm da so bang,
Als ihn zur Tief' hinabrief des Häuerglöckleins Klang;
Wohl barg im Kittel zitternd die Hand das Brod und Licht,
Doch schlich er zu dem Orte, als ging's zum Hochgericht. —
Den Knechten an dem Haspel schien darauf seltsam hell
Von einem Licht die Teufe, — dann zuckt's am Seile schnell.
Sie drehn den Rundbaum, fördern den Kübel rasch zu Tag.
Ach! statt des Erzgesteines — der arme Hans drin lag:
Mit blauen Angesichte, erdrosselt, kalt und todt,
Am Rand rings Pfenniglichte, auf ihm das Pfennigbrod. —
Zu Freiberg bei dem Schachte vom alten Sanct Donat
Ein Stein das Angedenken noch heut bewahret hat.

 29. Besondere Himmelserscheinungen, Kometen ꝛc. wurden in noch wenig aufgeklärten Zeiten meist mit Furcht und Bangen betrachtet: als Vorzeichen unglücklicher Ereignisse. Möller erzählt in seinen Annalen S. 185: Den 11. Aug. 1527 ist ein Komet am Himmel erschienen, lang und blutfarbig, wie ein gebogener Arm mit einem Schwerte, neben welchem mehr grausame Wunderzeichen sich sehen lassen, darüber unterschiedene Personen dermaßen sollen erschrocken sein, daß sie krank worden und gestorben. — S. 263: Den 3. Juni 1555 und folgende Tage soll es Blut geregnet haben also, daß man es von den Sträuchern nicht abwischen können, bis es die Sonne ausgezogen. — S. 271: Den 14. August 1559 Nachmittag 2 Uhr hat sich der Himmel mit Ungewitter überzogen und ist ein plötzlicher Sturm mit gewaltigem Prasseln entstanden, welcher einen Mühlwagen mit 4 Pferden auf dem Markte dreimal umringgeführet und grausam auf die Häuser gestürmt, darauf ein harter Donnerschlag nach dem andern mit stetem Wetterleuchten erfolget, und sind ungeheure Schloßen und Hagelsteine gefallen, so drei Pfund und drei Viertel schwer gewesen zc. — S. 313: Den 17. Juni 1573 hat es zu Freiberg gut natürlich Korn geregnet, welches die Leute aufgerafft, gemahlen und schön Brod draus gebacken; so sollen den Leuten 1503 auch Kreuze unterschiedlicher Farben auf die Kleider gefallen sein. — Nach S. 457 kündigten sich unserer Stadt die Schrecken des 30jährigen Kriegs durch folgende „Feuer- und Wunderzeichen" an: Den 25. Januar 1630 Abends gegen 8 Uhr sah man am Himmel einen Mondbogen, von Abend nach Morgen gehend, und darauf eine schneeweiße, helle Wolke, welcher gegenüber auf beiden Seiten noch zwei andere weißglänzende Gewölke erschienen, die viel weiße Strahlen wie Feuerflammen auf einander schossen und endlich zusammenrückten, als wenn Truppen Volkes mit Fahnen, Piken und anderem Gewehr gegen einander zögen und scharmizirten. So hat man auch jähling, nachdem es zuvor ganz still gewesen, ein Windsbrausen und Rasseln, wie der Küraßire, und knallen und krachen gehört, darauf einen Rauch über den andern aus den Wolken fahren sehen, als wenn Doppelhaken und Musketen losgingen, davon solche Confusion und Alles unter einander vermischt ward, daß man Nichts mehr deutlich erkennen konnte. Dieses wehrete fast eine Stunde zu großer Verwunderung und Schrecken der Zuschauer. — Auch aus den Zeiten der Belagerung selbst wird von wunderbaren Zeichen am Himmel berichtet, so i. J. 1639 von einem „flammenden Schwert" und 1643 von einem „schwarzen Kreuz." (s. Möller S. 557 u. 623.)

30. Geheimmittel und Aberglauben. Wünschelruthe. Selbst noch in unserer Zeit, welche sich der Bildung und Aufklärung rühmt, werden Wundermittel gar mancherlei Art im Geheimen wie auch sogar offen in Zeitungen angepriesen, — selbst heute noch lassen sich schwache Seelen von Wahrsagerinnen und anderen Betrügern das Geld aus der Tasche stehlen, — ja leider auch heute noch werden Amulette und sogen. Schutzbriefe, wie „die heiligen sieben Himmelsriegel" (gedruckt in diesem Jahre zu Cöln am Rhein) u. s. w. massenweise verkauft, welche den Namen Gottes und Jesu Christi in sündhafter Weise mißbrauchen, aber Jeden „hieb-, schuß- und wundfest" machen sollen; — und doch war all dieser Wunderglaube in früheren Jahrhunderten immer noch allgemeiner, ja selbst öffentlich anerkannt und dadurch allen solchen Betrügereien Thor und Thür noch viel leichter geöffnet. — So spielte z. B. lange Zeit die sogen. Wünschelruthe (Schlagruthe, Glücksruthe) zu Aufsuchung verborgener Schätze eine große Rolle, und die Ruthengänger waren angesehene Leute, welche, allerdings oft mit großem Geschick, ihr Geheimmittel zu gewissen Ehren zu bringen wußten. Die „Wünschelruthe" war eine kurze, sich gabelnde Ruthe, gewöhnlich vom Haselstrauch, welche unter Beobachtung vieler Ceremonien in dem Namen der heiligen Dreifaltigkeit geschnitten wurde. Der „Ruthengänger" faßte beim Aufsuchen von Erzgängen, vergrabenen Schätzen oder Quellen seine Wünschelruthe mit beiden Händen je an einem Gabelende locker so, daß die zusammengedrückten Finger ein Paar Fäuste gegen einander bildeten, wobei der starke Theil der Ruthe geradeauf stand. Trat nun der Ruthengänger bei seinem Umhergehen auf die Stelle, unter welcher das Gesuchte verborgen liegen sollte, so wandte und drehte oder beugte sich die Ruthe nach vor; ging er wieder weiter, so wurde die Ruthe wieder still ꝛc. — Zum Schluß nur noch e i n e hierhergehörige Geschichte von Möller (S. 184): Um Michaelis 1526 ist der Antonius-Herr, wie man ihn genennet, zum letzten Mal in Freiberg gewesen, welcher große Schlagfässer voll rother geweihter Messerlein mit Kreuzen auf den Klingen bei sich geführet und viel Geld daraus gelöset, weil die Leute damals in dem Aberglauben gestanden, daß den Kindern, wenn sie fielen und mit diesen Messern gedruckt würden, keine Beulen aufführen.

31. Entführungen. Fürstenbraut. Entführungen von Freibergerinnen scheinen in frühester Zeit nicht selten vorgekommen zu sein; es war daher der Jungfrauenraub schon durch das Stadtrecht von 1294 mit den härtesten Strafen, ja dem Tode bedroht. — Unter Anb. berichtet Möller S. 148: Sonntags den 25. Juni 1503 hat Martin v. Minkwitz des Freibergischen Amtmanns Stephan Alnpeck Tochter Ottilie unter der Predigt entführet und sich mit derselben auf's Schloß nach Brür begeben; ist hernach, weil er sie geehelichet, ausgesöhnet worden. — S. 156: Den 21. Oct. 1510 hat ein junger Graf v. Schwarzburg einer armen Spinnerin in Freiberg Tochter, ihrer Schönheit und Zucht halber, liebgewonnen; sie wurde aber infolge Anstiftens seiner Verwandten auf Befehl Herzog Georgs von Sachsen in Annaberg gefänglich eingezogen. Da hat der junge Graf am ersten Weihnachtsfeiertage, als Alles in der Kirche gewesen, nachdem er die Wächter mit Gelde bestochen, die Jungfrau durch etliche Reiter abholen und sich darnach auf seinem Schlosse trauen lassen, hat auch lange in gutem Glück und Ruhe mit ihr ehelich gelebt. — Folgende Geschichte einer glücklichen „F ü r s t e n b r a n t" hat sich 1778 in Freiberg zugetragen: Die Wittwe des Steuerschreibers Wenzel auf der Fleckgasse führte mit ihrer einzigen Tochter ein stilles eingezogenes Leben; aber auf ein Mal zog der Hochmuthsteufel ein, denn eine Wahrsagerin, welche in einem Hause bei dem Kreuzthor hinter der Mauer ihr Unwesen trieb, hatte der Jungfer Johanna Dorothea aus Kartenfall und Kaffeesatz prophezeiht: daß sie einen „Fürsten" zum ehelichen Gemahl erhalten werde. Da wurde denn zufällig ein preußischer Musketier vom Haackschen Regiment Namens Johann Fürst in eines der Häuser einquartiert, welche der begüterten Wittwe gehörten, und kaum hatte der Corporal nach dem Zapfenstreich beim Visitiren den Namen „Fürst" gerufen, als in den Herzen der abergläubischen, bethörten Mutter die Hoffnung zur Gewißheit wurde, die Zeit der Erfüllung sei gekommen. Schon des anderen Morgens ward der junge, hübsche Soldat zu der Wittwe gerufen und mit Geschenken und Ehrenbezeigungen überhäuft; er widersprach zwar, aber gerade seine Verlegenheit bestätigte die Vermuthung der glücklichen Mutter und Tochter nur noch mehr: daß er nicht als Fürst erkannt sein wolle. Auch der Commandant und Oberst versicherten vergebens, daß Fürst kein Fürst, sondern ein gemeiner Soldat sei. Die Ueberglücklichen blieben fest bei ihren Träumen, und schon am 28. Decbr. standen die jungen Leute am Traualtar. Aber der schlimme Fürst hatte bald nichts Angelegentlicheres zu thun, als das Geld der thörichten Schwiegermutter zu vergeuden. Er führte nun wirklich ein „fürstliches Leben" in unsinnigem Saus und Braus, und nach einem flüchtigen Ehestand von 15 Tagen verschwand der schöne Fürst — auf Nimmerwiedersehen.

32. Wunderbare Errettungen finden wir ebenfalls mehrfach in den Annalen Möller's verzeichnet, z. B. S. 332: 1579 ist beim Decken des Schlosses mit Schiefer ein stark Stück desselben einem Bergjungen, der unten im Hofe fördern helfen, so auf den Kopf gefallen, daß es tief darin stecken blieben und kein Balbierer sich getrauet hat zu verbinden, da der Kopf halb offen gestanden. Endlich hat auf Befehl des Raths der Pestbalbierer sich seiner angenommen und ihm außer dem Schiefer viel Stücken von der Hirnschale, wie auch einen ganzen

XIII. Sagenkranz unserer alten Bergstadt.

Babekopf voll Gehirn aus dem Haupte nehmen müssen. Darnach ist er über Verhoffen ohne einigen Schaden an seinem Verstande, wie sonst zu geschehen pfleget, wieder gesund worden. Als Kurfürst August Bericht hiervon empfangen, hat er den Bergjungen und den Balbierer nach Dresden bescheiden und ihnen, nachdem er selbst Alles ausgefraget, eine ansehnliche Verehrung genädigst auszahlen lassen. — S. 339: Am 19. Sept. 1581 sind vier Bergbauer auf dem Brande in der Grube Sct. Stephan verfallen und konnten trotz unausgesetzten fleißigen Räumens doch erst den 23. Sept. Abends 9 Uhr wiedergefunden werden. Drei waren todt, der vierte aber, Namens Georg Strobel, noch bei Leben: in einem kleinen Querschlägein, etwa eine halbe Elle hoch, hatte er sich wunderlich erhalten: er hatte oft einen hellen Schein auf- und niederfahren sehen, davon er erquicket worden. Er war der einzige Sohn einer armen Wittwe, die er nebst drei kleinen Geschwistern in kindlicher Treue durch seine saure Arbeit ernähret. — Aus dem Jahre 1665 wird von einem Bergmann Michael Oelschlägel auf der Hohen Birke erzählt, daß eine große, schwere Wand aus dem Hangenden über ihm hereingegangen und ihn dermaßen gefangen habe, daß er nicht mehr reden, noch sich regen konnte, und ganz erdrückt werden mußte; als aber seine Kameraden und der herbeigerufene Steiger rath- und hilflos dagestanden und ihn Gott befohlen hatten, da half dieser ihm wunderbar hervor; — während noch seine Schlägelgesellen auf den Knieen ein Vaterunser beten, stebt der verschüttete Kamerab auf ein Mal vor ihnen, wiewohl vom Fuß bis auf den Kopf arg zerquetscht. Gott half ihm aber auch weiter, so daß er später noch lange seine Arbeit hat verrichten können. (Ew. Dietrich's „Immortellen um Freibergs Bürgerkrone." 1827. S. 211.) — Am 21. Januar 1494 warf ein Sturm den hohen Petersthurm bis auf's Gemäuer herunter, wunderbarer Weise ohne Schaden für die umliegenden Häuser. (s. Möller S. 135.)

33. Der Fürstenhof bei Großschirma. Wie Möller S. 527 berichtet, hat den 22. Juni 1636 die Durchlauchtigste hochgeborene Fürstin und Frau, Frau Magdalena Sibylla, Kurfürst Johann Georgs zu Sachsen Durchlaucht herzgeliebte Gemahlin, das Vorwerk „Klippel" in der Loßnitz, das Abraham Martini besessen, ausgekauft und fürstlich anrichten, auch mit einem neuen Namen den „Fürstenhof" benennen lassen. — Die Sage verwechselt mit der ebengenannten Kurfürstin irrthümlich die Kurfürstin „Mutter Anna" (gest. 1585).

34. Der Johannesbruch auf dem Halsbrückener Gange. Nächst dem uralten Vorwerk „Hals" zieht sich herab bis zur Mulde und auch noch jenseits derselben fortsetzend eine Staunen und Grausen erregende tiefe Kluft. Es sind die am 12. März 1662 und später wiederholt bis auf das Tiefste zusammengebrochenen alten Baue der einst reichen Fundgrube „Sct. Johannes"; daher auch der Name des Bruchs. Der Sage nach aber soll er sich an einem „Johannistag," an welchem die Bergleute Feiertag hielten, ereignet haben, wodurch Alle der grausigen Todesgefahr entgangen wären.

35. Die Altväterbrücke oder Wasserleitung in der Nähe des Johannesbruchs mit ihren hohen Bogenwölbungen quer über das Muldenthal, seit Ende vorig. Jahrhunderts nur noch malerische Ruine, ist gleichfalls ein altehrwürdiger Zeuge des einst großartig betriebenen Halsbrückner Bergbaus. Bis zum Jahre 1690 erbaut, führte sie dem Kunstgezeuge der jenseitigen Grube „Sct. Anna und Altväter" (daher der Name der Brücke) von der Freiberger Seite aus das Aufschlagwasser zu. — Eine große silberne Ausbeutmünze genannter Grube v. J. 1690 zeigt interessante Darstellungen der Wasserleitung und des ganzen Bergwerksbetriebs seiner Zeit.

36. Der Hungerborn und der Streittag der Bergleute. (S. 69.) Der sogen. „Hungerborn" im Rathswalde, ungefähr eine Viertelstunde nordwestlich von der Grube Beschert Glück, spendete einst gar reichliches Trinkwasser, welches auch Wunderkraft besitzen sollte (wie das zu Fernesiechen). Durch die unterirdischen Grubenbaue versiegte die Quelle 1790, und jetzt ist selbst das alte, weitumfassende Mauerwerk des Brunnens ganz verschwunden; man will aber neuerdings noch Spuren eines unterirdisch ab- und wieder aufwärts führenden kurzen Ganges, wie zu Wallfahrtszügen angelegt, aufgefunden haben. — An diesem „Hungerborn" versammelten sich seit Jahrhunderten die Bergleute, insbesondere am Tage „Maria Magdalena," so auch bei dem S. 69 erwähnten Streit. (Nach Bergr. M. F. Gätzschmann.) — 1681 feierte an derselben Stelle die Kurfürstin Magdalena, Wittwe von Johann Georg II., ihren Namenstag, wozu ein besonderes Zelt erbaut und ein Springbrunnen eingerichtet wurde. (Benseler's Geschichte Freibergs S. 1061.)

37. Freiberger Wahrzeichen ꝛc. und **Sprüche**. Hier nur noch eine Uebersicht des schon Mitgetheilten. Das älteste und „schönste Wahrzeichen" unserer Stadt ist die Goldene Pforte s. S. 34˙; — Kaufungen-Wahrzeichen s. S. 40. u. 41. und Nr. 13; Kreuze am Rathhaus S. 40.; Donatsthurm S. 22.; Kornhaus S. 42.; Haussagen S. 43; Schwebensteine (ein harter Grünsteingang mit schönen Rutil-Ausscheidungen) S. 30˙; die drei Kreuze s. Nr. 10; Martersäule vor dem Hospital Sct. Johannis S. 29˙; Torstensonlinde S. 38. u. 103; Fernesiechen S. 52˙. — **Freiberger Sprüche** ꝛc. s. S. 7˙ 8. 9. 10˙ 13˙ 17. 31˙ 37. 41. 44˙ 59˙ 60˙ u. Nr. 39. Auch die beiden trefflichen Sprüche hoch an der Wand der Bürgerschule (Körnerstraße) mögen hier Platz finden: Lerne Weisheit! Uebe Tugend!

38. Der ehemalige Silberwagen war ebenfalls ein Wahrzeichen der Stadt und bestand in einem besonderen, mit 4 Pferden bespannten Postwagen, welcher von einem Beamten (dem Silberbrenner oder dem Zehntenschreiber) und 2 Bergleuten, in bedenklichen Zeiten auch von Cavalerie begleitet ward. Durch diesen Silberwagen nämlich wurde seit 1556 (S. 3.) vor jedem großen Lohntag der Bergleute das „Bergsilber" nach Dresden zur Münze gefahren, und mit voller Bezahlung in neugeprägtem Gelde (blanken Silberthalern ꝛc.) kehrte der Silberwagen andern Tags wieder nach Freiberg zurück. Diese guten Zeiten haben aber seit Einführung der „Goldwährung" in Deutschland leider aufgehört; das Silber geht jetzt in den Welthandel über und ist im Preise sehr gefallen. — Die beschriebene Lieferung des Bergsilbers an die Münze erfolgte in halbkugelförmigen Kuchen (Stangen, Barren) von etwa 7 Zoll Durchmesser und bis 25 Pfund Gewicht oder etwa 700 Thlr. Werth. Dergl. wurden gewöhnlich bis 100 Stück auf ein Mal geladen, also ungefähr 2500 Pfd. fein Silber oder 75000 Thlr. Geldwerth, und so kamen jährlich über 1½ Millionen Thlr. Silberbezahlung aus der Dresdner Münze herauf in unser Freiberg, wo deßhalb immer so viel baares und blankes Geld circulirte, wie wohl selten in irgend einer andern Stadt.

39. Freibergs angebliche Unterhöhlung. Die Sage mit ihren Uebertreibungen hat Manche zu dem Glauben verleitet, daß unsere Bergstadt ganz unterhöhlt sei und einstmals hinab in die Tiefe stürzen werde, wie auch das ungeheuerliche alte Sprüchwort sagt: „Meißen wird ertrinken, Freiberg wird versinken, Dresen wird man zusammenkehren mit Besen." Allerdings sind, da die alten (meist wenig tiefen) Grubenbaue oft nur mangelhaft verwahrt wurden, wiederholt unvermuthete Einbrüche solcher Schächte und Strecken erfolgt; in der innern Stadt aber ist in den alten Zeiten fast nur in der Linie von der Rothen Grube nach dem Stadtkrankenhaus zu stärkerer Bergbau betrieben worden (s. S. 68.), und alle neueren Baue befinden sich in bedeutenderer Tiefe und festem Gestein. — In der Nonnengasse brach 1602 plötzlich ein unbekannter Schacht zusammen und begrub eine Jungfrau mit einem Kind auf dem Arme, als sie eben Brod aus einem Schrank nehmen wollte. (Möller S. 380.)

XIII. Sagenkranz unserer alten Bergstadt.

40. Alte Gebräuche in Freiberg. Als ein solcher und als Wahrzeichen gilt (nach Hofrath Gustav Klemm, Dresden): daß an jedem Andreasabend (30. Novbr.) alle alten Jungfern der Stadt den Knopf des hohen Petersthurms blank scheuern müssen. — Zu den alten Gebräuchen gehört unt. Anb. noch die der Stadt eigenthümliche Bauerhasen-Bäckerei (s. Nr. 8), ferner das Brauen der Bürgerschaft (S. 63·), und seit den ältesten Zeiten die freie Einfuhr von Semmeln ꝛc. Seiten der „Siebenlehner Bäcker." Der Sage nach soll denselben dieses Vorrecht aus Dankbarkeit zugestanden worden sein, weil sie die Stadt während einer schweren Belagerung durch heimliche Zuführung von Brod (bei dem unteren Rechen der Münzbach) von Hungersnoth errettet hätten. — Nun zum Schluß noch ein alter frommer Brauch: das allabendliche „dreimalige Anschlagen" der Glocken, das sogen. Pacem- oder Friedensläuten. Es ist das auch anderwärts aus katholischer Zeit beibehaltene ehemal. „Ave-Maria-Läuten" — heute noch eine Mahnung zum Gebet sowie Gott zu danken für den Frieden des Landes und alle von ihm empfangenen Wohlthaten.

Die Hospital-Linde zu Freiberg.

Gedicht von Hermann Barth.

So oft ich mag vorübergehen
An dir, ehrwürd'ger Lindenbaum,
So oft wiegt mich ein Geisterwehen
In längst entschlafner Zeiten Traum;
Und darf ich mir dein Flüstern deuten,
Wenn ich dir heimlich zugelauscht, —
Träumst du wohl selbst von grauen Zeiten,
Die über dir dahingerauscht!

Wer mag nach deinem Pflanzer fragen,
Wie deines Daseins Anfang sei,
Wie viel der Kleider du getragen
Mit jedem Lenze frisch und neu? —
Tief aus der Vorzeit dunklen Schatten
Schaust du noch lebensstark herein
Auf unsrer Tage Frühlingsmatten
Im maiverklärten Sonnenschein.

Du sahst der Bergstadt Heldentage,
Da sie den Lorbeer sich errang,
Du hörtest ihre Donnersprache
Und ihrer Glocken Schlachtgesang;
Und als des Feindes Trotz gebrochen,
Die freie Bergstadt wieder frei,
Da hat dein frisches Reis gesprochen
Von Freibergs Ruhm und Bürgertreu.

Wohl hast du sein Geschick erfahren
Zur guten und zur bösen Zeit
Im Kranz von vielen hundert Jahren,
Wie Perlen um dein Haupt gereiht;
Geschlechter sahst du kommen, schwinden
Mit ihrer Lust, mit ihrem Schmerz,
Nach Müh' und Arbeit Ruhe finden
Und sinken an das Vaterherz.

So mancher Wandrer ruhte, müde,
In deiner Blätter Kühlung aus;
Es trug in deiner duft'gen Blüthe
Sich Mancher Balsam in sein Haus;
Aus deinem Marke hat gesogen
Die Nahrung sich so mancher Wurm;
Auf deiner Aeste sanften Wogen
Hat eingewiegt sich mancher Sturm: —

Noch bist du keinen Zoll gewichen,
Noch wardst du nicht des Todes Raub;
Ist dir ein wenig Haar geblichen,
Dein Haupt umwallt noch volles Laub.
Noch sucht im süßen Abendschweigen,
Wenn sich der Tag die Stirne kühlt,
Der Vogel Ruh' in deinen Zweigen,
Darauf sein Ahne einst gespielt.

Dein graues Haar muß dir verbleiben —
Nicht greif' an dich die Schnörklerhand,
Vorwitzig Spiel mit dir zu treiben;
Das Alter ziert nicht mod'scher Tand. —
In Ehren bist du alt geworden,
Dich schändet nicht ein dürrer Zweig:
Je mehr der Zweige dir verdorrten,
Je mehr bist du an Ehren reich.

Man wird uns All' zu Grabe legen
Und nach uns Enkel, Enkelkind,
Wenn dir, getränkt vom Himmelssegen,
Das Blut noch durch die Adern rinnt; —
Zur fernen Zukunft wirst du treten
In deines Greisenalters Pracht,
Und wirst die Nachwelt lehren beten
Und rühmen deines Schöpfers Macht.

Bei Gottes Tempel hältst du Wache
An Sct. Johannis Hospital,
Das Lebensmüde, Altersschwache
So gastlich pflegt in reicher Zahl;
Sanft webst du Frieden auf sie nieder,
Des Feierabends sich zu freu'n,
Wenn sie im Kreise, Schwestern, Brüder,
Vertraulich deinen Stamm umreih'n.

So schirm' dich Gott! und laß dich schauen,
Wie oft der neue Lenz dich grüßt,
Ein glücklich Freiberg, dessen Auen
Des Segens Silberbach durchfließt; —
Ein glücklich Freiberg, dessen Ehre
Nicht wandelnd, wie der Düne Sand,
In Wissenschaft, in Kunst und Lehre
Ein Demant bleibt vom Sachsenland!

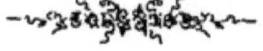

Anhang zur Freiberger Chronik.

Führer durch die Stadt Freiberg
und ihr
Berg- und Hüttenwesen.

Willst du, der du als unser lieber Gast einziehst in die alte Bergstadt, in aller Kürze erfahren, was sie gerade dir Interessantes bietet, so gewinnst du zunächst einen leichten Ueberblick in dem dieser Chronik vorgedruckten Inhaltsverzeichniß, und gewiß ist dir da auch die denkwürdige „Geschichte" Freibergs und der „Sagenkranz" willkommen.

Bei Besichtigung der Sehenswürdigkeiten unserer Stadt, wozu nun eine kurze, aber vollständige Anleitung zu beliebiger Auswahl folgen soll, ist wohl Jedem — selbst bei einem nur kurzen Aufenthalt — vor Allem zu empfehlen: ein Rundgang um die innere Stadt in den abwechslungsreichen und anmuthigen „Promenaden." Wir wandern hierzu vom Bahnhof aus sofort auf den „Rothen Weg" (Rothe Grube) und durch die „Körnerstraße" dem „Petersthor" zu. — (Hier am Wege die Garten-Restauration zum städtischen „Brauhof" mit freundlicher Linden-Terrasse, entfernter der „Schillergarten" mit malerischen Baumgruppen; große Zahl von Restaurationen, unter denen nach den Vorschlägen Einheimischer zu wählen ist; Gasthöfe s. 61. Bäder 58.*)

Ring-Promenade. (s. hierzu den speciellen Plan S. 27, so wie die Beschreibung der Promenade und ihrer Denkmäler S. 28 ff.) — Schwedendenkmal, Kinderwiese, an dem Kreuzthor Rentamthaus, Schloß Freudenstein 39· (1505 bis 1539 Hof Herzog Heinrich des Frommen 7·), Ringmauer mit Thurmruinen 23· Donatsthurm 22. Kornhaus 42.

---

*) Die Zahlen bezeichnen die Seiten, auf welchen die betr. nähere Beschreibung zu finden ist, und die Stellung des Punktes hinter der Zahl: das obere ˙, mittle · oder untere . Drittel der angegebenen Seite.

Sammlungen der Bergakademie 45· u. 47 ff. (hier ist auch eine Niederlage verkäufl. Mineralien) — Alterthums=Museum 45. (in dem Kaufhaus 41. [alte Trinkstube 42·].) — Naturhistor. Museum 46· — Fabrik leonischer Gold= u. Silberdrähte ꝛc. (Burgstr.) 1692 begründet 65· — Schlegel'sche Fabrik feiner Lederwaaren (Schloßplatz), desgl. andere bedeutende Etablissements 66·

Der Dom. (Kirchner: Untermarkt Nr. 392.) Goldene Pforte 34· Fürstengruft 34. Kurfürst=Moritz=Denkmal 35· Tulpenkanzel 35· Silbermann'sche Orgel 36· Kreuzgänge 36. Werner's Grab 31. (s. auch S. 47 und 48·) — Ehemal. Gymnasium 42·

Rathhaus 39. Stadtwappen 40· und 86. Fürsten=Galerie 41· Kaufungen=Leiter, Prangersteine 41. — Wahrzeichen 40. u. 102· — Hoher Petersthurm 37· (darauf Rundsicht 32·) — Alte Bürgerhäuser mit Figuren ꝛc. 42. — Neuere öffentliche Gebäude 44.

Nahe Ausflüge zu landschaftlicher Umschau. — 1) Auf der, insbesondere bei Morgenbeleuchtung einen lohnenden Blick auf die Stadt bietenden Höhe im Nordosten von Freiberg, zwischen dem Münzbach= und Muldenthal: **Herder's Ruhe** (s. S. 32 Zeile 4). Ein edles Bergmannsherz ruht allda; denn hier, auf der ehemal. Grube zu den heil. 3 Königen — hoch inmitten der Freiberger Gruben= und Hüttenwerke — verfuhr der Oberberghauptmann von Herder nach seinem eigenen letzten Wunsch*) die letzte Schicht. — Unten im nahen „Fürstenthal" die freundlich einladende Restauration zur Hornmühle 65., welche einst herzogliches Bade- und Waschhaus gewesen sein soll. — 2) In ziemlich entgegengesetzter Richtung, von der Höhe der Chemnitzer Straße, gleichfalls schöner Blick herab auf die Stadt Freiberg und hinauf nach den ferneren Gebirgshöhen. — Nächst dem Hospitalwald die Restauration **Fernesiechen** 52·

Jetzt aber nur noch Eines, lieber Gast, bevor wir uns in den Bergbau vertiefen: — Ehe du wieder Abschied nimmst, vergiß nicht, den lieben Deinen einen guten, frischen „**Bauerhasen**" mitzunehmen. Du findest hierüber S. 90 eine Sage, welche dir vielleicht noch auf der Heimreise im Dampfwagen eine willkommene Unterhaltung gewährt, wenn du da stillbeschaulich all die Bilder aus Freiberg in freundlicher Erinnerung noch einmal vorüberziehen läßt an deiner Seele.

---

*) An meine lieben bergmännischen Brüder. — Und sink ich einst in jenes dunkle Reich der Nacht, aus dem auf seine Berge Keiner wiederkehrt, erhebt dann hoch, ihr treuen Knappen, mir das Grab; nur aufgehäufte Erd' und graue Stein', ein Zeichen eurer Liebe, Knappen! — Sitzt dann ermüdet an dem grünen Hügel einst der Wandrer und gedenkt der Tag' entfloh'ner Zeit: „Hier," sagt er, „ruht der Knappen treuster Freund! — ihr Erster einst — ihr Erster auch in Wort und That, galt es der Berge und der Knappen Ruhm und Wohl." — Erhebet hoch, ihr Knappen! mir mein Grab, und denkt des treuen Freundes liebend noch, wenn längst das enge Haus ihn deckt.

Siegmund August Wolfgang Freyherr von Herder.

Der Bergbau. Die noch an alten Bürgerhäusern zu sehenden bergmännischen Figuren (42.), besonders das Zeichen „Schlägel und Eisen" (⚒), ferner das auf nahen Schachtgebäuden z. B. „Rothe Grube" regelmäßig ertönende Signalglöckchen unterirdisch arbeitender Wasserhebungsmaschinen, — nach den Schmelzhütten fahrende Erzwagen, — das Läuten des Bergglöckchens auf dem hohen Petersthurme 37· sowie die uns (hauptsächlich gegen 6 Uhr früh und 3 Uhr Nachmittags) in ihrer Arbeitstracht begegnenden Bergleute und ihr schöner Gruß „Glück auf!" — Alles dies läßt Freiberg bald als eine **Bergstadt** erkennen; sehr irrig aber ist die Annahme, daß die ganze Stadt durch den Bergbau in gefährlicher Weise unterhöhlt sei. S. 102. — Bergmännische Schilderungen s. noch S. 67 ff., Behörden ꝛc. S. 79 ff., **Beschreibung des Bergwesens** S. 109.*)

Doch nun zur Besichtigung eines Bergwerks selbst! — Wir wählen hierzu das großartigste von allen, die vor dem Donatsthor nahe gelegene Grube „**Himmelfahrt**" 71·, wo wir auch „anfahren," d. h. auf mehr oder weniger steilen Leitern oder „Fahrten," oder auch mittelst „Fahrmaschinen" (für Geübtere) in die Tiefe steigen können, selbst bis 11te Gezeugstrecke (à 40 Meter) unter dem (92 Meter unter Tage liegenden) Alten tiefen Fürstenstolln, d. i. bis 103 Meter unter dem Spiegel der Ostsee. — Auch wißbegierige und beherzte Damen sieht man bisweilen in den gewöhnlichen Bergmannskleidern mit anfahren. Die Wege in der Grube sind übrigens sicher, daher bei der nöthigen Ruhe und Vorsicht Gefahren nicht zu befürchten — Ueberall giebt der begleitende „Steiger" oder ein Bergmann als treuer Führer zur Hand und ertheilt auf unseren bergmännischen Wanderungen über und unter Tage gern Auskunft und Belehrung. — Die Erlaubniß zum Anfahren, wie auch zur Besichtigung der Grube über Tage, ertheilt die Betriebsdirection auf der Grube selbst (von früh bis Nachm. 5 Uhr) gegen besondere „Erlaubnißkarten." Der bezügl. Aufwand ist unbedeutend.**)

Das Hüttenwesen. Haben wir jetzt gesehen, wie der Bergmann das edle Erz dem tiefen Schooß der Erde abgewinnt und zur Verhüttung vorbereitet, so müssen wir nun auch den großartigen **Hüttenbetrieb** näher betrachten, wozu wir uns entweder in die obere oder „**Muldener Hütte**" bei Hilbersdorf oder auch in die „**Halsbrückener Hütte**" begeben,

---

*) **Poetische Schilderungen** des Bergmannslebens bieten das schöne melodramatische Gedicht „Der Bergmannsgruß" von Moritz Döring, componirt von Anacker 50 (Gerlach'sche Buchdr.) und Döring's „Sächsische Bergreihen" (Grimma 1839).

) **Gebühren: 1 Mark zur Unterstützungscasse, 40 Pf. dem Führer oder Begleiter, 60 Pf. dem Hutmann (für Fahrkleider, Geleuchte, Waschwasser mit Seife und Trockentuch). — 2 Personen zahlen zusammen nur 1¼ Mark, 3 Personen 2 Mark zur Unterstützungscasse. Die Besichtigung der technischen Anlagen **über Tage** ist dabei mit inbegriffen. — Zur Besichtigung der Letzteren allein werden Erlaubnißkarten zu nur 50 Pfennigen ausgegeben. — Sogen. Trinkgelder sind in keinem Falle zu verabreichen.

beide an der Mulde gelegen und schon von Weitem kenntlich durch ihre sich lang hinziehenden oder hoch aufwallenden Rauchwolken, welche zahllosen Essen (darunter eine 62 m. hoch) entsteigen. — In der Expedition der Hütte erhalten wir „Fremdenkarten" à Person 1 Mark. Auch hier giebt der uns begleitende Führer jede gewünschte Erläuterung. — Das einst von den Fremden vielbesuchte (1787 errichtete) sogen. „Amalgamir=Werk" zu Halsbrücke, in welchem das Silber durch eine kostspielige Verbindung mit Quecksilber gewonnen wurde, hat längst aufgehört. — (Beschreibung des Hüttenwesens s. S. 113 ff., Behörden rc. S. 80.)

Entferntere Tagespartien in romantische alte Bergdistricte der Umgegend, zu Wagen je in einem **halben Tage** ausführbar.

1) Ueber den „Zechenteich" nach der interessanten fiscal. Grube „Kurprinz" zu Großschirma (Einkehr auf dem Hutbaus); — Spaziergang in parkartigen Anlagen herab an die Mulde, flußabwärts u. über schattige Uferberge zurück. — Wanderung flußaufwärts: Dem Dorf Rothenfurth gegenüber am „Herder=Canal" zur „Altväterbrücke" S. 101. an der alten Meißner Straße; — „Johannesbruch" 101. bei Vorwerk Hals; in der Nähe die fiscal. Grube „Beihilfe," von wo aus der altberühmte Halsbrückener Gang wieder aufgenommen werden soll; — ehemal. „Hebehaus" für die Kurprinzer Erzlähne; — gegenüber die alte Grube „Isaak" und weiterhin der „Muldenstein" mit Kreuz, früher Teufelskanzel genannt; — diesem gegenüber das 7te „Lichtloch des Rothschönberger Stollns" 110.; — dann „Halsbrücke" mit den hoch aufdampfenden Hüttenwerken.

2) Ueber Halsbrücke und Krummenhennersdorf bis zur „Mühle" an der Bobritzsch (zu Wagen). — Beginn der „Grabentour," einer abwechslungsreichen, schönen Promenade längs des klaren Wassers dieser Bach an malerischen Wiesen, Wald= und Felsengruppen vorüber, bergauf und bergab, immer an dem zum Rothschönberger Stolln gehörigen Bergwerksgraben hin; — Ausgang der Grabentour bei „Reinsberg" (altes Schloß). — Fortsetzung der Wanderung unterhalb des hochliegenden, parkumgebenen Schlosses „Bieberstein" in einem lieblichen, anmuthigen Wiesengrund bis zum „Zollhaus" (Einkehr). — In der Nähe Einfluß der Bobritzsch in die von Bergwerkswassern grau gefärbte Mulde. — Ein gerader Rückweg nach Freiberg führt über Bieberstein und das angrenzende Burkersdorf; darnach eine kahle Hochebene — Teichhäuser — Altväterbrücke.

3) Eine echt bergmännische Partie können wir auch noch unternehmen nach der eine Stunde entfernten kleinen Bergstadt **Brand** inmitten zahlreicher alter Halden und Gruben, sowie nach der reichen Fundgrube **Himmelsfürst** hinter Erbisdorf. — Auch hier begegnet uns überall der treuherzige Bergmannsgruß „Glück auf." — Nun Glück auf! lieber Gast, auch zum Abschied und ein herzliches „Auf Wiedersehen!"

Glück auf!

Beschreibung unseres Bergwesens.

Bergrevier. Eine Menge kahler Gesteinshalden und zahlreiche Schachtgebäude mit daneben befindlichen Maschinen- und Werksgebäuden sowie rauchenden Dampfschornsteinen — insbesondere in dem Gebirgstheile zwischen Halsbrücke, Tuttendorf, Hilbersdorf, Freiberg, Loßnitz, Friedeburg, Zug, Berthelsdorf, Brand, Sct. Michaelis, Erbisdorf und Langenau — bezeugen den lebhaften Betrieb des dasigen Bergbaues sowohl in der vergangenen Zeit, als in der Gegenwart. Aber auch in größerer Entfernung von der Stadt Freiberg befinden sich noch mehrere vereinzelte, theils auflässige, theils noch gangbare Bergwerke, so namentlich in der Umgegend von Großschirma, Groß- u. Kleinvoigtsberg, Obergruna, Siebenlehn.

Erzvorkommen. Hauptsächlicher Gegenstand des Freiberger Bergbaues sind silberhaltige Bleierze, vorzüglich Bleiglanz, und eigentliche Silbererze, besonders gediegenes Silber, Glaserz (Silberglanz), dunkles Rothgiltigerz (Antimonsilberblende), lichtes Rothgiltigerz (Arsensilberblende) und Weißgiltigerz, welche oft in Gesellschaft von Zinkblende, Arsenkies, Eisenkies, Kupferkies oder Fahlerz — mit anderen nichtmetallischen Mineralien, besonders Quarz, Braunspath, Kalkspath, Schwerspath u. Flußspath vermengt — die Ausfüllung bilden von Erzgängen, d. h. von vormaligen, 0,1 bis zu 2,0 Meter weiten Spalten und Klüften in dem Grundgestein (Gneiß, Glimmerschiefer, seltener Grünstein oder Porphyr). In diesen, unter 30 bis 90 Grad geneigten, bis in noch unergründete Tiefen (in die ewige Teufe) niederreichenden und oft auf viele Hundert Meter in horizontaler Erstreckung verfolgten Erzgängen, welche das Gebirge der Freiberger Umgegend in großer Anzahl — man kennt deren über 800 — in verschiedenen Richtungen durchziehen, kommen die genannten Erze theils in größeren reinen Massen, theils, und zwar am häufigsten, grob oder fein zerstreut in den übrigen Mineralien oder deren Gemengen vor. — Eine „Gangsuitensammlung" veranschaulicht das Erzvorkommen im Freiberger Revier. — Zur Aufsuchung u. Ausförderung der Erze dienen **Schächte, Strecken** und **Stölln.**

Die Schächte sind mehr oder weniger senkrecht in die Tiefe niederreichende Grubenbaue von meist rechtwinklig-vierseitigem Querschnitt. Sie werden zugleich zum Ein- und Aussteigen (Fahren) der Bergleute, zum Herausheben des den unterirdischen Grubenräumen zudringenden Wassers, sowie zur Ausförderung der gewonnenen Gesteins- und Erzmassen benutzt und sind für diese Zwecke durch eingebaute Zimmerung in verschiedene Abtheilungen: Fahr-, Kunst-, Förder- oder Treibe-Schächte gesondert. Diese Schächte dienen zugleich auch zum nöthigen Luftwechsel in der Grube, zur Abführung der bösen Wetter. — Mit der zunehmenden Tiefe nimmt auch die Wärme zu (durchschnittlich 1° C. auf 129 Fuß Mehrtiefe).

Die Strecken sind nahezu horizontal angelegte unterirdische tunnelähnliche Grubenbaue, welche von den Schächten aus in verschiedenen Tiefen unter der Tagesoberfläche und nach verschiedenen Richtungen hin, theils auf den Erzgängen selbst, theils im Nebengestein hergestellt werden. Am Ende der Strecke arbeitet der Bergmann „vor Ort." Diejenigen Strecken, welche unter dem Niveau des in die betreffende Grube eingebrachten Hauptstollns (meist in je 40 Meter Teufenabstand unter dem Stolln und unter einander) angelegt sind und zugleich den Zweck haben, die unterirdisch zufließenden Wasser den in den Schächten befindlichen Kunstgezeugen oder Pumpwerken zuzuführen, werden als Gezeugstrecken bezeichnet. Diese, wie auch fast durchgängig die Stölln, sind mit einer auf hölzerne Querschwellen gelegten Pfostenbahn zum Begehen (Fahren) und Fördern mittels kastenähnlicher, auf kleinen Rädern gehender Wagen (Hunde) versehen und an den Stellen, wo das Gestein brüchig und unhaltbar ist, durch Zimmerung oder Mauerwerk ausgebaut. In denjenigen Strecken, wo eine lebhafte Förderung stattfindet, liegen gewöhnlich Eisenbahnen, auf welchen größere Förderwagen theils einzeln durch Menschen, theils in ganzen Zügen durch Pferde (so in der Grube Himmelfahrt) fortbewegt werden.

Die Stölln sind von einer Thalsohle aus ziemlich horizontal, nur wenig ansteigend, in das Gebirge und nach den Hauptschächten getriebene, meist durch mehrere Grubenfelder erstreckte, vielfach verzweigte und in ihrer Einrichtung mit den Strecken übereinstimmende unterirdische Gänge, welche außer zur Aufschließung des Gebirges und der darin auftretenden Erzgänge hauptsächlich zur Abführung der in den Grubenbauen zusammenfließenden Grundwasser dienen. Eben so führen die Stölln nach dem nächsten Flusse oder Bache diejenigen Aufschlagwasser, welche über Tage den Gruben zugeleitet und in diesen zu den verschiedenen Umtriebsmaschinen für Wasserhebung, Förderung und Fahrung benutzt werden. Die Stollnsohle ist deshalb wie bei den Hauptstrecken stets mit einigem Gefälle hergestellt.

In der Freiberger Umgegend giebt es eine große Anzahl solcher, meist aus alter Zeit herrührender Stölln, von denen aber gegenwärtig viele aufgegeben und nur einige der am tiefsten gelegenen und am weitesten ausgedehnten Hauptstölln noch in Benutzung und gangbar sind. Zu letzteren gehören namentlich die im Besitz des Freiberger Bergreviers befindlichen Revierstölln, von welchen der mit seiner Mündung am linken Muldenufer oberhalb Tuttendorf angesetzte und durch alle Gruben unter den Fluren von Freiberg, Zug, Brand und Erbisdorf geführte **Alte und Tiefe Fürstenstolln** und dessen mit den Namen **Kurfürst-Johann-Georgen-Stolln** und **Moritz-Stolln** belegte Fortsetzungen, ferner der am rechten Ufer der Striegis unterhalb Sct. Michaelis angesetzte und in die Gruben der Umgegend von Brand und Erbisdorf eingebrachte **Thelersberger Stolln** die nennenswerthesten sind.

Der Rothschönberger Stolln. Der wichtigste Stolln für die Gruben der Umgegend von Freiberg ist der bis 1877 seiner Vollendung entgegengehende Rothschönberger Stolln. Mit diesem, 1844 begonnenen tiefsten Stolln wird die Wasserlösung u. Wiederaufnahme des dem Staat gehörigen, vormals bedeutenden, aber 1746 ersoffenen Bergbaues auf dem mächtigen Halsbrückener Spat-Gange, wie überhaupt die tiefere Wasserabführung bei den Gruben im Innern des Freiberger Reviers bezweckt, zur Ermöglichung eines weniger kostspieligen Fortbaues. Es theilt sich daher der Rothschönberger Stolln 1) in die auf Staatskosten erfolgende Anlage des Hauptstollns von der Triebisch bei Rothschönberg aufwärts bis zum Halsbrückner Bergbau, und 2) in die von den Freiberger Gruben und der Revierwasserlaufsanstalt nach dem Hauptschächten der Gruben fortzuführenden Flügel des Stollns. — Der Hauptstolln erhält 13869,₂ Meter oder 1,84 Meilen Länge, wovon Ende 1874 nur noch 354 Meter aufzufahren

Beschreibung unseres Bergwesens.

blieben; diese fiscalische Stollnanlage wird ungefähr 2¼ Millionen Thaler kosten. Dagegen werden die im Anschluß hieran zu treibenden Haupt- und Seitenflügel (Rothschönberger Stolln im Innern des Freiberger Reviers) eine Gesammtlänge von 34712,74 Metern oder fast 5 Meilen erhalten, wovon bis Ende 1874 27681 Meter hergestellt waren; diese Stollnfortsetzung wird in Allem ungefähr 1200000 Thaler beanspruchen. — Von den Stollnflügeln werden zunächst die nach den Hauptschächten der Gruben Beihilfe bei Halsbrücke (f. S. 108·), nach Himmelfahrt, Herzog August, Junge hohe Birke, Beschert Glück, Vereinigt Feld und Himmelsfürst vollendet und mit dem Hauptstolln in offene Verbindung gebracht. (Am Johannistag 1875 erreichte der Stolln sein erstes Ziel bei dem Halsbrückener Bergbau mit einem Durchschlag in die alten, nahezu 100 Meter unter Wasser stehenden Baue.) — Die senkrechte Tiefe (Seigerteufe), welche der Stolln unter den jetzigen tiefsten Wasserabführungsstölln hat, beträgt im Durchschnitt 125 Meter. — Für die ganze Rothschönberger Stollnanlage werden sich die Kosten auf etwas über 3 Millionen Thaler belaufen, weil man hierbei den Aufwand für die Fortsetzung im Revier-Innern nur etwa mit der Hälfte in Rechnung bringen kann, da der Stolln zugleich der Feldaufschließung der betreffenden einzelnen Gruben dient. — Der Rothschönberger Stolln erhält ziemlich die vierfache Länge des Montcenis-Tunnels.

Wasserversorgung durch die Revierwasserlaufsanstalt. Die Lage der Hauptgruben des Freiberger Bergbaues auf einer flachen, sanft ansteigenden Gebirgshöhe zwischen dem Thale der Freiberger Mulde und dem der Striegis in der Richtung von Nord-Ost nach Süd-West hat ein, im Eigenthum des Bergreviers befindliches, besonderes Wasserzuführungs-System zur Beaufschlagung der (außer den neuerdings noch eingeführten Dampfmaschinen) erforderlichen Wasserumtriebsmaschinen nöthig gemacht. Es ist dies ein großartiges Unternehmen, welches in der Mitte des 16. Jahrhunderts unter dem Oberbergmeister Marcus Röling von Martin Planer in den Großhartmannsdorfer Bergwerksteichen begründet wurde und 11 Sammelteiche mit 5 Millionen Kubikmeter Inhalt umfaßt. Zu normalen Zeiten beschafft es 565 Liter Wasser in der Secunde, womit 12 Wassersäulen-, 17 Radkunst- und 4 Turbinen-Gezeuge, 10 Kehrrad-, 1 Wassersäulen- u. 3 Turbinengöpel, 39 Wäsch- u. Walzwerksräder mit zusammen 1289,4 Pferdekraft beaufschlagt werden. Die zugehörigen Wasserleitungen in Gräben und Röschen hatten Ende 1874 zusammen eine Länge von 80149,1 Metern, also über 10½ Meilen, und erstrecken sich bis an die böhmische Grenze. Der sogenannte Große Teich in Großhartmannsdorf, welcher 1½ Hufen Landes einnimmt, ist 1726 bis 1732 gebaut worden. — Die Revierstölln, soweit sie zu der Revierwasserlaufsanstalt gehören und zur Abführung der Aufschlagwasser von ihren letzten Gebrauchspunkten, wie der Grubenwasser, dienen, hatten 1874 eine Länge von ebenfalls gegen 11 Meilen.

Die Gewinnung der nutzbaren Erze in den Gruben wird in der Regel durch Sprengarbeit unter Anwendung von gewöhnlichem Pulver oder, obwohl seltener, von Nitroglycerin-Sprengstoffen, namentlich Dynamit, bewirkt. Außer durch Sprengen wird das Gestein und die Gangmasse auch, jedoch jetzt nur noch selten, durch Schrämspieß oder durch Schlägel und Eisen, die älteste bergmännische Arbeit, gewonnen. — Als Abbaumethode wird der sogen. Förstenbau angewendet, wobei der Ausbruch der Erze von den Strecken aus aufwärts geschieht und die dabei entstehenden leeren Räume durch die mitgewonnenen unhaltigen Gesteinsmassen wieder ausgesetzt werden.

Förderung. Die bei dem Abbaubetrieb gewonnenen Stein- und Erzmassen werden zunächst am Gewinnungsorte aus dem Gröbsten in unhaltige und erzhaltige Massen durch Zerschlagen und Sortiren getrennt und letztere sodann in Rollschächten auf die Strecken, in diesen aber mittels Eisenbahnwagen (Hunden) nach den Förderschächten transportirt, wo sie in kastenartigen Gefäßen (Tonnen) durch die Fördermaschine (Wasser- oder Dampfgöpel) zu Tage ausgetrieben werden.

Aufbereitung. Zu Tage gelangen die erzhaltigen Massen in die, meist in der unmittelbaren Nähe der Schächte gelegenen Aufbereitungswerkstätten; zunächst in die Ausschlage- und Scheidehäuser, wo jugendliche Arbeiter durch Zerschlagen mit Hämmern, sowie Sortiren die verschiedenen Erzarten von einander scheiden und zugleich nach dem Grade ihrer Reinheit in verschiedene Gehaltssorten classificiren. Die hierbei erlangten reinen Erzsorten werden sogleich durch Pochwerke oder Mühlwerke fein pulverisirt und in diesem Zustande an die königlichen Schmelzhütten verkauft. Die unreinen, mit unhaltigen Mineraltheilen mehr oder weniger vermengten Erzsorten werden der nassen Aufbereitung unterworfen. Als Vorbereitung zu dieser werden sie zuvor entweder mittels Brechmaschinen oder Quetschwalzwerken in Körner von 5 bis 1 Millimeter Größe zerbrochen, um sodann auf sogen. Setzmaschinen durch den Stoß des Wassers nach ihrer Schwere und ihrem Erzgehalte in reine, verkaufsfähige Erze und in unreine oder fast ganz unhaltige Massen gesondert zu werden, oder sie werden, namentlich in dem Falle, wo die Erze nur fein vertheilt in unhaltigem Gestein vorkommen, durch Pochwerke unter Zutritt von Wasser zu feinem Sand oder Schlamm zermalmt, welcher in einer Reihe größerer hölzerner Kästen oder Canäle zum Absatz gebracht und hierbei zugleich in gröbere und feinere, sowie reichere und ärmere Schlämme gesondert wird. Die letzte Arbeit, das Verwaschen, wird mit diesen Schlämmen auf liegenden Heerden oder auf Stoßheerden vorgenommen, d. h. auf großen hölzernen, eingerahmten, geneigten, entweder festliegenden oder durch Maschinenkraft in stoßende Bewegung gesetzten Tafeln, auf welchen die erzhaltigen Schlämme aufgetragen und aus solchen durch zugeleitetes fließendes Wasser die leichtern, unhaltigen Theile von den reichern, schwerern Erztheilchen abgespült und ausgewaschen werden, so daß letztere hauptsächlich auf den Heerden zurückbleiben. — Die hierbei erlangten reinern Erzsorten kommen alsbald zum Verkauf, während die zugleich abfallenden unreinen Waschproducte einer abermaligen oder mehrmaligen Verwaschung unterzogen werden müssen, ehe sie verkaufsfähige Erze liefern.

Personal. Das beim Bergbau beschäftigte Personal steht bei jeder größeren Grube unter der Leitung eines oberen Betriebsbeamten (Betriebs-Directors), welchem zur Ausübung der Betriebsführung und Verwaltung verschiedene Unterbeamte, als Obersteiger, Cassirer, Rechnungsführer, Untersteiger, Zimmer- und Maurersteiger, Kunststeiger, Scheidesteiger, Wäschsteiger, Schmiedesteiger, Gängsteiger, Registerschreiber ꝛc. unterstellt sind. — Die Arbeiter zerfallen in verschiedene Classen, und zwar bei der Gewinnung und Förderung in Doppelhäuer, Lehrhäuer, Knechte, Grubenjungen; — bei dem Grubenausbau, Maschinenbau ꝛc. in Zimmerlinge, Maurer, Kunstarbeiter, Gezeugarbeiter, Bergschmiede; — bei der Aufbereitung in Walzwerks-, Pochwerks- und Wäscharbeiter ꝛc., die nach bestimmten Normal-Lohnsätzen bezahlt werden, woneben jedoch noch vielfach auch Accordarbeit (Gedingarbeit) üblich ist.

Beschreibung unseres Hüttenwesens.

Schmelzgüter. In beiden fiscalischen Hüttenwerken, der Muldener und Halsbrückener Hütte, werden die gesammten Silber-, Blei-, Kupfer-, Zink-, Arsen- u. Schwefelerze der Freiberger und obergebirgischen Gruben, ausländische, namentlich amerikanische Erze, sowie Gekrätze und Abfälle der Metallarbeiter verschmolzen. — Die gesammten, zur Hütte kommenden Erze zerfallen in Bezug auf ihre Bestandtheile in folgende 9 Gruppen: 1) **Bleierze**, silberhaltig, werden in bleiische Erze, deren Bleigehalt zwischen 15 und 30 Procent schwankt, und in Glanze, mit einem Bleigehalt von mehr als 30 Proc., geschieden. 2) **Kupfererze**, gleichfalls silberhaltig. 3) **Arsenikerze** werden der Arsenikhütte überwiesen, ihr Arsengehalt schwankt zwischen 10 und 40 Procent. 4) **Zinkerze**, hauptsächlich aus Zinkblende bestehend, kommen zur Zinkhütte, Zinkgehalt zwischen 30 und 40 Procent. 5) **Schwefelerze**, kiesige Erze, deren Schwefelgehalt 25 Proc. und darüber beträgt, und 6) **Kiesige Silbererze**, silber- und zinkreiche Erze, mit einem Schwefelgehalt von über 20 Proc., kommen zur Schwefelsäurefabrik. 7) **Quarzig-kiesige Erze**, enthalten weniger als 20 Proc. Schwefel. 8) **Quarzige Dürrerze**. Unter Dürrerzen versteht man alle die silberhaltigen Erze, welche kein bezahlbares Blei und Kupfer enthalten. Quarzige Dürrerze sind speciell diejenigen, deren Gangart (Nebenbestandtheile) hauptsächlich aus Quarz besteht. 9) **Späthige Dürrerze**.

Hüttenproducte. Aus vorgenannten Erzen werden durch die Hüttenprocesse dargestellt: Silber, Gold, Blei, als: Weichblei, Hartblei (Antimonblei) und Zinnblei, Glätte, sowie Bleiwaaren, als: Bleiröhren, Bleibleche, Bleidraht, Schrot ꝛc.; ferner Wismuth, Zink, Kupfervitriol, Eisenvitriol, Schwefelsäure und Arsenikalien, als: Giftmehl, Weißglas, Rothglas, Gelbglas und metallisches Arsen. (Production s. noch S. 80.)

Bleiarbeit über Hohöfen (Erzarbeit). Zur Bleiarbeit gelangen sämmtliche Bleierze, Dürrerze, Kupfererze, sämmtliche in der Schwefelsäurefabrik abgeröstete Erze und alle Rückstände der Arsenikfabrikation u. Zinkdestillation. Diese werden zunächst „beschickt" und hierauf einer „Röstung" unterworfen. Unter **Beschicken** versteht man Mengen der Erze sowohl unter sich, als auch mit anderen Substanzen, den sogen. Zuschlägen (Kalk, Schwerspath, Flußspath, Schlacken). Mit dem **Rösten** bezweckt man eine vollständige Entfernung des noch vorhandenen Schwefels und Arsens, so wie ein Zusammenschmelzen der pulvrigen Beschickung.

Das **Schmelzen** erfolgt in Pilz'schen Hohöfen. Die Beschickung wird mit Coaks abwechselnd lagenweise aufgegeben. Die geschmolzenen Massen geben zu Boden und sammeln sich im Sumpfe des Ofens an, wo sie sich nach ihrem specifischen Gewicht separiren, nämlich zu unterst das Werkblei, hierüber der Bleistein, oben die Bleischlacken. — Im „Werkblei," d. i. einem mit Arsen, Antimon, Zinn und Kupfer verunreinigten Blei, sammelt sich der größte Theil des in der Bleierzbeschickung enthalten gewesenen Silbers an. — Der „Bleistein" ist eine Verbindung verschiedener Schwefelmetalle, als Schwefeleisen, -Blei, -Kupfer u.-Zink. — Endlich die „Bleischlacke" ist eine im heißen Zustande sehr dünnflüssige Masse, welche in der Hauptsache aus Kieselsäure und Eisenoxydul besteht.

Die von diesem, wie den nachfolgenden Processen abziehenden **Gase** enthalten arsenige und schweflige Säure, Blei- und Zinkoxyd und werden noch nutzbar gemacht, indem man dieselben durch lange Flugstaubcanäle und große Flugstaubkammern leitet, wobei sich die metallischen Theile als „Flugstaub" absetzen; die Gase werden durch hohe Schornsteine abgeführt.

Schlackenschmelzen (Schladenarbeit). Die Bleischlacken werden zur Gewinnung der noch in ihnen enthaltenen geringen Menge von Blei und Silber dem Schlackenschmelzen im Schachtofen übergeben. Das Verschmelzen geschieht unter Zuschlag von geröstetem Bleistein. An Producten erhält man Werkblei, Kupferstein und absetzbare Schlacken. Das Werkblei kommt zum Saigern, der Kupferstein zur nächstfolgenden Arbeit.

Verarbeitung des Kupfersteins (Spuren u. Concentration). Durch diese Arbeit bezweckt man: den von der Bleisteinarbeit gefallenen Kupferstein, nachdem derselbe im Röstofen unter Gewinnung von Schwefelsäure geröstet worden ist, durch ein abermaliges Verschmelzen mit geeigneten Zuschlägen im Flammenofen einestheils an Kupfer anzureichern, anderntheils Nebenbestandtheile, besonders Eisen abzuscheiden. Der erhaltene Spurstein wird durch ein nochmaliges Verschmelzen mit eisenfreien Zuschlägen (Schwerspath, Quarz) im Flammenofen concentrirt u. der möglichst eisenfreie Concentrationsstein mit Schwefelsäure extrahirt (Darstellung v. Kupfervitriol).

Saigern des Werkbleies. Das in dem Werkblei enthaltene Kupfer wird durch ein langsames Einschmelzen im Saigerofen auf einer geneigten Heerdsohle möglichst entfernt und in die sogen. Saigerdörner übergeführt. Letztere werden dem Bleischlackenschmelzen im Hohofen zugetheilt.

Werkblei-Raffiniren. Das gesaigerte Werkblei wird dem Raffinirofen vorgelaufen und durch schnelles Einschmelzen und Reinigen von seinen Nebenbestandtheilen, als Zinn, Antimon und Arsen, unter Einwirkung von Gebläseluft, bei Rotbglühhitze raffinirt. Man erhält hierbei: 1) Raffinirtes Werkblei; 2) Abstriche. Der Abstrich wird im Flammofen entsilbert und dann auf Zinn- und Antimonblei weiter verarbeitet.

Pattinson-Proceß. Das raffinirte Werkblei wird pattinsonirt. Diese Operation bezweckt das Ansammeln des Silbers in einem möglichst geringen Volumen Blei, den größten Theil des Bleies aber als silberleeres Blei zu gewinnen, und beruht darauf, daß sich nach Einschmelzen großer Quantitäten von reinem silberhaltigen Blei und Abkühlen desselben bis zu einer gewissen Temperatur nach und nach Krystalle von Blei, welche silberärmer als der flüssigbleibende Theil (Mutterlauge) sind, ausscheiden. Durch Ausschöpfen der gebildeten Krystalle, mittelst eines durchlöcherten Löffels, kann man den Silbergehalt des Werkbleies in einem kleinen Volumen von Blei ansammeln. Das Pattinsoniren wurde 1833 von dem Engländer Pattinson entdeckt. Man erhält durch den Proceß: 1) Schlicker, metallische Abzüge, welche wieder gesaigert und pattinsonirt werden; 2) Reichblei, welches zum Abtreiben gelangt; 3) entsilbertes Blei, das unter der Marke Saxonia in den Handel kommt.

Abtreibe-Proceß. Zu dieser Arbeit gelangt das silberreiche Blei vom Pattinsoniren. Das Abtreiben des Werkbleies besteht in einer Trennung des Bleis vom Silber durch ein oxydirendes Schmelzen bei Flammenfeuer auf einem völlig überdeckten, flach ausgezeichneten Heerde, wobei das leicht oxydirbare Blei durch Einwirkung von Gebläseluft in Glätte (Bleioxyd) verwandelt, diese im flüssigen Zustande von dem an Silber immer reicher werdenden, ebenfalls flüssigen Bleileder (silberreiches Blei) entfernt, und das auf diesem Wege sehr schwer oxydirbare Silber endlich bis zu einem gewissen Grad von Reinheit (Feine) gebracht wird. — Treibeproducte sind: 1) Gelbe Glätte, welche wieder auf Blei verschmolzen wird, 2) rothe Glätte, die in den Handel kommt, 3) wismuthhaltige Glätte, die unmittelbar vor Ende des Processes ablaufende Glätte, 4) eine reiche Silber-Blei-Legirung, 5) Heerdmasse, welche wieder mit verschmolzen wird. Man treibt die auf dem Heerd befindliche Legirung nur bis zu 60 bis 70 Proc. Silbergehalt und unterbricht hierauf das Treiben.

Guttreiben. Das auf dem großen Treibeheerd unterbrochene Treiben setzt man in einem kleinen Schmelzflammenofen fort; man schmilzt die Legirung wieder ein, richtet einen Luftstrom auf das Metallbad und oxydirt das noch mit dem Silber verbundene Blei und Wismuth. Man erhält 1) Blicksilber mit 95 Proc. Silber, 2) wismuthhalt. Glätte u. 3) Heerdmasse, welche zur Wismuth-Extraction kommen.

Raffiniren des Blicksilbers erfolgt auf der Halsbrückener Hütte und zwar in demselben Ofen, den man zum Guttreiben benutzt. Beim Raffiniren wird Mergelmasse auf das Blicksilber gestreut, bis die Oxyde von Blei und Wismuth völlig von der Heerdmasse aufgenommen worden sind. Zur Beurtheilung des Endes der Operation dient der reine Spiegel des Silberbades, indem ein darüber gehaltenes Gezähstück ein vollkommen klares Spiegelbild im Silberbad geben muß; ferner die Granalienprobe: die Granalien müssen eine weiße Farbe besitzen; endlich das Sprätzen: man nimmt mit dem Probelöffel eine Probe heraus und läßt sie erkalten; finden Erhebungen von flüssigen Theilchen durch die erstarrte Oberfläche statt, so ist das Silber raffinirt. — Producte: 1) Göldisches Raffinatsilber, mit 99 Proc. Silber, gelangt in die Goldscheideanstalt; 2) Abstrich und 3) Silber-Raffinirheerd, werden der Wismuth-Extraction vorgelaufen.

Granuliren des Raffinatsilbers. Das Raffinatsilber wird behufs der Goldscheidung granulirt. Man schöpft es mittelst einer Kelle in ein mit Wasser gefülltes Kupfergefäß, wobei sich das Silber in lauter kleine Stücke (Granalien) zertheilt.

Wismuth-Gewinnung. Dieser Arbeit unterliegen Glätte und Heerd von dem Guttreiben, ferner Abzug und Heerd vom Silberraffiniren, sowie eigentliche Wismutherze. Die Producte müssen fein gepocht werden; sie werden hierauf mit verdünnter Salzsäure behandelt und aus der so erhaltenen Wismuthlösung wird mit Wasser das Wismuth wieder ausgefällt und alsdann unter Zuschlag von Kalk und Holzkohlenpulver im Windofen in Graphit- oder eisernen Tiegeln zu metallischem Wismuth reducirt.

Darstellung von Arsenikalien. Die Arsenikalien: Arsenige Säure, weißes, gelbes und rothes Arsenglas und metallisches Arsen werden aus Arsenkiesen, arsenikalischen Bleierzen und arsenikalischem Flugstaub dargestellt, welch letzterer aus den Canälen (Flugstaubkammern) entnommen wird. — Das weiße Arsenmehl (arsenige Säure) gewinnt man durch Rösten der Erze in Sublimationsöfen. — Weißes Arsenglas ist eine geschmolzene arsenige Säure. Dasselbe wird in kleinen eisernen Kesseln, mit Hüten von starkem Eisenblech versehen, dargestellt. — Von Schwefel-Verbindungen des Arsens werden zwei gewonnen: das gelbe und rothe Arsenglas. Das „rothe Arsenglas" wird erhalten durch Sublimiren aus einem Gemenge von Arsenkies und Schwefelkies bei Luftabschluß; um ein gefälliges Handelsproduct zu erlangen, wird dasselbe raffinirt, d. h. in einem Kessel umgeschmolzen. Das „gelbe Arsenglas" erhält man durch Zusammenschmelzen von weißem Arsenglas mit Schwefel. — Metallisches Arsen wird im Röhrenofen aus reinem Arsenkies dargestellt.

Schwefelsäure-Fabrikation. Die Schwefelerze werden in Kilns (englischen Röstöfen) oder in Gerstenhöfer'schen Schüttöfen abgeröstet, die Röstgase aber durch Flugstaubkammern direct in Bleikammern geleitet. Die „Bleikammern" sind große parallelepipedische Räume, welche allseitig von starkem Bleiblech umgeben und von einem Holzgerüst gehalten werden. Mehrere Kammern, die durch Bleirohre mit einander in Verbindung stehen, gehören zu einem System. — Der eigentliche Säurebildungsproceß findet in der Hauptkammer statt; die schweflige Säure tritt gasförmig unten in die Kammer ein, während die Salpetersäure, welche zur Umbildung der schwefligen Säure in Schwefelsäure dient, von oben herab in terrassenförmig aufgestellte Schüsseln fließt. Der zum Proceß nothwendige Wasserdampf tritt in der Decke der Kammer ein. Die in der Kammer sich bildende Säure (Kammersäure) wird von Zeit zu Zeit in Bassins abgelassen. Die Kammersäure wird nach vorheriger Reinigung von Arsen mittelst Schwefelwasserstoffgas — wobei Eisenvitriol als Nebenproduct gewonnen wird — in Bleipfannen abgedampft, bis sie das specifische Gewicht 1,7 und einen Gehalt von 60° Beaumé zeigt. Die weitere Concentration bis zu 66° Beaumé erfolgt in Platinkesseln. Auf beiden Hütten befinden sich 4 solcher Kessel (jeder derselben kostet ca. 50000 Mark).

Goldscheidung. Man behandelt das raffinirte goldische Silber mit heißer 66° Schwefelsäure, wobei das Silber als schwefelsaures Silberoxyd gelöst wird und das Gold als Goldstaub zurückbleibt. Das Lösen geschieht in gußeisernen Kesseln. Das gelöste Silber wird nun durch Kupferblech metallisch als Cementsilber ausgefällt, in Tiegeln geschmolzen u. in Barren gegossen. Der Goldrückstand ist noch verunreinigt und wird deshalb zunächst mit heißem Wasser, sodann mit concentrirter Schwefelsäure gekocht, hierauf in einem Porzellangefäß mit heißem Wasser ausgewaschen. Man trocknet in Graphittiegeln, glüht das Gold zweimal in kleinen eisernen Tiegeln mit doppelt schwefelsaurem Natron und kocht wieder mit Schwefelsäure. Nach dem Waschen und Trocknen wird es zur Platinabscheidung mit Salpeter, endlich mit Borax in Graphittiegeln umgeschmolzen.

Kupfervitriol-Darstellung. Dieser Proceß besteht in einem Kochen des silberhaltigen Kupfersteins (Concentrationsstein) mit Kammersäure (Schwefelsäure). Hierbei geht das Kupfer in Lösung und das Silber bleibt als unlösliches Salz zurück. Der Kupferstein wird vorher gepocht, gesiebt und abgeröstet. Das Auflösen geschieht in cylindrischen Bleigefäßen mit Böden von Hartblei. Die Lauge wird in Kästen abgelassen; nachdem sie sich geklärt hat, läßt man sie in die Krystallisirgefäße, hölzerne, mit Blei ausgeschlagene Kästen, ablaufen; in diese Krystallisirgefäße werden Bleibänder gehangen, an welche sich vorzugsweise die Kupfervitriolkrystalle ansetzen. Dieser Vitriol wird nochmals umkrystallisirt, mit Wasser abgewaschen und auf hölzernen Bühnen getrocknet.

Zink-Darstellung. Die 30 % und mehr Zink haltenden Erze (Blende) werden an der Muldener Hütte noch auf Zinkmetall verarbeitet. Diese Zinkerze werden zunächst vollständig abgeröstet, wobei ein großer Theil der entweichenden schwefligen Säure ebenfalls auf Schwefelsäure benutzt wird. Aus den abgerösteten Zinkerzen wird dann unter Zuschlag von Coaks in thönernen, sehr hoch erhitzten Muffeln das Zink als Metall abdestillirt, welches sodann noch in einem besonderen Flammofen raffinirt wird.

Bleiwaaren-Fabrikation. Ueberdies findet noch unter Verwendung von auf den Hüttenwerken erzeugtem Weichblei an der Halsbrückener Hütte eine Fabrikation von Bleiblechen u. Bleiröhren ꝛc. statt, sowie in Freiberg selbst eine Darstellung von Jagdschroten und Kugeln. Die Fabrikation von Schrot erfolgt dadurch, daß man Blei durch ein Sieb in einen tiefen Schacht gießt und in Wasser fallen läßt.

Gravirte messingene Grabplatte im Dom zu Freiberg.

Herzog Heinrich der Fromme. † 1541. (i. S. 7 ff.)